当代世界经济与政治学术前沿丛书

ACADEMIC FRONTIERS OF CONTEMPORARY WORLD ECONOMICS AND POLITICS

社会公平的微观基础

——来自实验经济学的研究

骆欣庆△著

THE BASE OF
SOCIAL FAIRNESS
——AN EXPERIMENTAL RESEARCH

本书得到国家社会科学基金项目"社会公平的微观基础研究"
（项目编号：12CJL007）、北京第二外国语学院校内实践教学基地
项目"实验经济学实践教学基地"的资助。

经济管理出版社

ECONOMY & MANAGEMENT PUBLISHING HOUSE

图书在版编目（CIP）数据

社会公平的微观基础：来自实验经济学的研究/骆欣庆著. —北京：经济管理出版社，2020.4

ISBN 978-7-5096-7090-3

Ⅰ.①社… Ⅱ.①骆… Ⅲ.①公平原则—研究—中国 Ⅳ.①F124.7

中国版本图书馆 CIP 数据核字（2020）第 065094 号

组稿编辑：王光艳

责任编辑：高　娅

责任印制：黄章平

责任校对：董杉珊

出版发行：经济管理出版社

　　　　　（北京市海淀区北蜂窝 8 号中雅大厦 A 座 11 层　100038）

网　　　址：www. E-mp. com. cn

电　　　话：（010）51915602

印　　　刷：北京晨旭印刷厂

经　　　销：新华书店

开　　　本：720mm×1000mm /16

印　　　张：12.25

字　　　数：238 千字

版　　　次：2020 年 5 月第 1 版　　2020 年 5 月第 1 次印刷

书　　　号：ISBN 978-7-5096-7090-3

定　　　价：68.00 元

前言

    公平问题是社会热点问题也是前沿问题。公平是人的天性，还是后天习得的？中国人的公平观念与西方人有没有不同？什么样的机制设计有利于人们更多地关注公平问题？正是出于对这些问题的思考与关注，本书尝试在理论经济学的分析框架中，对公平问题进行观察与剖析。

    本书构建了社会公平问题研究的微观经济学分析框架。利用实验经济学的研究方法，在实验条件下，通过对实验变量的控制，考察某些公平和社会偏好博弈的实验结果，进而有助于我们更好地认知和理解人们对于公平是如何感知的。本书对包括最后通牒博弈、公共物品博弈、信任博弈、礼物交换博弈等一些经典的纳入公平因素的经济学博弈模型进行了新的设计，重点引入了包括竞争、惩罚、激励等在内的不同机制，来观察不同机制对于人们的决策行为产生了哪些影响。

    本书首先通过大量的公平研究文献，总结了人类公平感产生与演化的过程，其次借鉴了卡尼曼等（1986）的研究方法，对中国人的公平偏好问题进行了问卷调查研究，并对照卡尼曼的研究分析了中西方民众对市场公平问题判断存在的差异。本书通过全新设计的四个基于公平与社会偏好的博弈实验，对机制设计和公平决策的问题进行了系列研究。这些实验包括引入竞争的最后通牒博弈、引入当局者惩罚和第三者惩罚的公共物品博弈、引入声誉和物质惩罚的信任博弈和同时引入惩罚和奖励机制的礼物交换博弈。本书的结论如下：

    第一，大量实验证明，人类的公平感是不断进化的。儿童的公平感随年龄的增长而上升。成人实验则展现出了人性中信任、合作、公平、互惠甚至利他的一面，这与社会人所接受的教育、所生存的环境与所积累的人生经验紧密相关。

在这个不公平的世界里，短视的利己主义终会被公平所取代，这是公平的进化。

第二，通过问卷调查研究表明，中西方民众对市场行为公平性的判断存在着一些差异。主要表现在某些类型的市场情境下，中国民众的公平信念强度弱于西方民众；中西方民众对厂商或者雇主利用市场强势引入竞拍机制获得收益的行为公平性判断不同；中国民众的市场公平信念受社会关系亲疏影响较大。

第三，通过引入竞争的最后通牒实验研究表明，引入竞争会降低人们对公平的认知，随着竞争时间的延续，竞争环境中的民众对于不公平出价的接受程度更高；与西方实验结果相比，中国民众更关注公平性，表现在最后通牒博弈中竞争主导方不会无限制地降低出价；与西方类似实验比较，本书实验的结果稳定性更高，虽然在竞争引入时会影响市场主体对公平偏好的认知程度，但是在竞争的过程中，民众的公平偏好变化比较稳定，不会发生急速收敛的情况。

第四，通过引入参与者惩罚和第三方惩罚的公共物品博弈实验研究，我们发现惩罚的存在显著地提高了人们的合作程度；双重惩罚机制下促成合作的程度要优于单重惩罚机制；在惩罚的威胁下，被惩罚者会大幅度地调整投资额，双重惩罚机制调整的幅度会更大；单重的惩罚机制下，并没有较为明显的占优策略，需要参与者不断地进行策略调整；双重的惩罚机制下，完全合作则是较为明显的占优策略。

第五，通过引入物质惩罚和声誉惩罚的信任博弈实验研究，我们发现使用物质惩罚并不能达到提升可信任的效果，而声誉惩罚可以较好地促进可信任的提升；通过建立个人或集体的声誉可以提升整个社会的信任水平；在有惩罚选择而不使用时，往往也比完全没有惩罚的信任博弈获得的返还额高；在声誉惩罚条件下，社会总体效率最高，在物质惩罚条件下，社会总体效率最低。

第六，通过同时引入惩罚和激励的礼物交换博弈实验研究，我们发现从企业的角度来说，企业在拥有惩罚权利时，更愿意提供较高的工资；相比于单个的惩罚或奖励机制，在存在惩罚和奖励双重机制下，企业提供的工资水平对工人的努力程度影响最大；加入机制设计后，工人生产能力对企业提供的工资水平影响较大，并且惩罚奖励双重机制的影响要大于单个惩罚机制或单个奖励机制。从工人的角度来说，同时存在惩罚奖励权利时，工人提供的努力程度较高；从企业和工人收益的角度来看，在惩罚和奖励双重机制情况下，工人的努力程度对企业的收益影响较大；在惩罚和奖励双重机制情况下，工人的努力程度对工人的收益影响最大。

CONTENTS

目录

第一章

绪 论

一、问题的提出

（一）社会背景

公平正义是我国传统文化的重要组成部分。我国古代"公平性"思想源远流长，在春秋战国时期就提出了"大同"世界的想法，构建出一个公平社会的理想蓝图。例如，儒家所提出的"老有所终，壮有所用，幼有所长，鳏、寡、孤、独、废疾者皆有所养"；老子提出的"天之道，损有余而补不足"；孔子提出的"不患寡而患不均"等，这些思想是历代广大劳动人民的诉求，也导致统治阶级为缓和社会矛盾往往采取一些带有平均主义色彩的措施。中国古代的几次大型农民起义，比如黄巾起义和太平天国运动，无不体现着对"公平性"的追求。特别是在清末太平天国运动中制定的《天朝田亩制度》明确提出，"有田同耕，有饭同食，有衣同穿，有钱同使，无处不均匀，无处不饱暖"，这是对古代劳动人民追求"公平性"的生动描述。

改革开放以来，市场经济得到了快速的发展，我们的经济生活发生了翻天覆地的变化。然而，随着经济的发展，也涌现出很多社会问题。贫富差距逐渐加大，社会公平缺失就是其中最引人注意的一个典型问题。党的十三大以来，国家就提出了"效率优先、兼顾公平"的原则。随着经济的发展，公平的地位越来越受到重视。2015 年党的十八届五中全会提出的"十三五"规划纲要中，将公平发展列为"十三五"期间的重要目标；党的十九大报告中也提出"促进社会公平正义"的重要论断。

因此，公平问题一直受到社会各界的高度关注，也是目前国内外经济学研究的热点与前沿问题。公平不仅会影响经济发展，还会影响社会稳定。因此，对公平问题进行研究，特别是全面了解人们追求公平背后的内在原因与微观基础，对保障社会公平正义、促进社会和谐发展具有重要作用。

（二）理论背景

"自利"假设是经济学的基本假设之一，大部分经济理论和经济模型都建立在"经济人自利"假设的基础之上。根据这一假设，所有参与经济活动的人都是理性的经济人，都只注重本人的利益，而不会关心他人的利益。但是，越来越多的著名经济学家，如 Arrow（1981）、Sen（1995）等都曾指出，在现实生活中，人们是有限自私自利的，他们通常也会关心别人的利益，关心物质利益的分配结果或行为动机是否公平。也就是说，人不仅具有自利偏好，同时也具有公平偏好。近年来，一些实验经济学家和行为经济学家通过经济学实验已经令人信服地证实了人们完全自私自利的假设在某些条件下并不总是成立的。通过这些实验所获得的证据显示，人们的一些社会偏好（Social Preference），特别是公平偏好（Fairness Preference）具有重要的经济学意义。目前，关于公平的概念有两种主流的定义。一是由 Rabin（1993）最早提出的互惠公平（Reciprocal Fairness），他认为参与者是通过比较自己的实际收益与他期望中的公平收益来判断对方是否对他善意。二是不公平厌恶，意思是人们具有厌恶相对收入不均等的倾向。Fehr 和 Schmidt（1999）将公平定义为以自我为中心的不公平厌恶，他们假定，参与者不仅关心自己的利益，还关心他的收益与其他人收益之间的差别，并且收入的不均等会影响到人们的效用水平。在公平偏好研究领域中，许多学者都使用实验室实验得到的相关数据进行研究来证明公平偏好的存在。目前主要有以下几种博弈实验：最后通牒博弈（Camerer 和 Thaler，1995；Cuth 和 Tielz，1990）；独裁者博弈（Forsythe 等，1994；Smith，2000；Camerer 和 Fehr，2002）；公共物品博弈（Dawes 和 Thaler，1988；Ledyard，1995；Fehr 和 Cochter，2000）；礼物交换博弈（Fehr 等，1993，1998）和信任博弈（Berg，Dickhaut 和 Mccabe，1995；Cox，2000）。国外学者通过研究发现，在市场中存在公平约束造成市场总是缓慢或者不完全的调整，并且研究了公平约束的影响因素及其对市场行为的影响机理（Kahneman 等，1985；Akerlof，1980；Arrow，1973）。目前，许多研究已经将进化心理学及神经科学纳入考虑，重新理解被标准经济学视为非理性的公平偏好行为的含义。根据进化心理学的观点，自然选择的目的不是为了使人脑进化成一个能够最大化效应的决策系统，而是为了形成一个能够最大化生物适应性的系统。所以，我们可以用新的视角去研究和解释市场中的公平问题。

二、研究目的与研究价值

（一）研究目的

公平偏好是指人们除了关注自己的物质利益外，还关注其他个体的福利和社会成员之间公平分配及动机的偏好，具体包括：非公平规避偏好、互惠偏好、准最大最小化偏好及混合。最后通牒博弈、独裁博弈、礼物交换博弈、公共物品投资博弈及信任博弈等可控实验博弈一致显示出人们具有公平偏好。国内外的研究者在早期研究的基础上，对公平偏好进行了深入的探索，将早期的定性研究推广到定量研究，把抽象的理论研究延伸到具体的应用研究，为后续的研究建立了良好的理论和方法基础。目前，行为经济学家和实验经济学家为了解释实验中参与者对"自私自利假设"的系统偏离，通过放松标准模型的假设及对公平概念的不同界定，并考虑其他有关动机，提出了一系列不同公平偏好模型，主要包括关注分配结果的非公平规避模型、基于公平动机的互惠偏好模型、强调分配结果和行为动机综合的模型。博弈实验经济学家以实验数据做支持，提出了不同的公平偏好模型。随着实验技术的发展，这些公平偏好模型不但解释了实验室参与者行为，而且为非竞争工资的持续贴水、契约不完全性、所有权分配及制度最优设计等重要现象提供了新的可证实的观点。相比之下，基于收益分配公平的理论模型在假设的真实性和模型的可操作性之间取得了最好的权衡，因而得到广泛应用。在基础力学中，为了研究的方便，我们常常会忽略摩擦，在传统经济学中，我们也似乎很有必要假设市场中的厂商只是在法律和预算约束下追求利润最大化。但在市场中，公平约束会造成缓慢的或不完全的调整。比如在高失业率的历史阶段，很多雇主并没有削减工资，在消费者市场也存在市场未能出清的情况（Akerlof，1979；Solow，1980；Okun，1981）。虽然目前关于公平偏好影响市场行为的研究取得了初步的成果，但由于该领域的研究时间比较短，研究工作还处于初期阶段，仍然存在很多不足，还有很多值得研究的内容。

（二）研究价值

回顾以往文献并结合我国对公平问题的研究现状，我们认为公平研究在中国存在三方面的不足：①以往研究对区分中国与西方文化影响的分析不足，缺少具有中国情境的公平问题的有针对性的调查与解释。中西方的文化背景具有明显的不同，因此民众对公平评判的标准也有可能不尽相同，设计具有中国特色的公平调查问卷，并与西方同类研究进行对比分析，可以发现中西方公平问题评判的异同点。②缺少对公平和社会偏好博弈的实验分析和统计。目前，中国进行实验经济学研究的学者人数仍然较少，而在实验经济学领域中，真正聚焦去研究公平和社会偏好博弈的学者则更为稀少，国内实际做过的公平和社会偏好博弈研究非常少，所以国内很多研究仍然聚焦在对西方研究前沿的总结和归纳方面，由于相关实验研究耗费精力和财力较大，所以需要投入更多资源对该领域进行更为广泛的实验设计与探索。③国内目前的研究缺少足够的对于影响公平和社会偏好博弈实验机制设计的分析。如何提升人们自愿合作的水平，在公平考量的过程中，人们会受到哪些因素的影响，这些因素是如何起作用的，这些问题已经逐渐引起了国内该领域很多学者的关注。将竞争、惩罚、奖励等一些促进合作的机制引入公平与社会偏好博弈当中，并探究不同机制的有效性，是公平问题研究的一个重要方向。

因此，本书借鉴国外研究成果，结合中国文化特点和市场特征，探索中国民众公平偏好对市场行为的影响情况，深入分析公平和社会偏好对市场行为影响的内在机理，构建中国情境的公平研究框架，并引入竞争、惩罚和奖励等机制设计，进行公平和社会偏好博弈实验，丰富相关领域的实验数据，并有针对性地提出不同机制对公平判断和合作行为的影响，为同类问题的研究提供参考和借鉴。

三、研究思路与框架

本书首先通过大量的公平研究文献，总结了人类公平感的产生与演化过程。然后借鉴了 Kahneman 等（1986）的研究方法，对中国人的公平偏好问题进行了问卷调查研究，并对照 Kahneman 的研究分析了中西方民众对市场公平问题判断存在的差异。本书通过全新设计的四个基于公平与社会偏好的博弈实验，对机制设计和公平决策的问题进行了系列研究。这些实验包括引入竞争的最后通牒博弈、引入当局者惩罚和第三者惩罚的公共物品博弈、引入声誉和物质惩罚的信任博弈和同时引入惩罚和奖励机制的礼物交换博弈。

本书具体章节安排如下：

第一章绪论。概述本书研究背景，分析研究目的与研究价值，介绍研究思路与方法。

第二章理论基础与文献综述。该章首先对西方主要公平与正义理论进行了综述，介绍了公平理念发展的脉络；其次综述了"经济人"与自利偏好研究的背景，进而引入公平偏好概念；再次介绍了五大经典的公平偏好博弈实验；最后对公平偏好理论模型进行了论述。该章为后面研究奠定了理论基础。

第三章人类公平感的由来。首先介绍了基于灵长类动物的公平实验；其次综述了基于儿童成长阶段的公平实验研究，表明儿童公平感随年龄增长而提升；再次就不同社会环境对公平的影响进行了分析；最后针对公平的神经基础，对基于大脑的公平实验进行了综述。该章通过大量的文献研究，得出了公平感随人类不断进化的结论。

第四章中国情境下公平偏好对市场行为的影响。该章借助了 Kahneman、Knetsch 和 Thaler（1986）的研究思路与方法，重新设计了基于中国情境的公平调查问卷，对中国情境下的公平问题进行了问卷研究。研究数据用 SPSS19.0 进行了分析，并与 Kahneman 等的研究进行了对比，发现了中西方不同背景下对公平判断的一些不同点。

第五章竞争对公平的影响——基于最后通牒博弈实验的研究。该章将竞争引入了最后通牒博弈实验，借鉴 Güth、Marchand 和 Rullière（1997）的实验，分别设计了一个提议者，对应一个、三个和五个响应者的竞争模式，并进行了实验研究。然后通过与 Güth 等的研究进行对比，提出了中国民众更关注公平性而且结果更为稳定的结论。

第六章参与者惩罚与第三方惩罚对公平的影响——基于公共物品博弈实验的研究。该章首先综述了不同的惩罚模式对公共物品博弈的影响，然后参照 Fehr 和 Gachter（2000）、Fehr（2004）的实验设计，设计了四个实验，分别是基准局、参与者惩罚局、第三方惩罚局和双重惩罚局。通过实验研究发现，惩罚的存在显著地提高了人们的合作程度；双重惩罚机制下促成合作的程度要优于单重惩罚机制。

第七章物质惩罚与声誉惩罚对公平的影响——基于信任博弈实验的研究。该章将惩罚因素引入了信任博弈，实验部分参考了 Fehr 和 List（2004）的设计，本书的实验在原实验的基础上增加了声誉惩罚，该种设置是为了考察不同类型的惩罚对信任产生的影响。实验结果最终表明物质惩罚并不能达到提升可信任的效果，而声誉惩罚可以较好地促进可信任的提升。

第八章惩罚和激励对公平的影响——基于礼物交换博弈实验的研究。该章的实验设计是在经典的礼物交换博弈实验的基础上进行创新，即在礼物交换博弈实验中引入惩罚机制、奖励机制和惩罚奖励机制。实验结果表明，基于惩罚机制、奖励机制和惩罚奖励机制对企业和工人行为决策存在影响，在惩罚权利存在时，企业更愿意提供较高的工资水平；相比惩罚机制和奖励机制，在惩罚奖励机制下，企业提供的工资水平对工人的努力程度影响最大，即双重机制的作用要比单个机制显著。

四、研究方法

本书采用的基本方法是文献研究、问卷调查研究和实验研究，具体综合和穿插采用问卷法、文献对比法、访谈法、实验分析、比较研究、理论建模、假设检验、统计分析等。

（一）问卷法

通过构建中国民众公平研究问卷，对公平问题进行问卷调查。研究问卷中涉及的问题全部进行了中国情境化。通过对问卷的分析，结合国外同类问卷的比较研究，提出中国民众公平判断与西方民众的主要区别。另外，在本书的很多实验研究结束时，我们也会对参与实验的志愿者进行一些背景信息的问卷调查。

（二）文献对比法

通过对国内外文献的检索分析与研究，对研究领域的主要文献进行了全面的对比分析。特别是第三章对人类公平由来的研究，我们检索了大量相关文献，从进化、年龄、文化、神经等不同角度，对研究问题进行了对比分析。另外，在具体实验的研究中，我们也针对公平和社会偏好博弈实验进行了大量的文献分析，力求所有的实验设计和实验过程都有据可循。

（三）实验法

本书的主要方法是进行经济学实验。从第五章到第八章，我们一共进行了四个经济学实验。所有的实验都经历了从相关文献检索，到实验问题提炼，到实验设计，再到实验实施，最后实验数据分析的全过程。平均每个实验从提出到最终完成都需要半年以上的时间，而且会耗费大量的财力和精力。实验研究是本书的主要方法，特别是针对公平与社会偏好的主要实验，我们均进行了研究。

（四）假设检验与统计分析

利用实验获得的数据，然后通过假设检验、回归分析等统计学方法来验证预先设定的各种假设，并分析各因素对公平决策的影响与作用。

第二章

理论基础与文献综述

本章首先对公平概念的发展进行了论述，并对"经济人"和自利偏好等概念进行了界定，其次介绍了经典的公平偏好博弈实验，最后综述了公平偏好的理论模型。通过本章的文献回顾为下文的分析提供理论基础。

一、西方主要公平与正义理论研究概述

西方学者对公平与正义的研究起步较早，其理论体系日臻完善，而且著述丰厚。本章对西方学者关于公平与正义的著作进行研读和解析。下面将分八个部分逐一概括和评价西方学者主要的公平正义观。

（一）古希腊正义论者的公平观

古希腊正义论者柏拉图（前427年~前347年）和亚里士多德（前384年~前332年）分别提出了分工正义理论和分配正义理论。柏拉图认为要根本改善社会成员的生存状态和社会秩序，必须按照正义的理念重新构造城邦和建立城邦内不同等级成员之间的关系，他通过《理想国》一书表达了自己的思想和政治主张，形成了分工正义理论。柏拉图的分工正义理论主要研究了国家产生的原因、国家的构成、公民个人正义与国家正义的关系以及国家正义实现的途径等方面的内容。亚里士多德认为，社会合作是公正的基础，没有合作就不会有公正；公正则是社会合作的保证，没有公正也不会有合作。在亚里士多德看来，公正有两种含义，即守法与平等，合法意义上的正义是普遍的正义，而平等意义上的正义是特殊的正义。普遍的正义是社会对个人的要求，所强调的是个人为了社会公共利益而服从法律，是个人对社会的义务。特殊的正义是规范和调节社会成员之间的分配关系、交往关系等具体社会关系的原则，涉及的是

社会关系的局部。普遍的正义是政治的正义，而特殊的正义则更多具有经济上的意义。亚里士多德认为分配公正不能实行平均主义的原则，而只能实行有差异的平等原则，即按"各取所值"的原则进行分配。

（二）功利主义的公平观

功利主义是以行为的目的和效果衡量行为价值的伦理学派之一，它认为行为和实践的正确性与错误性，只取决于这些行为和实践对受其影响的全体当事人的普遍福利所产生的结果。杰里米·边沁（Jeremy Bentham，1748～1832年）在其两部著作《政府片论》和《道德与立法原理》中，系统阐述了功利主义的公平观，认为"当我们对任何一种行为予以赞成或不赞成的时候，我们是看该行为是增多还是减少当事者的幸福；换句话说，就是看该行为增进或者违反当事者的幸福为准"。

（三）罗尔斯分配正义理论的公平观

1971年，约翰·罗尔斯（John Rawls，1921～2002年）出版了《正义论》一书，系统阐述了公平的正义原则、理论观点。罗尔斯认为，社会成员能否享有公平的权利和公平地承担义务取决于社会的基本结构，所以"正义的主要问题是社会的基本结构"。罗尔斯进一步指出，"社会的基本结构是社会的主要政治制度和社会制度融合成为一种社会合作体系的方式"。罗尔斯提出了两个正义原则来调整自由平等公民整个人生前景方面的社会和经济不平等。这两个正义原则分别是："①每一个人对于一种平等的基本自由之完全适当体制都拥有相同的不可剥夺的权利，而这种体制与适于所有人同样自由体制是相容的。②社会和经济的不平等应该满足两个条件：第一，它们所从属的公职和职位应该在公平的平等机会下对所有人开放。第二，它们应该有利于社会之最不利成员的最大利益（差别原则）。"第一个原则可称为平等的基本自由原则，第二个原则包括公平的机会平等原则和差别原则，并且公平的机会平等原则优先于差别原则。在公平与效率的关系上，罗尔斯反对"那种认为只要社会体系是有效率的就没有理由关心分配的观点"，他认为，在众多的有效率的分配结构安排中应该找到效率与公正相容的分配结构。

（四）诺齐克的持有正义理论

罗伯特·诺齐克（Robert Nozik，1938～2002年）在1974年出版的著作《无政府、国家与乌托邦》中，对罗尔斯的正义理论尤其是差别原则提出激烈的批评，并提出了自己的最弱意义国家理论和持有正义理论。个人的神圣不可侵犯的观点，是诺齐克最弱国家理论的基石。诺齐克的持有正义理论主要由三个论点组成：第一点是规范对无主物的占有的获取的正义原则；第二点是规范对有主物的转让占有的转让的正义原则；第三点是对持有中的不正义的矫正。

（五）庇古福利经济学的公平观

庇古（A. C. Pigou，1877～1959年）提出福利经济学的公平观，指出社会经济福利的大小取决于国民收入的数量和国民收入的分配两个因素。国民收入总量越大，社会经济福利就越大；国民收入分配越是有利于穷人，社会经济福利就越大。但国民收入的增加便可增加社会经济福利是有前提的，即国民收入的增加"不是靠对工人施加过大的压力获得的"。庇古认为由于效用递减规律的作用，即使在国民收入的数量没有增加、在提高穷人分配比例的条件下，社会经济福利也会增加。

（六）哈耶克关于公平与经济效率对立的理论

哈耶克（F. A. Hayek，1899～1992年）对分配正义理论持激烈批判和反对的态度，提出公平与效率对立的理论。哈耶克认为，经济效率的根源在于资源的有效配置，而经济效率又是经济增长的原动力。哈耶克认为只有自由的市场经济才是实现资源有效配置的合理的制度形式，而计划经济则不可能实现资源的有效配置。

（七）弗里德曼反对政府干预的理论

米尔顿·弗里德曼（Milton Friedman，1912～2006年）在其著作《资本主义与自由》《自由选择》中始终一贯地坚持自由放任的市场经济的优先地位，反对政府干预。弗里德曼强调机会平等，认为机会平等导致的结果不平等可以提高社会生产的效率；反对采取政策措施贯彻结果平等，因为"越是贯彻结果平等的措施，人们不满意的程度就越大"。

（八）克拉克的静态分配理论

约翰·贝次·克拉克（1847~1938年）在其著作《财富的分配》中阐述的静态分配理论，认为存在自然规律把社会总收入分为工资、利息和利润三大部分。这三部分收入分别为劳动的收入、资本的收入以及企业家的职能收入。克拉克在《财富的分配》一书中所要阐明的问题仅仅是"什么决定纯粹工资标准、纯粹利息标准和纯粹利润标准"。克拉克通过对各种生产要素在它们共同生产的产品所做出的贡献的份额的研究，发现各种技能所有者的报酬"都由它们所生产的最后产量（即边际产量）来决定"。

通过对西方主要公平与正义理论进行梳理，掌握了公平研究发展的脉络，我们发现西方学者研究或者关注的问题最后往往可以归纳概括成以下几个方面：一是公平、平等、正义、自由等概念的内涵，尤其对平等的理解和认识是他们提出自己观点的基础和起点；二是机会平等、结果平等和把握机会的能力及条件平等的关系；三是公平与效率的关系；四是对市场和国家干预的态度。

二、"经济人"和自利偏好概述

"自利偏好"来源于"经济人"假设。"经济人"假设作为西方经济学的基石，对西方经济学的发展起到了极其重要的作用。西方经济学正是以"经济人"假设出发，从而发展并完善为经典的经济学理论。

"经济人"假设认为人是自利的、理性的"经济人"，人出于利己需要，会追求自身利益的最大化。要研究自利偏好，就需要厘清"经济人"假设的发展脉络。

（一）重商主义对自利偏好的论述

在"经济人"思想逐渐形成的阶段，重商主义起到了重要的作用。

1549年，英国重商主义者约翰·海尔斯在《关于英格兰卫国公共财富的讨论》中提出了"认识追求最大利润"的观点，将自利心这一因素引入经济分析当中。英国经济学家伯纳德·孟德维尔在其著作《蜜蜂的寓言——私人的恶德，公众的利益》中，对性善论进行了否定，认为人都具有自利的本性，

11

这也成为"经济人"思想形成的基础之一。孟德维尔指出,"人对事物的选择必定取决于人们对快乐的看法;任何人都不会做出当时对他似乎并不最为有益的行动"。孟德维尔认为每个人都是有利己之心的,虽然利己心看起来是私恶的东西,但是却构成了社会公利的基础,形成了"私恶即公利"的命题。

重商主义者虽然没有明确提出"经济人"假设的明确概念,却为"经济人"假设提供了思想基础,成为经济学发展的重要基石。

(二)古典经济学对自利偏好的论述

理论界认为亚当·斯密是最早完整表述"经济人"假设内涵的经济学家。利用其著作《国民财富的性质和原因的研究》,亚当·斯密较为全面地阐述了"经济人"的概念。

斯密认为,"我们每天所需要的食物和饮料,不是出自屠夫、酿酒家和面包师的恩惠,而是出于他们自利的打算"。同时,他还指出:"各个人都不断努力为他自己所能支配的资本找到最有利用途。固然,他所考虑的不是社会的利益,而是他自身的利益,但他对自身利益的研究会或者毋宁说必然会引导他选定最有利社会的用途。"

此外,斯密还提出了著名的"看不见的手"的命题。斯密认为,每个人都为自己的利益着想,每个人的财富实现最大化的同时,全社会的财富也会实现扩张和促进,这就形成了主观上为自己,客观上服务大家的思想。"他所盘算的也只是自己的利益,在这种场合,像其他场合一样,他受到'看不见的手'的指导,去尽力达到一个并非他本意要达到的目的。这并不是因为事非出自本意,就对社会有害,他追求自己的利益,往往使他能比在真正出于本意的情况下更有效地促进社会的利益"。

斯密论述的"经济人"形象具有三层意思:

其一,人是自利的,追求利益最大化是每个人的唯一动机;

其二,每个人在追求自己利益最大化的过程中,都必须要考虑别人的私利,否则难以实现自己的利益;

其三,人们在追求自我利益最大化的过程中,都会无意识地被"看不见的手"支配,从而实现社会的财富增长。

古典经济学家约翰·穆勒对"经济人"的概念进行了继承和发扬。他指出了"经济人"的三个特征:其一,经济人是完全理性的;其二,经济人具有利己思想;其三,经济人参与的社会活动都会促进社会福利的进步。

斯密的思想成为古典经济学的基础,对后代经济学家产生了重要影响。除穆勒外，边沁、西尼尔等一系列经济学家对经济人的思想进行了不断完善，逐渐形成了古典"经济人"假设，为经济学研究奠定了分析和研究的基础。

（三）新古典经济学对自利偏好的论述

在古典经济学家的理论中，"经济人"的自利是人性的自然体现。新古典经济学则通过边际分析的方法，诠释了"经济人"的理性，说明"经济人"是可以通过成本—收益核算进行计算和权衡的理性人，这就赋予了"经济人"明确的经济学定义。此外，新古典经济学家还对"看不见的手"能够促进社会利益增长进行了证明。

杰文斯、门格尔、瓦尔拉斯等经济学家将效用概念和边际概念相结合，用经济学的方法证明了"经济人"的自利行为。效用和边际两者的结合，能够计算出需求最大化的程度，从而计算出人对自身利益最大化的追求。

新古典经济学中"经济人"概念的形成，让经济学家开始对市场活动和经济行为进行了更为精细的研究，而斯密提出的"利己之心"也开始被量化为"利益最大化"。

（四）广义的"经济人"概念

广义"经济人"是"新政治经济学"运动的产物，也是"经济人"研究发展的最新一种模式。

广义"经济人"将"经济人"假设推广到经济学以外的其他领域，同时将非货币收入引入"经济人"利益的范畴，认为"经济人"的利益最大化不仅包括货币收入，而且应该包括非货币收入，如地位、名誉等利益，这些利益一般不能用经济学的尺度进行衡量。同时，广义"经济人"还引入了交易成本、信息成本，从而打破了"标准理性选择""完全信息"等古典经济学中的限定，增强了"经济人"假设的说服力，也将"经济人"假设扩展到了非经济学的范围，更具有普遍性的意义。

（五）"经济人"假设的内涵

自斯密以来，"经济人"假设经历了古典经济学、新古典经济学和新政治经济学的不断发展，得到了不断的完善，但是斯密提出的"经济人"的内涵并没有被推翻，杨春学（1998）博士界定了"经济人"的内涵，认为"经济人"包含了三个基本的命题：其一，"经济人"是自利的。人在经济活动中的根本动力是追求自身的利益，生物学和心理学可以为自利的动机和行为提供支持依据。其二，"经济人"是理性的。人可以通过理性的分析市场、环境，并通过已习得的经验，追求自身利益实现最大化。其三，在良好的制度和法律环境中，"看不见的手"可以推进社会公共利益的进步，这也是"经济人"假设的核心命题。

（六）对"经济人"假设的批判

"经济人"假设提出至今，经历了不断地发展与完善，也受到批判与否定。如诺贝尔经济学奖获得者西蒙提出了有限理性决策论，认为激烈和复杂的竞争环境、信息与人的"注意力稀缺"、"信息处理能力有限"之间存在着矛盾，提出用满意化的目标替代最大化目标具有一定的合理性。西蒙指出完全理性的"经济人"追求最优结果，而有限理性的管理人只是寻求满意。此外，还有"桑塔费学派"的"最后通牒"（Ultimatum）实验对理性的否定，认为人是具有公平偏好的。

虽然存在否定与批判，但是"经济人"假设仍然是西方经济学的基石，其内涵也在不断地扩充与完善，成为西方经济学的经典前提，并成为人们分析经济活动的有效工具。

三、公平偏好相关的博弈实验

传统经济学理论假设人们是纯粹自利偏好的，只会追求自己利益的最大化，但实验经济学家和行为经济学家通过一系列的博弈实验令人信服地证明，在许多情况下，公平意识会影响人们的行为和选择，人们具有公平偏好，在追求个人收益的同时会考虑收益分配结果或行为动机是否公平。显示人们确实具有公平偏好的博弈实验包括最后通牒博弈（Ultimatum Game）实验、独裁者博弈（Dictator Game）实验、信任博弈（Trust Game）实验、礼物交换博弈（Gift Exchange Game）实验、公共物品博弈（Public Produce Game）实验以及其他一些博弈实验。

（一）最后通牒博弈实验

最后通牒博弈实验是研究公平偏好的代表性实验，由 Guth、Schmittberger

和 Schwarze（1982）首先设计。在该实验中，参与者的一方 P（称为"提议者"）提出一种分配方案，在两者之间以某种方式划分一笔总量固定的货币（记为 c），而对方 R（称为"回应者"）有权接受或不接受该方案。分配规则为：提议者决定将总量固定的货币的一个份额 s∈［0，1］分给回应者，然后回应者选择接受还是拒绝该方案。如果回应者接受该方案，则回应者得到 s 份额货币，提议者得到 1-s 份额货币；如果回应者拒绝该方案，则双方都将一无所获。该博弈实验结构简单、便于操作、易于重复，已经很难简化了。按照传统经济学"自利"假设，提议者和回应者都是自利的，他们都会最大化其收益，那么回应者会接受任何一个正的数额，提议者也会预期到回应者将最大化收益，从而决定分给对方一个最小的份额。但实验结果显示，平均来看提议者会决定将总金额的 40% 分给回应者（实际上许多提议者分出份额达到 50%），而有 50% 的回应者拒绝仅获得总额的 20% 左右。之后 Camerer 和 Thaler（1995）、Roth（1995）以及 Cameron（1999）等在不同国家、使用不同分配金额和运用不同的实验程序进行了大量重复实验，实验结果稳健，且呈现出以下特征：提议份额 s 多分布在 0.4~0.5，很少低于 0.2；提议份额 s 接近 0.5 的情况均被接受，而低于 0.2 的情况下被拒绝率很高。任何你可以想到的解释方法（如较低的分配金额）都被进行了谨慎的检验，却发现都不能够完全解释这个结果，博弈双方似乎都考虑了分配方案的公平性。

（二）独裁者博弈实验

独裁者博弈是在最后通牒博弈的基础上，取消了回应者对提议者所具有的实施拒绝的权利。独裁者博弈的规则为：两个陌生人决定如何分配一定数量的钱，提议者提议一个分配方案，另外一个必须无条件接受。独裁者博弈可以帮助分析提议者在最后通牒博弈中如果表现出慷慨，究竟是因为担心被拒绝还是其本身就具有公平偏好。Forsythe 等（1994）第一次对独裁者博弈和最后通牒博弈进行了比较实验，其中独裁者可以自由选择分配份额。该实验的提议者不像 Kahneman 等（1986）所报告的那么慷慨，但是平均出价是总额的 20% 左右。独裁者博弈中的出价远小于提议者在最后通牒博弈中的出价，但却是一个显著的正数，这说明提议者的行为与其内心的利他主义因素有一定关系，而不是完全出于策略上的考虑。许多学者通过变更实验条件和实验对象的身份，对最后通牒博弈和独裁者博弈进行了更深入的研究。

（三）信任博弈实验

信任博弈实验由 Berg、Dickhaut 和 McCabe（1995）最早设计，是一个度量信任程度的简单博弈模型。在该博弈中，投资者拥有总量为 X 的资产，他可以选择继续持有这些资产或者将一部分交给投资代理人进行投资。假设投资者投资了 T 并持有剩下的 X-T。这部分投资额 T 可以在投资代理人那获得一个收益率（1+R），于是总收益变为（1+R）T。投资代理人决定如何与投资者分享这部分新资产。在这个博弈中，投资代理人所要进行的是一个独裁者博弈，但初始投资额由投资者决定。在该博弈中，信任是有风险的，因为投资者可能得不到投资代理人的任何回报，而获得的回报体现了值得信任的程度。根据纯粹自利偏好预测，投资代理人不会分给投资者任何数量的收益，投资者也不会投资任何数量的钱。但是，实验结果与纯粹自利偏好所预测的显著不同，投资者投资了一定数量的资产，投资代理人也分给投资者部分收益，并且投资量和返还收益量之间有比较显著的正相关关系。此后其他一些学者所做的类似博弈实验也得出了类似的结果。一种合理的解释就是人们具有公平偏好，为了追求收益分配公平，投资代理人会增加返还的收益来报答投资者的信任，而投资者显然知道这点，所以一开始就愿意投资。

（四）礼物交换博弈实验

礼物交换博弈实验由 Fehr、Kirchsteiger 和 Rield（1993）首先设计，之后 Offerman（1999）等进行了多次重复。在该实验中，企业首先给员工工资 w，员工决定他工作的努力程度 e（1≤e≤10），并会付出成本 c（e），这时员工的工作产出收益为 10e，企业为 10e-w，员工收益为 w-c（e）。按照纯粹自利偏好预测，员工选择努力程度 e=1，企业则支付最低工资。但是，实验结果表明，企业提供的工资高于最低工资，员工付出的努力程度也高于 e，并且工资和努力之间有显著的正相关关系。对此的合理解释就是人们具有公平偏好，员工会付出高努力来报答高工资，而企业知道这个情况，也会一开始就提供较高的工资。

（五）公共物品博弈实验

公共物品博弈也是一种重要的博弈，Dawes 和 Thaler（1988）、Ledyard

（1995）、Fehr 和 Gacher（2000）等都先后对此进行了研究。在公共物品博弈中，N 个成员首先同时决定自己对公共物品的投资，然后同时决定是否惩罚他人（被惩罚者可以是投资多的人也可以是投资少的人），实施惩罚会降低被惩罚者较多的收益，同时也会降低自己较少的收益。按照纯粹自利偏好预测，第二阶段不会有人选择惩罚，因为这会降低自己的收益，所以第一阶段也就没人进行投资。实验结果显示，3/4 的成员进行了投资，并且大家都惩罚了投资较少的人员，同时投资越少惩罚越重。对此合理的解释就是，人们具有公平偏好，为了得到公平的收益分配结果，每个人都宁愿牺牲自身部分收益去惩罚投资较少的人。

四、公平偏好理论模型

上述博弈实验不断证明人们是纯粹自利的假设不能成立，为了解释以上博弈实验的结果，行为经济学家和实验经济学家提出了不同社会偏好理论。社会偏好主要分为以下三类：第一类为公平偏好，假设人们会关心收入分配结果的公平或行为动机的公平；第二类为效率偏好，假设人们会关心社会福利和剩余，特别是关心弱势群体；第三类为利他偏好，假设人们会不图回报地主动帮助他人，甚至会在帮助的过程中牺牲个人利益。在这三类偏好的模型中，行为经济学家和实验经济学家尤其关注公平偏好模型。下面将对描述公平偏好的理论模型进行简单介绍。

目前，经济学家提出的描述公平偏好的理论模型主要分为三类：第一类为收入分配公平偏好模型，模型假设人们在关心自己收入的同时也会关心他人的收入，也就是人们会关心分配的最终结果是否公平；第二类为互惠偏好模型，该模型认为人们遵从行为动机公平准则，关心行为背后的动机，会为了报答善意行为或报复敌意行为不惜牺牲自身收益；第三类为基于收入分配公平偏好和互惠偏好的综合模型，认为人们行为决策同时受到收入分配结果和行为动机的影响，既强调收入分配的公平也关注行为背后的动机。

（一）收入分配公平偏好模型

收入分配公平偏好模型也叫不公平厌恶模型。这时，人们认为公平要综合考虑投入与付出的相对收入一致性，人们追求公平也即具有厌恶相对收入不均等的倾向。不公平厌恶是社会偏好的一种特殊形式，在自己收益低于他人的情况下会由于嫉妒心理产生嫉妒负效应，在自己收益高于他人的情况下又由于同情心理产生同情负效应，并且收益低于他人时的嫉妒负效应大于同等幅度高于他人情况下的同情负效应。这类模型主要包括 Fehr 和 Schmidt（1999）的公平偏好模型和 Bolton 和 Ockenfels（2000）的 ERC 模型。

FS 公平偏好模型认为，人们通过将自己收益与他人一一比较来判断收益分配是否公平，当自己收益高于比较者时产生同情负效应，当自己收益低于比较者时产生嫉妒负效应，自己的总效用等于物质收益的直接效应、嫉妒负效应和同情负效应三者之和，效应函数为：

$$u_i(x) = x_i - \alpha_i \frac{1}{n-1} \sum_{j \neq i} \max\{x_j - x_i, 0\} - \beta_i \frac{1}{n-1}$$

$$\sum_{j \neq i} \max\{x_i - x_j, 0\}, \ i, j \in \{1, 2, \cdots, n\} \tag{2-1}$$

α_i 为嫉妒心理强度，β_i 为同情心理强度，一般假设 $\alpha_i > \beta_i$ 且 $1 > \beta_i \geq 0$，$\alpha_i > \beta_i$ 表示收益低于比较者时的嫉妒负效应大于收益同等幅度高于比较者时的同情负效应；$1 > \beta_i \geq 0$ 表示虽然自己收益高于比较者时会产生同情负效应，但仍然偏好自己得到相对较多的收益。在这里需要说明的是，每个人的嫉妒心理强度和同情心理强度不同，有的人嫉妒心理强度较大，有的人同情心理强度较大。极端情况下 $\alpha = \beta = 0$，表示参与者纯粹自利偏好。

Bolton Ockenfels（2000）的 ERC（Equity, Reciprocity and Competition）模型表示参与者会把自己收益与参照群体（Reference Group）的平均收益进行比较，从而判断收益分配是否公平，效应函数为 $u_i = (x_i, \delta_i)$，$\delta_i = \frac{x_i}{\sum x_j}$ 表示 i 收益在参照群体总收益中所占的比重，同时设定当 $\sum x_j = 0$ 时，

$$\delta_i = \frac{1}{n} \tag{2-2}$$

该模型没有给出具体的函数形式，但从效应函数中可以看出，u_i 是 x_i 的增函数，是 δ_i 的严格凹函数，并且当 $\delta_i = \frac{1}{n}$（即个体份额等于平均份额）时获得最大化分配，这说明模型中把平均分配作为个体的社会参考点。

FS 模型能够解释全部博弈实验结果，而 ERC 模型不能解释在同等程度降低平均收益的情况下为什么在公共物品博弈实验中被惩罚的都是投资少者。ERC 模型假定参与者会将自己的收入与参照群体的平均收入进行比较，是非完全信息模型。FS 模型假定参与者会将自己的收入与其他每个参与者逐一进行比较，是一个完全信息模型，不但具有具体的、简洁的函数结构形式，而且

能够解释所有博弈实验结果，并只存在唯一的均衡结果，所以被广泛接受和应用。

（二）互惠偏好模型

Rabin（1993）提出的互惠偏好模型是一种基于行为动机公平的模型，它以心理博弈论为分析工具，认为人们具有互惠动机，即使在降低自身收益的情况下也会报答善意行为和报复恶意行为。在该模型中，参与者的最优反应函数取决于对方的策略选择和自己的二阶信念。参与者的主观期望效用函数由参与者自己的策略选择、参与者信念中对方的策略选择以及参与者信念中对方关于他策略选择的信念三个因素共同决定。Rabin 认为参与者通过比较自己的实际收益与他所期望的公平收益来判断对方是否对他善意，所以，他构建了两个善意函数：

（1）函数 $f_i(a_i,\ b_j)=\dfrac{x_j(b_j,\ a_i)\,x_j^e(b_j)}{x_j^h(b_j)-x_j^{min}(b_j)}$ 用来衡量参与者 i 对参与者 j 的善意程度，其中，a_i 是参与者 i 的策略，b_j 是参与者 i 关于参与者 j 的策略的信念，$x_j(b_j,\ a_i)$ 是 j 采取 b_j 且 a 采取 a_i 时 j 的真实收益，$x_j^h(b_j)$ 与 $x_i^{min}(b_j)$ 分别是 j 在帕累托效率下可能得到的最高收益与最低收益。$x_j^e(b_j)=\dfrac{x_j^i(b_j)+x_j^h(b_j)}{2}$ 为 i 采取策略给 j 带来的公平收益，$x_j^{min}(b_j)$ 为 j 可能的最小收益。

（2）函数 $\tilde{f}_j(b_j,c_i)=\dfrac{x_i(c_i,\ b_j)-x_i^e(c_j)}{x_i^h(c_i)-x_i^{min}(c_i)}$ 用来衡量参与者 i 认为 j 对 i 的善意程度，其中，各变量的表述意义与函数（1）类似。

Rabin 在此基础上构建了双人博弈中参与者 i 的效用形式：

$$U_i(a_i,\ b_j,\ c_i)=x_i(a_i,\ b_j)+\tilde{f}_j(b_j,\ c_i)[1+f_i(a_i,\ b_j)]\qquad(2-3)$$

其中，$x_i(a_i,\ b_j)$ 为参与者 i 物质产生的收益，$\tilde{f}_j(b_j,\ c_i)[1+f_i(a_i,\ b_j)]$ 为互惠动机产生的效用。

可见，参与者不仅关心自己实际的物质收益，还关注自己是否受到善意对待以及自己对别人的态度。当参与者采取相同的行为时，无论是相同的善意还是相同的敌意，上述效应函数都会达到公平均衡，双方同时获得最大效应，此时可能是纳什均衡，也可能不是纳什均衡。

Rabin 的互惠偏好模型以心理博弈论为分析工具，开创性地把互惠动机纳入博弈分析，有力地推动了公平偏好的经济学研究，但也存在严重缺陷。首先，只能用来静态博弈而不能用来分析策略动态变化的情形；其次，只能用于双人博弈而不能用于多人博弈；最后，存在多重均衡结果甚至有时相互矛盾的均衡会同时出现，因而不具有可操作性。针对以上缺陷，Dufwenberg 和 Kirchsteiger（2004）等经济学家进行了完善和推广。

（三）基于收入分配公平偏好和互惠偏好的综合模型

基于收入分配公平偏好模型认为人们关注收入分配结果公平；互惠偏好模型强调行为动机公平。实际上，行为人的行为决策同时受收入分配结果和行为动机的影响，所以，许多经济学家尝试两者相融合的模型，如 Falk 和 Fischbacher（2001）等。一般来说，这些模型也能够解释博弈实验的结果，但是多以心理博弈论为基础，存在多重均衡结果，所以不被广泛接受和应用。

第三章

人类公平感的由来

公平感对于人类社会的发展至关重要。公平感在人类社会的运转中起了润滑作用，直接决定着个体对社会的信任；同时个体对社会公平的感知影响着其对公共事物的合作和参与（张书维，2017）。公平感的存在对于人类社会如此重要，那么这种公平感是与生俱来的还是后天习得的呢？在对公平感的研究中，最后通牒博弈是行为经济学中的一个经典模型。通过回顾30多年来关于最后通牒博弈实验的文献，不难发现在生命演化和社会变迁的过程中，人类一步步建立起了公平感，而与之相伴的人类行为也一步步趋向追求公平而非完全利己。

一、基于灵长类动物的实验

利他主义，尤其是对陌生人的利他主义在进化史上是极为罕见的，而灵长类动物中存在着这样的利他主义（Warneken，2006）。与人类体质特征和社会行为相近的灵长类动物，特别是黑猩猩和猴子，在进行公平问题选择时，可以和人类形成鲜明的对比。

为了研究公平感的早期起源，Brosnan 等（2003）选择卷尾猴进行实验。实验过程中研究人员发现，如果卷尾猴看到同类付出了与自己相同的努力而获得了更高价值的回报，便会拒绝参与游戏，并且一旦同类获得奖励不需要付出努力时，这种抵触情绪便会被放大。这从侧面说明了灵长类动物对于公平有着自己的考量。相隔两年，Brosnan 等（2005）发现黑猩猩也会与同类的奖励进行比较，而不仅仅关注奖励本身，尤其是当同类得到比自己更好的东西时。这一实验证明了灵长类动物会针对结果进行比较，而非单纯地接受。黑猩猩是灵长类动物中最能表现亲社会行为的动物之一，它们在日常生活中通常有巡逻领土、合作狩猎和分享食物等行为（Mitani，2000，2001）。Proctor 等（2013）

发现黑猩猩选择与伙伴互动进行公平分配还是利己分配的实验中，与人类选择大体一致，即如果提议者认识到它正在与伙伴进行合作，那么黑猩猩会选择公平分配。但是，这一结果在 Fehr 和 Fischbacher（2004）的研究中给出了不同的解释。研究者提出与人类相比，灵长类动物展现出的合作水平也可能基于遗传关系。Massen 等（2010）针对长尾猴这一灵长类动物关于亲社会行为进行了最后通牒博弈实验。实验表明处于高地位的长尾猴面对非亲缘群体表现出慷慨的选择，而处于低地位的长尾猴则更多地保留了对食物扣留的权利。因此在灵长类动物中也依然存在着社会地位对公平行为的影响。灵长类动物在实验中展现出的与人类相似的关于公平分配的行为，证明了公平感在进化上的可溯源性。

动物公平感的现阶段研究存在着比较大的争议。总体上看，现有的研究还不足以证明动物与人类具有同样的公平意识这一结论。Silk 等（2005）认为黑猩猩具有不公平厌恶这一结论是有待商榷的。研究者将黑猩猩当自己的奖励少于对方时表现出的拒绝行为解释为"公平感"，但同时也指出尚无证据论证当奖励多于对方时黑猩猩是否会展现出不公平厌恶。这一观点也得到了 Bräuer 等（2006，2009）的支持。研究者将黑猩猩在实验过程中展现出的焦虑解释为期望——期望自己获得同样的食物——而非不公平的厌恶。关于灵长类动物不具有稳健公平感的另一个实验来自 Jensen 等（2007），研究者通过实验发现黑猩猩并不会给出公平分配，并且作为响应者黑猩猩也接受不公平分配，借此研究者提出黑猩猩是理性最大化的并且不具备公平感。此外，Kaiser 等（2012）通过设计一个提议者可以从响应者那里"窃取"食物的最后通牒博弈实验，来研究灵长类动物对于公平的关注度。研究发现提议者具有"窃取"行为，并且响应者不会拒绝任何一个非零的分出额。研究者提出将"拒绝"视作对不公平的"惩罚"这种观念可算作人类独有的一种特征，而灵长类动物没有表现出同样的反应。

所以，大量针对灵长类动物的最后通牒博弈实验并没有明确证明其具有公平偏好。已经进行的实验结论存在相互矛盾的地方。因此，目前的实验结果不能给出灵长类动物天生具有公平感的结论。

二、基于儿童成长阶段的实验

追溯人类的公平感，可以先考察儿童在生长发育过程中，其公平感是否会发生变化。年幼的孩子会对苦恼的人展现同理心；学龄前儿童，甚至婴儿会试图回应他人的情感需求，例如，安慰哭泣的人（Grusec，2002；M. L. Hoffman，2000）。同理心的存在表明孩子是具有亲社会行为的，而亲社会行为是公平感存在的前提条件，因此，对儿童进行公平感测试是可行且有意义的。目前研究者对儿童公平感最后通牒实验被试的选择大多集中在 18 岁以前，借此探究公平行为的发展过程（Hoffmann 和 Tee，2003）。

就国外研究来看，随着年龄的增长，作为提议者的未成年人会分给对手更多的钱，或者提出更公平的分配方案，而作为回应者的未成年人也会更多地拒绝不公平分配（Harbaugh，2000；Steinbeis，2012）。Damon（1975）提出 4 岁的儿童在奖励分配的问题上就已具备公平观念。Murnighan 等（1998）通过在幼儿园进行美元或者糖果的实验，发现 9 岁的儿童开始选择公平分配，并且公平分配的人数随着年龄的增长而上升。另外，年幼的儿童也更愿意接受一个较小的份额。研究者提出儿童的公平观念随着年龄的增长而递进，并将拒绝行为认为是儿童的后天习得。Harbaugh 等（2003）进行了儿童的独裁者博弈实验①，结果表明，在 10 个初始禀赋中，7 岁儿童平均分出 0.5 个，9 岁儿童平均分出 1.7 个，而 18 岁的少年则平均分出 4 个。显然，提议者的分配方案随着年龄的增长而趋向公平。而这一结果在 Kogut（2012）的实验中也得到了验证。该实验表明 3~8 岁的儿童选择公平分配的比例随着年龄的增长而上升。其中 5~8 岁的儿童虽然已有公平概念，但他们并未对自己的选择在情感上有所反馈；而 9~10 岁的儿童在做出公平分配时表现出了对这一决策的满意，即随着年龄增长，儿童展现出了不公平厌恶这一偏好。Fehr 等（2008）选择了 229 个儿童来研究儿童相关偏好的发展，以更深入地了解个体在偏好和合作上差异的来源。该实验表明 3~8 岁儿童的不平等厌恶随着年龄而发展。由 5 岁开始选择公平分配的人数比例明显上升，7~8 岁的儿童更愿意在分配中消除由地方观念（Parochialism）引起的不平等厌恶。不公平厌恶对人类合作的演进起到了关键作用（Fehr，2005），而由儿童展现出的这样一种偏好证明了公平行为是儿童道德发展的重要内容。

尽管在奖励分配中儿童具有公平观念（Olson，2008），但是儿童的公平感是否与生俱来？先前的研究表明人们的决策会基于他人对自己的期望，即当提议者被告知响应者知道他的决策会影响到自己时，提议者倾向于遵循公平准则（Bicchieri，2010）。Castelli 等（2014）选择 8~10 岁的儿童进行最后通牒博弈实验，结果发现作为提议者，儿童在 8~10 岁已经具备了公平准则的观念并且

---

① 独裁者博弈（Dictator Game，DG）是最后通牒博弈的一个变体，由 Kahneman（1986）首次提出，在该实验中响应者被剥夺了选择接受或者拒绝的权利，成为一个单纯的接受者（Recipient）。

善于利用这一准则——只有当发现信息不对称时才呈现一种自私的偏好；而作为响应者，儿童展现出一种矛盾——拒绝在公平的决策过程中产生的不公平份额。研究者将这一与类似的成人实验中相反的结果（Bicchieri，2012）解释为儿童对公平结果的渴望超过了对公平决策过程的信任。除了证明儿童对结果公平具有考量外，研究者也将重点放在儿童对公平的敏感性上。Wittig 等（2013）选择了五岁的儿童进行一个迷你最后通牒博弈实验来研究学龄前儿童的公平敏感性的本质。结果表明，只有当知道提议者本可以做出"均等"决策却没有那样做之后，响应者才有了拒绝的行为，而提议者却对此并不知情。因此，研究者提出学龄前儿童通常将公平与"均等"画等号，而"均等"的要求要远高于公平。儿童对公平结果的强烈渴望和对公平标准的严格定义，可以算作儿童天生具有公平意识的证据之一。

Camerer（1995）提出礼仪在儿童实验中的作用更为重要。相关研究指出，儿童公平行为可能来自后天教育而非基因（Harbaugh，2003），并将重点聚焦在孩子表现出利他行为的年龄阶段以及他们的家庭背景。Benenson 等（2007）选择 4 岁、6 岁和 9 岁的英国孩子进行独裁者博弈实验来研究利他行为，发现即便是年龄最小的孩子也展现出了利他行为，而生活在更好的经济社会环境中的孩子与较差经济社会环境中的孩子相比，则表现出更加无私的品格。结果表明，社会实践影响了儿童的利他行为。Hoffmann 和 Tee（2003）将平均年龄为12 岁的青少年与成人组成混合年龄进行实验时，发现青少年提议者，尤其是来自亚洲的提议者给出公平方案的比例远超成年提议者，青少年响应者的拒绝率也低于成年响应者。研究者将这一年龄效应归因于文化，认为亚洲青少年更受到合作与和谐文化的熏陶。

总体上看，未成年儿童的公平感会随着年龄的增长而有所提升。这可能是由于教育和道德等因素的影响，使儿童在成长过程中逐步知道了合作的重要性，进而表现出越来越公平的倾向。所有的研究有力地证明了人类的公平感是不断演化进步的这一结论。

三、基于不同社会环境的实验

人类社会从原始社会、农业社会进入工业社会，不同的社会环境对应着人类不同的行为模式。对公平感的研究发现，处于不同社会阶段的人类对公平的感知有着明显差异，公平感也表现出随着社会环境的演进而不断进化的特点。

无论身处工业社会还是非工业社会之中，不同国籍和种族的个体在不同的社会环境下的公平性决策有着明显差异（Camerer，2003）。Henrich 等（2001）在全球 15 个小型社会进行了最后通牒博弈实验，研究者横跨五大洲选取了如坦桑尼亚的哈扎部落、玻利维亚的提斯曼原住民等非工业社会被试。实验结果表明，来自巴布亚新几内亚的被试展现出了公平感，其中来自奥和格瑙的响应者拒绝了不公平和超公平的分出额，来自阿乌的提议者则愿意分出一半以上的奖金给对方。据对当地文化的研究，研究者提出当地人对太过慷慨或太过吝啬的馈赠通常都会拒绝。这一发现证实了人的行为并不总是纯粹的自私自利，他们对于公平的理解不仅有均等，更有"多劳多得"这一认知。成年人不仅关注自身得失，他通常会拿自己与他人的利益进行比较并借此表现出对不公平的厌恶（Fehr 和 Schmidt，1999；Bolton 和 Ockenfels，2000）。在中国，Chen 和 Tang（2009）针对宗教文化的影响程度对藏族人与汉族人进行了最后通牒博弈实验。实验表明，藏族人更愿意接受分出额并且他们的决定与给定的禀赋大小无关。其中来自拉萨的提议者平均分出 44.8%，而与之相比较的新加坡与厦门的提议者各分出 46.7% 和 46.3%。作为响应者，藏族人的拒绝率为 13.8%，高于新加坡的 12% 和厦门的 10%。因为对宗教信仰程度的不同，藏族人与汉族人的行为因为文化和价值观差异而产生了明显差异。Oosterbeek 等（2003）将 37 份关于在不同文化下进行最后通牒博弈实验的论文的结果进行元分析，分析表明，尽管被试的国籍种族不尽相同，但是提议者的平均分出额为 40%，并且响应者拒绝 16% 左右的分出额。这份对来自欧洲、亚洲和北美洲的最后通牒博弈结果元分析报告显示人类具有公平感这一结论是稳健的，世界各地的人大多很看重公平待遇。

在社会演进的过程中，工业社会的个体的公平感要强于原始社会或者农业社会。Henrich（2000）在秘鲁对当地土著人进行最后通牒博弈实验，并与来自加州大学的人类学研究生进行对比。实验发现，来自马其根加部落的被试与来自工业社会的人的行为呈现出巨大差异。研究发现，前者的平均分出额是 26% 并且较低的分出额也几乎全被接受了；而后者的平均分出额是 48% 并且较低的分出额都被拒绝了。研究者认为部落的提议者似乎不认为自己具有义务进行平均分配，而响应者也并未期待得到一个公平的份额。对于土著人来说，分出 15% 已经是一个公平的选择。相隔一年，Henrich 等（2001）基于原始部落的实验结果也与以往基于工业社会的实验结果截然不同。例如，研究者指出提斯曼原住民没有拒绝行为，但分出额在 50% 左右；马奇根加部落居民有 1 次拒绝行为，但是 75% 的分出额低于初始禀赋的 30%，其平均 26% 的分出额远低于西方工业社会的 45%。同样进行对比实验的有 Chuah 等（2009），实验在马来西亚华裔和英国人之间进行。实验结果表明，尽管被试来自工业化发展程度和社会文化都不同的两个国家，但是提议者的分出额都接近公平分配，由此可见相同工业社会的人的公平感具有高度的相似性。

市场化程度是社会演进过程中不可忽略的因素之一。相较于工业社会，农业社会或原始社会的人受市场影响的程度较小，通常以家庭为活动单位，进行生产、交换与分享。分享是人类具有的利他行为之一，尤其是在猎人这一群体中存在着大量的食物分享行为和强烈的平等主义思想（McGrew 和 Feistner，1992；Boehm，1999）。Marlowe（2004）选择了来自坦桑尼亚的猎人进行最后通牒博弈和独裁者博弈实验。尽管猎人文化强调分享与公平，并且提议者有公平甚至超公平的分配方案，但其平均分出额远低于工业社会的提议者。同样在Henrich 等（2001）的实验中，研究者也提出市场一体化程度对公平观念有着巨大的影响，因为实验表明在一个习惯与熟人进行交易的社会中，人对陌生人展现出利他行为的动机也微乎其微。而在一个依赖市场的社会中则呈现出不同的结果。Roth 等（1991）首次将文化作为影响人类决策的因素与最后通牒博弈相结合进行研究，在以色列、日本、美国和南斯拉夫这四个工业化国家进行实验。实验结果显示，各国提议者的分出额都接近50%，其中日本提议者达到60%，而以色列人相较美国人更容易接受提议者的分出额。研究者将各国实验者行为的差异归因于文化。而 Buchan 等（1999）所进行的同类实验则发现选择公平分配的提议者人数达到51%。尽管 Marlowe（2004）的实验没有证明猎人有异常的公平感，但将这两个社会形态下的人进行对比，对于论证公平感的演变是有意义的。

通过上述一系列关于社会环境的实验，不难发现非工业社会的实验者无论是分配金额还是拒绝率都要显著低于工业社会。农业社会或原始社会的个体的表现更加"自利"，这暗示着在进入工业文明后，人类的经济行为才开始偏离"理性人"假设（李欧等，2016）。

四、基于大脑神经基础的实验

近年来，随着脑成像技术的日趋成熟，研究者将事件相关电位（Event-related Potential，ERP）、功能性磁共振成像（Functional Magnetic Resonance Imaging，FMRI）等技术应用于最后通牒博弈实验中，目的是探测人类做出公平决策时活跃的脑区。经典的研究方法与神经影像学的结合使研究者可以从神经角度对个体的公平感问题有更本质的探索。

最后通牒博弈中，提议者和响应者关于公平的神经基础各不相同。对于响应者，Sanfey 等（2003）使用 FMRI 进行最后通牒博弈实验，研究表明面对不公平提议时，响应者的双侧前脑岛、背外侧前额叶皮层和前扣带皮层激活明显增强。其中与公平准则最密切的脑区是前脑岛和背外侧前额叶皮层，分别与被试的情绪和认知有关。前者一般被认为反映了个体面对不公平待遇时的负面情绪，激活程度较高时，被试拒绝不公平提议，即拒绝不公平提议时，前脑岛的高度活跃显示了在决策时情绪的重要作用；而后者主要负责决策过程中的控制，激活程度较高时，则做出对不公平提议的接受决策。而决策时情绪和认知产生的矛盾则激活了前扣带皮层。对于提议者，Weiland 等（2014）研究结果表明，实验中提议者提出公平分配方案时，其颞上回、颞极、内侧前额叶皮层、内侧眶额皮层及纹状体等涉及心理理论与奖赏的核心脑区的激活程度显著强于提出不公平分配方案。这样一个跨学科的研究使对公平的神经基础有了更深入的理解。

此外，通过设置实验情景，可以更好地了解日常生活中个体公平感差异的神经基础。Hu 等（2014）运用 ERP 技术，通过操纵个体的社会地位来研究响应者面对不公平份额时影响决策的神经因素，影像显示在决策时，低社会地位的被试脑中产生更积极的 P2（时间窗：170~240ms），而高社会地位的被试则产生消极的 N400（时间窗：350~520ms），表明高社会地位的个体更倾向于接受不公平的方案；高社会地位的个体 ERP 的晚期正成分（时间窗：400~700ms）比低社会地位条件下更为活跃，表明低社会地位的个体对公平的敏感性要弱于高社会地位的个体。Güroglu 等（2014）发现选择不均等选项的被试，其背侧前扣带（Dorsal Anterior Cingulate Cortex，DACC）、前脑岛和背外侧前额叶皮层有显著的激活；选择劣势不均等选项的人其腹侧纹状体和腹内侧前额叶皮层（Ventral Medial Prefrontal Cortex，VMPFC）有显著激活。在此基础上，Yu 等（2014）的研究允许让提议者调整对方收益来做出最终提议。结果显示双方具有强烈的公平感，其中提议者会依据给定的方案，通过牺牲个人的利益来调整（提高或降低）对方的收益，以缩小双方受益的差距。影像发现两种类型的不均等方案共同激活了壳核、眶额皮层和脑岛。

近年来，研究者将最后通牒博弈应用于研究临床病例，对患者这一群体的公平感及其神经基础进行探索，研究病患决策的特点，以改善个体的日常决策、合作及生活等方面。认知能力影响着决策和战略思维，而认知功能障碍被认为是精神分裂症的一个基本特征（Sharma，2003），并且精神分裂者在决策时被认为大脑中的脑岛和背外侧前额叶皮层是受损害的。Agay 等（2005）选择了患有精神分裂症的被试进行了最后通牒博弈实验，并与健康组进行对照。实验前研究者推测认知障碍和判断障碍会损害患者的讨价还价能力。实验结果发现，作为提议者的患者并不能完全利用自己的决策能力，他们对公平、不公平和过度公平有着错误的判断。作为提议者，患者组做出的超公平份额与健康组的公平份额一样多；而对于分出不公平份额，患者组远少于健康组。作为响应者，患者组与健康组相差无几，而这也是研究者认为应该要进一步研究的问题。实验的意义在于未来更好地评估患者的决策能力，继而开发新的治疗策略，使他们自己能够维持日常生活。Vieira 等（2013）对精神病患者的决策行为进行了研究。研究结果发现，精神病态低分组被试对不公平方案的接受率与背外侧前额叶皮层的激活呈正相关，而高分组的接受率则与腹内侧前额叶皮层的激活存在负相关，表明两组被试的决策行为有着不同的神经基础，并提示继续探索精神病态患者适应良好及适应不良社会决策的神经基础的重要性（王赟等，2015）。

五、人类公平感是不断进化的

Rand（2012）认为在这个不公平的世界里，短视的利己主义终会被公平所取代，这是公平的进化。通过以上对最后通牒博弈实验及其变体、被试个体差别和对未来研究方向的分析，我们可以看到人类的公平感是进化的。其中，灵长类动物也表现出某种程度上的公平行为，但目前研究尚未证实这种行为是稳健的。关于选择动物作为实验被试进行人类公平感的进化论证应集中于实验过程设计与控制，例如，未来的研究可以增加"盗窃"以及更积极的拒绝方式等手段，以更好地利用愤怒的作用来研究动物中是否存在不公平厌恶。关于儿童的最后通牒博弈实验显示儿童的公平感随着年龄的增长而上升，这一结论得到了大量实验数据的支持。在世界各地的成人实验中，人类更加展现出了人性中信任、合作、公平、互惠甚至利他的一面，这与社会人所接受的教育、所生存的环境与所积累的人生经验不无关系。虽然各地文化不尽相同，但是大量结果显示人类具有公平感，因此与信任博弈、公共物品博弈和囚徒困境等其他博弈实验相比，最后通牒博弈因其稳健的结果从根本上质疑了"理性经济人"假设（Güth，2014）。当然，这些实验的目的不在于推翻传统经济学的观点。走出实验室之后，如何将实验结果付诸实践，提高人类的合作水平，改善个体的生活质量，更好地为现实生活服务，将是未来研究者思考的方向。

第四章

中国情境下公平偏好对
市场行为的影响

一、公平偏好对市场行为的影响

早期的研究表明对市场行为公平的判断会改变市场结果，在市场中存在着一些公平约束因素影响厂商寻求利润，造成消费者市场和劳动力市场经常不能出清（Akerlof，1979；Solow，1980；Okun，1981）。

一些学者认为公平的行为对于厂商的长期利润最大化是重要的，厂商为了表现得公平，会向消费者表达善意，从而增加自己的声誉和信用，因为从长期来看，表现出不公平行为的厂商会受到惩罚（Akerlof，1970，1980，1982；Arrow，1973）。

丹尼尔·卡尼曼等（Kahneman、Knetsch 和 Thaler，1986）在经验研究的基础上，划分和描述了三种影响公平的因素。他们主要在厂商追逐利润的情境下讨论市场行为的公平性，提出了核心概念双边赋权（Dual Entitlement），即交易双方都被赋予了某种形式的权利。卡尼曼等进一步提出了影响双边赋权的三个因素。

（一）参照交易

市场行为的公平与某一水平的交易价格、工资或租金有关，它一般是由某种交易的历史经验或是最近流行的竞争程度所决定的。当存在不止一个参照交易时，交易双方容易发生冲突。在有关个人偏好和公平判断的研究中，关于如何定义交易双方所得一般采用同样的方式，即幼稚的会计准则。人们普遍按照相对于中间状态的参照点，而不是最终状态的收益和损失来评价交易双方收益

（Kahneman 和 Tversky，1979）。并且与规范标准相反，相对于机会成本，人们对投入成本更敏感；相对于失去的收益，人们对损失更敏感（Kahneman 和 Tversky，1984；Thaler，1980）。上述的评价特征使偏好在框架效用中并不稳定，有关被选择问题的表述方面无关紧要的变化也会影响决策（Tversky 和 Kahneman，1986）。

关于参照交易因素，有以下两点需要指出：一是参照交易与前景理论都涉及人们对收益和损失的理解，都强调参考点；二是参照交易还表明对公平的判断是以正常行为或"社会规范"为标准的，而不是以"客观公平"为基础的。丹尼尔的观点与著名的罗尔斯公平理论是完全不同的，甚至可以说是背道而驰的（Rawls，1971，2001）。丹尼尔认为不仅公平的衡量标准会随着时间推移而变化，而且交易双方在市场情形下也愿意公平行事，并且也被期望能公平行事。

（二）交易双方收益与损失

双边赋权的基本原理意味着，交易双方在交易过程中存在利益博弈，并且如果一方交易者的获益是基于另一方的等量损失，那么这种行为被认为是不公平的。因此，如果交易一方利用自己的市场强势获得额外收益是以另一方损失为代价的，则被认为是不公平的。但是，人们却通常认为将产品或服务的成本上涨转嫁给消费者是公平的，因为卖家并未从中获取额外收益。丹尼尔的研究证明成本的削减并不一定会传递给消费者，民众允许厂商保留部分或者全部由成本降低带来的收益，因为此时卖者的额外收益并不是以买者的代价为基础的。

（三）不同交易条件下的环境

丹尼尔·卡尼曼等（Kahneman、Knetsch 和 Thaler，1986）讨论了三种交易条件下的公平原则，分别是利润削减、利润增长和市场力量的增强。还有一种更为常用的分类方法是按可控因素和不可控因素来划分。比如，如果一家厂商面临的产品或服务需求增加了，这既增加了厂商利润，也增强了厂商的市场力量，但导致这一结果的原因并非厂商所能控制的，那么厂商如果借此提高价格，则会被认为是不公平的。然而，如果厂商是由于技术的改进而提高了产品的质量或服务的水平，那么厂商的提价会被认为是公平的。同样的情况，如果成本的上涨不是厂商可控的因素，并且导致了利润的下降，那么厂商提价则被认为是公平的，但如果成本的上涨是由于自身缺乏效率造成的，那么提价就会被指责有失公平。当然，这些法则同样适用于工资和租金的变化。对于交易者借助市场力量获得额外收益是否公平也要看交易者是如何获取这种市场力量的。如果是通过自己主动积极的措施提升了产品质量或服务水平，那么这是公平的，但如果是由其他非可控因素甚至是非法手段获得的，则不能被接受。甚至即使存在替代品，利用市场力量提高价格也被认为有失公平。

二、卡尼曼对市场行为背后的公平信念研究

丹尼尔·卡尼曼（Daniel Kahneman）在 1986 年《美国经济评论》上发表的文章《寻求利润过程中的公平约束：市场中的权利》对研究市场行为背后的公平信念具有开创性意义。卡尼曼是美国普林斯顿大学心理学和公共事务教授，2002 年荣获诺贝尔经济学奖。卡尼曼的突出贡献是将来自心理研究领域的洞察力应用在经济学研究中，从而解释了人们在不确定条件下如何做出判断和决策，其研究成果挑战了传统经济学的逻辑基础——"理性人"假设，证明了人们的决策行为如何系统性地偏离标准经济学理论所预测的结果，并提出了著名的"前景理论"。

一直以来，标准经济学的理论基础就是"理性人"假设，然后在此基础上通过精密的数学模型构筑起完美的理论体系。卡尼曼等的行为经济学研究则从实证出发，从人自身的心理特质以及行为特征出发，去揭示影响人们选择行为的非理性心理因素。行为经济学认为人们的行为不仅受到利益的驱使，而且受到心理因素的影响，特别是公平偏好的影响。卡尼曼的前景理论把心理学分析法和经济学研究有效结合起来，揭示了在不确定条件下的决策机制。前景理论是风险理论演变的第三个阶段，是从最早的期望值理论（Expected Value Theory）和后来的期望效用理论（Expected Utility Theory）演变过来的。前景理论包括以下三个基本原理：①大多数人在面临收益时是风险规避的；②大多数人在面临损失时是风险偏爱的；③人们对损失比对收益更敏感。

卡尼曼在英属哥伦比亚大学完成了《寻求利润过程中的公平约束：市场中的权利》这篇论文。在这次研究中，卡尼曼设计了 18 个情境问题，并在 1984 年 5 月至 1985 年 7 月将上述问题对加拿大的两个大城市——多伦多和温哥华的居民进行随机电话调查，电话调查是在晚上进行的，成年男性和女性各占一半，调查时间是十分钟左右，在每个调查中，会向被调查者提出和公平相关问题但数量不会多于五个。最终通过统计人们对上述问题的回答，卡尼曼等

发现无论消费者市场还是劳动力市场，交易双方的行为都会受到公平约束，并且由于公平的约束，在市场中经常可以观察到种种缓慢的或者不完全的调整。另外，即使没有政府干预，厂商为了避免得到不公平的声誉，其市场行为也与标准经济学模型预测的有显著差别。卡尼曼等经过分析和整理认为公平问题对厂商的行为影响显著，并且在劳动力市场上也存在大致的情况。以消费者市场中公平对市场行为影响为例，如果在消费者市场中出现过度需求，并且供应商成本没有相应地增加，则市场在短期内不会达到出清状态；某系列商品只有唯一的供应商，该系列商品的投入成本不变，但各自的需求不同，此时其中最有价值的那种商品将会产生短缺；相比于需求的变化，成本的变化更容易引起价格变化，并且相比于成本的降低，成本的增加更容易引起价格变化；价格下降经常采取折扣的形式，而不是标价的下降。

三、研究设计思路与创新点

本部分的研究在卡尼曼研究的基础上做出改进并且基于中国情境下研究公平偏好对市场行为的影响。本书的设计思路和创新点体现在以下几个方面：

其一，在卡尼曼进行上述研究的时期，公平偏好的测量、影响因素分析等方面的研究成果较少，而卡尼曼也没有在研究中提到公平偏好，本章尝试结合公平偏好的研究成果分析公平偏好对市场行为的影响。

其二，卡尼曼的研究对象是加拿大城市居民，样本范围较窄，而中西方社会文化背景差异及市场经济的发展程度不同，所以卡尼曼的研究结论在中国并不一定适应，因此有必要基于中国市场情境研究公平偏好对市场行为的影响。

其三，卡尼曼进行的调查方式是电话调查，考虑到当时安装电话的家庭所处社会阶层较高，所以调查方法具有局限性，在本章的研究中通过问卷发放渠道的选择及被调查者基本信息的收集有效解决了这个问题。

其四，卡尼曼设计相关问题的选项存在一定问题，在选项中出现公平和可以接受等同，以及不公平与不可接受等同。而经过前期访谈，我们发现在认为公平的情况下，也可能不接受；在认为不公平的情况下，也可能会接受。

其五，在问卷最后部分，我们设计问题验证了公平偏好的存在性，并揭示了公平偏好对市场行为如何产生影响。

其六，本书尝试找出中西方在市场行为公平性判断方面的差异并进行深层次的分析和解释。

四、问卷设计与发放

（一）问卷设计

为了使公平偏好对市场行为影响研究的问卷具备科学性和有效性，必须制定严密和科学的问卷开发流程，在充分借鉴和参考丹尼尔·卡尼曼现有研究问题的基础上，结合本书的需要，制定出以下问卷开发的流程，用以指导问卷的整个开发工作。具体如图4-1所示。

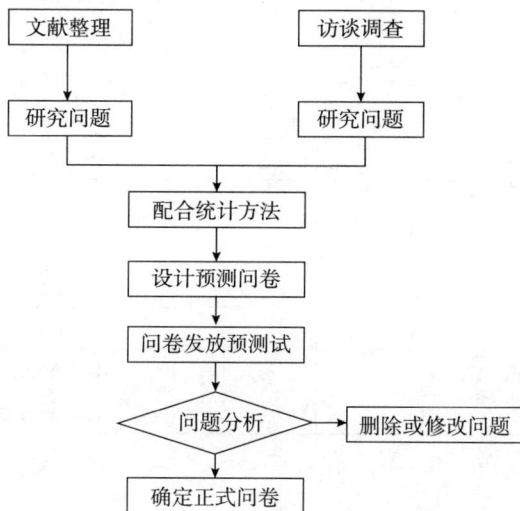

图 4-1 问卷开发流程

问卷设计参考了丹尼尔·卡尼曼的研究思路，在问卷设计过程中，运用文献研究、访谈调研等方法，归纳提取了符合中国市场情境的公平问题，并通过小样本测试，进一步修改情境问题及选项，从而达到完善问卷的目的。本问卷主要分为三个部分：第一部分，个人基本信息统计；第二部分，市场行为公平性判断；第三部分，公平偏好对市场行为的影响。

1. 个人基本信息统计

影响公平偏好程度的因素一般包括个人和社会环境两方面。其中个人因素一般由性别、年龄、学历、婚姻状况、收入、职业、专业和个人财富等方面构成。但本章主要是研究中国情境下公平偏好对市场行为的影响以及市场行为公平性判断的原则和标准，所以在个人基本信息方面没必要设置过多选项，综合考虑问卷的完整性和有效性，最终选择了性别、年龄和学历三个基本个人特征进行信息收集。具体选项设置情况如表4-1所示。

表4-1　个人基本信息调查项

个人基本信息情况	
性别	男
	女
年龄	20 岁以下
	20~30 岁
	31~40 岁
	41~50 岁
	51~60 岁
	60 岁以上
学历	初中及以下
	高中
	专科
	本科
	硕士研究生
	博士研究生

2. 市场行为公平性判断

本部分主要调查微观层面市场行为的公平性判断原则和标准，即在我国市场经济条件下，民众如何看待一些具体情境的市场行为的公平性。在设计问卷时，想重点考察以下三个方面：首先是交易双方是否都认可对方具有相应权利，即存在权利双重性；其次是交易双方在评价交易公平性时是否具有参照样本，并且参照样本存在哪些形式和特征；最后是交易双方收益的博弈在几种条件下如何取得均衡。对以上方面的考察是在借鉴丹尼尔·卡尼曼的研究问题的基础上结合中国情境重新设计实验问卷进行的。在实验问卷中，会详细描述中国情境下的市场行为，然后由填写问卷者选择对这一市场行为的态度。态度有四个选项，分别是绝对公平、比较公平、不公平和绝对不公平。四个选项用来甄别出认为这种行为公平或不公平的人群的比例。目前，这种研究分析主要是描述性的，"这是公平的"仅仅是"在考察群体中绝大多数人认为这是公平的"的缩写。具体设计问题情境概况如表 4-2 所示。

表 4-2　市场行为公平性判断部分设计逻辑

研究问题			市场行为情境和类型
双边赋权			百货商店雨天售伞
			歌手演唱会门票价格
			包工头支付民工的工资
参照交易			公司削减与增加员工工资
			李宁公司篮球鞋售价
			民营饭店削减工资和奖金
收益调整时机	保障利润		大雪封路后芹菜的价格
			房屋业主出租房屋
			面粉零售商提高面粉的零售价
	收益分配		南方小作坊调整产品价格
	市场强势		水果店对南方甜橙的售价
			社区超市的产品价格
			詹姆斯篮球鞋的拍卖
			公司招聘薪水要求的竞争
市场执行			苹果电脑的维修

3. 公平偏好对市场行为的影响

一个社会对公平的看法可能会在几个世纪甚至几十年中发生巨大的变化，也就是说人们会随着环境的变化而调整他们的公平观，通过第二部分我们考察了当前中国市场中公平的判断在一般情况下是由哪些因素决定的。我们还想进一步了解对市场行为的公平性判断是否会影响消费者的购买意愿或消费选择，也就是公平偏好对市场行为会存在哪些影响及影响强度。为了完成上述研究目标，我们设计了以便利店超市和理发店为背景的情境，考察公平偏好对人们市场行为的影响。

在问卷编写过程中，严格遵守问卷编写的一般性原则，对市场行为情境描述力求真实和准确。同时为了保证问卷的有效性和科学性，预测试发放现实问卷 16 份，利用互联网发放问卷 16 份，最终回收有效问卷 30 份。在整个预测试过程中，向参与问卷调查的人了解对问卷的建议并与他们讨论问卷可能存在的问题。最终，经过预测试保证了问卷语句通俗易懂，描述准确、清楚，逻辑结构合理，可以有效研究相关问题。

（二）问卷发放与数据收集

由于本次研究问卷涉及方面较多，共有 36 题，经过前期问卷预测试发现被调查者完成此份问卷普遍需要 10 ~ 15 分钟，为了减少问卷答题时间从而保证问卷的有效性和避免答题者揣测问卷意图，我们把问卷分成 A、B 两卷，并且选择随机发放的方式进行。问卷的发放采用两种渠道，一是现实问卷，二是网络问卷。现实问卷的发放又分成两部分，一部分是在某高校随机发放，一共 105 份，回收有效问卷 102 份，问卷有效率 97.14%；另一部分是在另一所高校随机选择部分学生发放，共发放问卷 115 份，回收到有效问卷 107 份，问卷有效率 93.04%。网络问卷的发放通过专业的问卷调查网站问卷星进行，首先在问卷星的管理后台上设计出与现实问卷相同的网络问卷，然后记住问卷链接网址，最后选择可信的朋友并向他们分享问卷链接网址请求他们认真填写问卷。在网络问卷发放的过程中需要注意以下几点：一是选择熟悉并值得信赖的朋友，交代问卷的重要性，要求大家基于内心真实想法认真填写，确保答题的真实性；二是提前告诉大家完成问卷大概需要 5 ~ 7 分钟，希望他们能抽出足够的时间再选择答题，确保问卷答题的完整性；三是在朋友圈邀请好友帮忙分发网络问卷链接，让他们分发链接前做好前期沟通，强调一下认真答题的重要性，通过这个途径有效扩大样本选择范围。经过几十位朋友的热情帮助，在三个月时间内（2014 年 2 月至 2014 年 4 月）完成网络问卷 242 份，有效问卷 218 份，问卷有效率 90.08%。整个问卷结束之后，共回收有效问卷 427 份，来自现实有效问卷 209 份，来自网络有效问卷 218 份，占比接近 1：1。其中问卷 A 完成 224 份，问卷 B 完成 203 份。基本保证每个问题有 200 多人给出答案，样本覆盖范围较广，符合数据处理要求。

五、数据统计分析

本章主要运用社会学统计分析软件 SPSS 19.0 进行数据统计和分析，使用的统计分析方法主要包括：①描述性统计分析，对被调查者的基本信息即性别、年龄和学历进行描述性统计；对具体情境问题的公平判断结果进行频数和比例统计；②交叉分析，研究性别、年龄和学历因素对具体市场情境问题公平性判断是否有影响。

（一）基本信息描述性统计

回答问卷人员基本信息的描述性统计包括以下三部分：

1. 性别构成

有效参与问卷调研的人员一共 427 人，其中男性 180 人，占 42.2%；女性 247 人，占 57.8%。样本量较大，男女比例平衡（见图 4-2）。

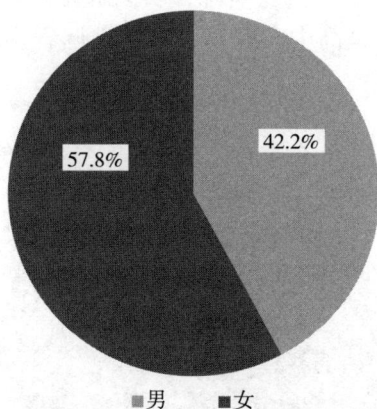

图 4-2 参与问卷者性别构成

2. 年龄构成

参与问卷调研者主体年龄为 20～30 岁，以中青年为主，占到总数的 90.4%；20 岁以下群体占到总数的 6.6%，占第二位；其他年龄段人数较少（见表 4-3）。青年人是在改革开放之后成长的一代，他们对市场行为公平性的看法会产生现实和长远两方面的影响，因而了解他们的市场行为背后的公平信念对于促进我国市场经济的健康发展具有重要意义。

表 4-3 参与问卷者年龄分布

年龄	频率	百分比（%）	有效百分比（%）	累计百分比（%）
20 岁以下	28	6.6	6.6	6.6

年龄	频率	百分比（%）	有效百分比（%）	累计百分比（%）
20~30 岁	386	90.4	90.4	97.0
31~40 岁	9	2.1	2.1	99.1
41~50 岁	2	0.5	0.5	99.5
51~60 岁	2	0.5	0.5	100.0
合计	427	100.0	100.0	

3. 学历构成

参与调研问卷的人员的学历以本科和硕士研究生为主，分别占调研群体的49.6%和35.4%。另外就是高中和专科，分别占调研群体的5.4%和7.3%（见图4-3）。

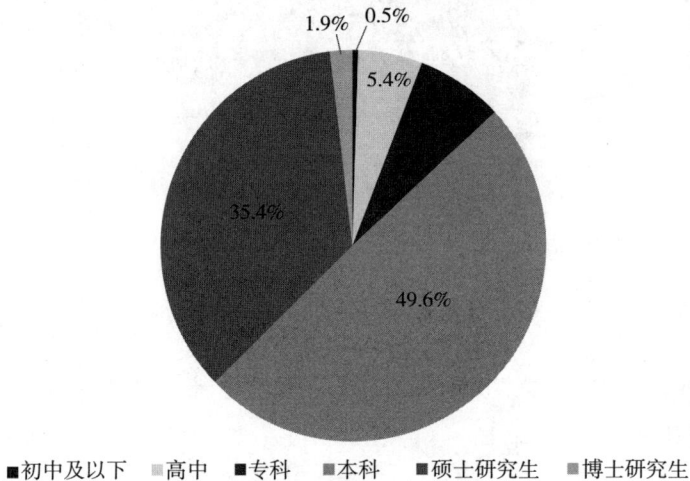

图 4-3　参与问卷者学历构成

（二）问卷研究分析

通过对回收的问卷进行相关统计分析，我们发现以丹尼尔·卡尼曼所得结论为基础的假设在中国情境下基本得到验证，但我们也发现了一些不同以及其他值得关注的地方。为了便于下文分析，我们在这里将厂商、地主、雇主或房屋出租者等一般在交易中占主导地位的一方称为交易发起者，而将交易另一方称为交易回应者。

【问题 4-1】一家百货商店里雨伞的售价一直是 15 元。在某个工作日下大雨的早晨，商店将售价提高到 25 元。

在参与调查的 224 人中，29.9% 的人认为公平，而 70.1% 的人认为不公平。

如果没有证据表明是成本增加而导致的产品价格增加，即使产品需求旺盛（这种需求可能是消费者被迫产生的），那么消费者也会对价格增加会有敌意性的反应，因为消费者认为这是不公平的。

【问题 4-2】国内某位一线歌手的演唱会门票价格一直在 500 元，由于最近该歌手的人气暴涨，在演唱会举办成本没有增加的情况下，举办方把演唱会门票的价格提高到 800 元。

在参与调查的 224 人中，72.8% 的人认为是公平的，而只有 27.2% 的人认为不公平。

对于以娱乐产品或服务为代表的高端消费，如果产品需求旺盛，没有证据表明是成本增加而导致的产品价格增加（因为需求可能是消费者主动产生的，消费者具有消费与否的选择权），那么消费者对价格增加的敌意性会减少，这也说明在这种情况下多数人认为交易发起者提高自身收益是公平的。这点与卡尼曼的调查结果差异较大，卡尼曼调查显示，即使是以奢侈品为代表的高端消费，消费者也坚持成本没有增加的情况下提高价格是不公平的。

在丹尼尔·卡尼曼的研究中，他发现了一些重要的市场行为，本书与卡尼曼的研究相对应，在下面的研究中，我们也分为四方面进行分析。

1. 双边赋权，即一项交易中的双方当事人都被赋予了某种形式的权利

交易发起者比如厂商、雇主等有权利获得参照利润，参照利润可以是正常的市场利润，可以是跟同行相比的利润，也可以是先前的利润；交易的回应者比如消费者、租户、雇员有权利比对参照交易，参照交易可以是市场价格、市场租金或者市场工资，也可以是先前交易价格、交易租金或者交易工资。发起者不能通过强制性地侵犯交易回应者的权利来增加利润。但当发起者的参照利润出现下降时，发起者有权设置新的交易价格等条款来保护自己的利益，即使这些条款会增加交易回应者的负担。

一般来说，市场价格、标示价格以及交易发起者和回应者过往交易价格都可以充当参照交易。如果历史上交易双方有过相似的交易，那么最近的交易价

格、工资和租金都会参照先前的交易条件进行调整，除非之前交易明显是暂时的或者不公平的。对于第一次交易，一般来说交易双方会参照目前市场中被普遍接受的竞争性价格或者工资。在工资交易中，交易双方的角色可以通过以下两个问题来解释。

【问题4-3A】一个民工跟随一个包工头在建筑工地已经工作一年，每天的工资是150元。包工头盈利一直都不错，但是该区域最近又来了大量民工。其他的包工头给从事同样工作的可靠民工的工资是每天120元。这个包工头把该民工的工资也削减到每天120元。

在参与调查的224人中，32.1%的人认为公平，而67.9%的人认为不公平。

【问题4-3B】其他条件与问题4-3A相同，该民工由于家中有事辞职回家了。这种情况下，包工头重新招聘了一个替代他工作的民工，工资为每天120元。

在参与调查的224人中，80.4%的人认为公平，而只有19.6%的人认为不公平。

显然在问题4-3A的情况下，民工当前的工资被当作一个参照来评价未来包工头对其工资调整的公平性，而在评价替代他工作的民工工资的公平性时则不再适应。也就是说，替代他工作的民工没有权利去参照之前民工的工资。而实际上，我们发现民工比对参照工资的权利在新的交易中也会丧失，即使面对原先的包工头。

【问题4-4】一个包工头雇用了三个民工从事建筑施工，工资是每天150元。由于建筑施工行业竞争激烈，这个包工头决定开始从事房屋装修，在房屋装修行业中市场起始工资比较低，他决定将三名民工的工资削减到每天120元。

在参与调查的224人中，73.2%的人认为公平，而认为不公平的人占26.8%。

问题4-3A和问题4-4中包工头对民工工资削减的幅度相同，但在问题4-3A中67.9%的人认为不公平，而在问题4-4中73.2%的人认为公平。这充分说明在新的交易中，民工比对先前参照工资的权利已经不存在，即使面对的是原先的包工头。

公平的一般性原则即使被普遍接受，也不能保证在具体问题上不会产生争议。可以举例来讲，当竞争者改变了价格或者工资时，厂商当前交易的情况和竞争者的交易情况就都成为新的参照交易。一些人会认为当竞争者降低产品定价时，厂商不采取相同的行动是不公平的；另一些人会认为在竞争者不是因为成本的合理增加而率先提高价格的情况下，厂商采取相同的行动是不公平的。在这里需要说明的是，参照交易虽然作为公平判断的基础但它不一定是公正的，往往是因为它是普遍的。根据访谈，人们往往根据日常所见的实际行为规范来调整他们对公平的看法。

2. 参照交易与交易双方收益博弈

参照交易就是把参照价格或者参照工资，以及对厂商而言为正的参照利润作为价格或工资变化的一个参照体。能成为参照体的一个先决条件就是被选择的参照体本身是公平的。在公众的公平判断标准里，消费者或者雇员有权利参照最近的长期稳定下来的价格、工资和租金，厂商不能通过强制性地侵犯这些权利来增加利润，但当厂商的参照利润已经或即将严重下降时，厂商可以通过采取适当的行动来保证参照利润，虽然这些措施可能会减少消费者或者雇员的收益。市场价格、商品标价以及历史交易价格都可以作为参照交易。厂商和交易者之间相似的交易会依照最近的价格、工资和租金调整，除非之前交易的价格、工资和租金是暂时的。在一个全新的交易当中，市场中被广泛接受的竞争性价格或者工资提供了最适当的参照。

关于交易双方行为公平性的判断在很大程度上取决于交易双方行为造成的结果，即双方收益的变化。交易双方公平性判断的核心准则是正常情况下，交易一方不应该仅仅通过对另一方造成损失而得到收益。一般交易双方的损失或收益是相对于参照交易的，其中交易回应者的收益或损失是相对于参照交易的差额，交易发起者的收益是相对于参照利润的差额。在根据交易双方的收益或损失进行公平判断时，交易发起者和回应者的权利会产生相似的不对称性。与交易发起者减少可能损失相比，如果交易发起者减少损失的行为造成交易回应者损失，那么这一行为更可能被认为是不公平的。同样，与交易发起者避免损失的行为相比，它获得收益的行为更可能被认为是不公平的。虽然在经济分析中很少提及，但现实中我们确实会使用不同的标准评价交易发起者避免损失的行为和通过机会获得更多收益的行为。

在本章的研究框架内，交易双方的所得定义为相对于参照交易的收益与损失。交易双方在整个交易过程中会进行博弈，但公平这只"看不见的手"会让他们找到合适的均衡点。公平是通过比较交易双方相对于参照交易的收益或损失进行判断的。一般来说，交易回应者的所得仅仅是新的均衡点与参照价格、租金或工资之间的差异，而交易发起者的所得，我们更关注的往往是是否获得参照利润。

在人们进行公平判断时，普遍按照相对于中间状态的参照点，而不是最终状态的收益和损失来评价行为是否公平。在评价厂商的行为公平性时，相对于机会成本，人们更对其投入成本感兴趣，相对于失去的收益，人们对其损失更敏感。

公平的判断也会受到如货币幻觉等框架效应的影响。我们可以通过下面的例子来说明这个问题。

【问题4-5A】在一个经济衰退、失业严重但没有通货膨胀的经济环境里，有一个盈利尚可的公司，公司的很多员工都非常害怕失业，因为很多人都在等着进入公司顶替他们的岗位。公司决定削减8%的工资。

在参与调查的224人中，41.5%的人认为公平，而58.5%的人认为不公平。

【问题4-5B】在一个经济衰退、失业严重并且通货膨胀率达到10%的经济环境里，有一个盈利尚可的公司，公司的很多员工都非常害怕失业，因为很多人都在等着进入公司顶替他们的岗位。公司决定增加2%的工资。

在参与调查的224人中，86.6%的人认为这是公平的，13.4%的人认为这是不公平的。

我们知道在这两个问题中，实际工资的变化几乎是一样的，但对公平的判断却差异显著。在问题4-5A中，工资的削减被定义为损失，因此被认为是不公平的。在问题4-5B中，虽然名义工资的增长不能弥补通货膨胀的损失，但被定义为相对于参照工资的收益，所以被认为是公平的。

我们再看以下两类情况：

【问题4-6A】李宁公司新推出一款篮球鞋，受到消费者热捧，一家李宁专卖店收到很多订单，但这款鞋目前缺货，必须等待一个月才能提货。这家鞋店之前一直按照鞋的标价出售这款鞋，现在它将每双鞋价格提高100元。

在参与调查的224人中，27.7%的人认为公平，而72.3%的人认为不公平。

【问题4-6B】如果这家李宁专卖店之前一直按照比厂家标价低100元的价格出售该款篮球鞋，现在只是按照标价来出售。

在参与调查的224人中，72.3%的人认为公平，而27.7%的人认为不公平。

【问题4-7A】一家民营饭店以市场工资雇用了几个服务员，最近几个月，饭店营业额虽然增加但没有达到预期，饭店老板决定明年削减服务员10%的工资。

在参与调查的 224 人中，有 28.1% 的人认为公平，而 71.9 的人认为不公平。

【问题 4-7B】一家民营饭店雇用了几个服务员，他们每年收到相当于工资 10% 的年终奖，总体上讲，这些员工得到市场工资，最近几个月，饭店营业额虽然增加但没有达到预期，饭店老板取消了该年度的年终奖。

在参与调查的 224 人中，有 52.7% 的人认为公平，而 47.3% 的人认为不公平。

上述分析表明，对于同样幅度的产品价格增长或者工资削减，等量地取消折扣或者奖金可能更容易被认为是公平的。也就是说，相对于被定义为收益的消除结果的负效应来说，被定义为损失的同一结果的负效应可能更大，这样的准则也适用于公平判断。对于问题 4-7A 和问题 4-7B 的回答的显著区别（在置信度为 0.05 时，相关性才是显著的）表明，在这两个问题中，10% 工资的削减被认为是不同的。在问题 4-7A 中，工资的直接削减被定义为服务员相对于先前工资所给出的明确的参照工资的损失；而在问题 4-7B 中，参照工资是不确定的，这个工资变化既可以被定义为服务员的损失，也可以被定义为民营饭店的收益提高。在问题 4-7B 中，过半人认为公平表明不少参与问卷者接受了后一个框架。

问卷的整理和分析表明，相对于收益的消除引起的负效应，直接损失造成的负效应会更大。所以，与商品价格的直接上涨相比，等量地取消折扣可能更容易被理解和接受，这与很多商家在淡季采取打折，以便旺季到来时恢复原价更容易被顾客理解的道理是一样的。在劳动力市场也存在相同的情况，与工资被直接削减相比，取消奖金也更容易被理解和接受。

3. 收益调整的时机

一般来说，企业在经营过程中会遇到以下三种情况有调整收益的冲动：①企业相比以前或者相比竞争对手利润减少，这可能是自身成本增加所致，也可能是竞争对手提价所致，也可能是其他原因；②企业相比以前或者相比竞争对手利润增加，如效率提高或者成本降低，或者竞争对手竞争力下降等；③形成市场强势地位，比如竞争对手消失、垄断货源等。

（1）保障利润。在成年人群中随机抽样，样本包含的消费者、雇员和租户这类交易回应者会远远多于厂商、雇主和房东组成的交易发起者。在这种情况下，接受调查的人中大部分确定地支持交易发起者追求参照利润；甚至在一些情况下，他们认为交易发起者为了获得适当的参照利润可以将损失完全转嫁给交易回应者，而不需要共同分担这部分损失。其中，由于批发价、经营成本和房屋维护成本的上涨，大部分参与调查者认为交易发起者可以将诸如此类成本上涨导致的利润损失转嫁给交易回应者，这种损失转嫁行为是公平的。下面两个问题阐述了这个准则适用的范围。

【问题4-8】由于大雪封路造成运输不畅，蔬菜出现供给短缺，批发价格也出现一定上涨。小区菜市场一个蔬菜零售商的芹菜进价相比降雪前每斤涨了0.5元，这个零售商因此也将每斤芹菜的价格提高了0.5元。

在参与调查的224人中，94.6%的人认为公平，而仅有5.4%的人认为不公平。

【问题4-9】一个房屋业主将自己空置的一套住房出租给一个收入固定的人。租金的提高意味着这个租户要搬出这里，然后寻找一个租金便宜的房子，实际上可以找到这样的房子。这个房屋业主去年用于维护房屋的成本显著增加，因此他决定在和租户续签租赁合同时提高租金用来弥补自身成本的增加。

在参与调查的224人中，81.3%的人认为公平，而只有18.6%的人认为不公平。

问题4-8表明对于成本因素导致产品或服务价格出现上涨，绝大多数人认为交易发起者出于保障利润的目的提高价格是公平的。对于问题4-9的回答尤其明显，说明上述原则即使交易发起者为了保障利润最终给交易回应者造成了极大的不便，交易发起者提价的做法也被广泛认为是公平的。交易发起者仅被允许通过牺牲交易回应者的收益来避免自己遭受与当前交易直接相关的损失。举例来说，如果一个房屋出租者通过提高租金弥补其在其他收入渠道比如股票收益上遭受的损失，这种行为被认为是不公平的。

【问题4-10】一个面粉零售商储备了大量面粉，之前储备时的批发价格较低，现在他听说面粉批发价格上涨了，决定立刻提高面粉的零售价。

在参与调查的224人中，71%的人认为公平，而只有29%的人认为不公平。

按照幼稚的会计准则会使用先进先出的方法计算存货成本，所以面粉零售商在成本没有增加的情况下提高价格会被认为不公平，但是面粉零售商储备大量面粉是在自身承担市场风险的情况下进行的，所以对于面粉零售商获得额外收益的行为，多数人认为是公平的。这点与卡尼曼等的研究结论也有差异，卡尼曼等的调查显示，多数人认为根据幼稚的会计准则，在存货成本没有增加的情况下提高价格是不公平的，而多数中国人认为是公平的。这可能是由于中国市场情境下，囤货投机行为较多，囤货本身承担了风险，所以民众认为这种情况下通过直接提价适当获得额外收益是公平的。

（2）收益分配。如果交易发起者的成本下降时，对于这部分由于成本下降产生的收益，人们会期待怎样进行公平分配，如果按照严格的成本加成原则会要求价格相应回落，如果根据双重权利的观点，则交易发起者仅仅被禁止通过牺牲交易回应者的利益来增加利润。那么对于这部分收益，人们允许交易发起者保留部分或全部由成本降低带来的收益。实际上，通过进一步访谈分析得知，如果这部分收益是交易发起者凭借自身努力比如投入更多研发资金、承担相应风险获得的，那么人们会倾向于让交易发起者独享这部分收益，而如果不是由于交易发起者主观努力比如原材料或人工成本下降产生的收益，那么人们倾向于交易双方共享这部分收益。下面的例子可以说明以上问题。

【问题4-11A】一家生产毛绒玩具的南方小作坊在单价100元的情况下出售它生产出来的所有商品。由于人工成本和原材料价格的下降，单个毛绒玩具的成本下降了30%。小作坊决定将毛绒玩具的单价调低10元。

在参与调查的203人中，88.2%的人认为公平，而11.8%的人认为不公平。

【问题4-11B】其他条件与问题4-11A相同，单个毛绒玩具的成本下降了20元。小作坊并没有调整毛绒玩具的售价。

在参与调查的203人中，48.3%的人认为公平，而51.7%的人认为不公平。

上述两个问题的回答表明公平原则允许厂商保留部分甚至全部由成本下降带来的收益，但如果只是由于人工成本和原材料价格下降等厂商非可控性成本下降时，多数人还是倾向于交易双方共享这部分收益。

（3）市场形势。在市场形势发生变化的情况下，尤其在交易发起者的市场势力得到强化的情况下，交易发起者在交易地位上存在某种优势。这时交易发起者有利用市场机会上调价格的冲动，但人们会根据改变这种市场形势的因素是否可控来判断交易发起者利用市场机会获取收益行为的公平性。正如下面的常规事例所示，交易发起者利用短缺机会的情况会很多，但人们一般认为这种行为是不公平的。

【问题4-12】在北方某市一种南方甜橙非常抢手，常常面临供不应求的局面。一家水果店独家取得了这种南方甜橙在该市的一批供货，所以短期内处于垄断销售，并在正常市场价格的基础上将其零售价格提高了30%。

在参与调查的203人中，47.8%的人认为公平，而52.2%的人认为不公平。

甚至在考虑存在替代品供给的情况下，交易发起者由于该商品短缺而提高其价格的行为也被认为是不公平的。按照标准经济学的分析，一种商品出现短缺，供应商就有机会提高其售价且事实上也会出现价格的上调。从这个意义上讲，按照利润最大化使市场出清的调整过程是自然的，也应该是道德中性的。但现实生活中，人们关于公平的公众准则通常要求厂商以低于市场出清价格的价格出售或者雇主支付高于市场出清的工资。

一般来说，交易发起者利用自身市场势力的增强而获取额外收益的行为被认为是不公平的。在一个新建小区里，某品牌社区超市没有竞争对手并且小区住户外出购物不方便，这种行为会被多数人认为不公平。如同下面的例子中所显示的一样。

【问题4-13】一家社区超市在很多小区里面都有自己的分店，但其中大部分都面临着其他超市的竞争。在一个新建小区里，该品牌超市没有竞争者，并且小区住户外出购物很不方便。虽然这个小区超市进货成本和销售量与其他同品牌小区超市是一样的，但该小区超市的商品价格比其他小区的同类商品平均要贵5%。

在参与调查的203人中，50.7%的人认为公平，而49.3%的人认为不公平。

问题4-12和问题4-13所描述的市场情境，是交易发起者相对温和地利用自身有利市场形势，虽然仍有一半的人认为有失公平，但中国民众普遍还是比较包容的。而对于处于垄断地位的交易发起者通过对不同交易回应者制定他们可以接受的最高价格来增加利润的行为，多数人认为这类价格歧视是不可容忍的。

【问题4-14】一个房屋业主对外出租了一套住房。当租约快到期的时候，他得知租户刚在住房附近找到稳定工作，因此不愿搬迁，于是该房东将每月房租在原有基础上提高了200元。

在参与调查的203人中，23.2%的人认为公平，76.8的人认为不公平。

在该情境下，房屋出租者利用租户不愿搬迁的心理提高每月房租水平，结果大多数人认为这种行为有失公平。实际上对该问题以及其他相似问题的调查结果一致说明，故意利用特定个人的特殊依赖这种行为往往会被认为是不公平的。

在分配稀缺的商品甚至工作岗位时，交易发起者引入拍卖机制使自身收益最大化，这种市场行为在中国却被广泛接受。这点与西方学者针对欧美民众的调查结果具有较大差异，值得关注和进一步研究。

【问题4-15A】一家品牌篮球鞋零售商在一月前已经将一款詹姆斯限量版篮球鞋卖完了。在春节前一个星期，在仓库里面找到了一箱此款篮球鞋，店长知道很多篮球迷愿意出高价购买这款鞋，所以通过网上商店做出广告：该款篮球鞋将通过拍卖的形式卖给出价最高的消费者。

在参与调查的 203 人中，78.3% 的人认为公平，而只有 21.7% 的人认为不公平。

【问题 4-15B】其他条件与问题 4-15A 相同，零售商最后声明拍卖所得收益将捐给希望小学。

在参与调查的 203 人中，91.6% 的人认为公平，而仅仅只有 8.4% 的人坚持认为不公平。

【问题 4-16】在一个失业非常严重的城市，一家企业需要招聘一位人力资源专员，前来应聘的人很多。经过面试甄选有 3 位应聘者被确定可以完全胜任这份工作。人力资源经理让他们每个人说出自己可以接受的最低工资，并且最终雇用了要求薪水最低的那个应聘者（补充说明满足国家法定最低工资的规定）。

在参与调查的 203 人中，65.5% 的人认为公平，而 34.5% 的人认为不公平。

在问题 4-15 和问题 4-16 两个例子中，无论是厂商以拍卖的形式出售商品还是雇主通过竞拍最低工资的形式招聘雇员，都被多数人认为是公平的市场行为。虽然厂商或雇主通过利用消费者或雇员直接的竞争获得了收益，但由于竞争的规则是公平的，所以我国民众普遍接受并认可这种市场行为的公平性。中西方民众对上述拍卖行为的公平性判断出现显著差异，我们有必要思考背后深层次的原因。

4. 公平偏好对市场的影响

一些因素如公平偏好会促使交易发起方不会违背公平的公众标准。甚至在一些情况下，交易发起方会选择遵守并不必然要求执行的公平原则而放弃一些经济机会。

【问题 4-17】一个人将自己出了问题的苹果电脑留在了一家维修店，要求替换某个价格昂贵的零件。这个人离开之后，电脑维修人员经过检测发现没必要更换该零件，该零件只需花费很少的钱就能修好并且跟替换零件相比使用效果一样。和修理相比，维修人员替换该零件可以赚更多的钱。假设已经没可能通知那位前来修理苹果电脑的人，你就是这位维修人员。

A. 如果修理电脑的是熟客，你会不会替换零件？

在参与调查的 203 人中，20.2% 的人会选择替换零件，而 79.8% 的人会选择不替换零件。

B. 如果修理电脑的是临时在这个城市出差的人，你会不会替换零件？

在参与调查的 203 人中，38.9%的人会选择替换零件，而 61.1%的人会选择不替换零件。

在这个例子中，无论面对的是熟客还是临时在这个城市出差的人，绝大多数人都选择了更加公平的行为，虽然这种行为使自己失去了获得更多收益的机会。但值得注意的是，与卡尼曼的调查结果不同，卡尼曼通过研究发现参与调查者对待熟客和过路客的方式几乎一致，而中国民众对待熟客和过路客的方式有较大差异。这也能反映出中国民众的公平观并不坚定。在问题 4-17 其他条件不变的情况下，我们又让参与问卷者假设有 10 名维修人员面临这种情况，他预期如果修理电脑的分别是熟客和临时在这个城市出差的人，会有多少维修人员选择维修而给顾客省钱。在参与调查的 198 人中，大家预期面对熟客时 10 名维修人员选择维修而给顾客省钱的人数统计如图 4-4 所示，而面对临时在这个城市出差的人 10 名维修人员选择维修而给顾客省钱的人数统计如图 4-5 所示。通过统计均值发现，参与调查的 198 人预期面对熟客时，10 名维修人员会有 6.3 名选择维修而给顾客省钱；但面对临时在这个城市出差的人，10 名维修人员只会有 4.1 名选择维修而给顾客省钱。这说明两个问题，在中国市场情境下，第一，人们更倾向于自己选择做公平的事情，而对他人的选择表现出了很大的不信任；第二，相比于陌生人，人们对关系熟悉的人更容易表现出公平，而这与卡尼曼针对加拿大两个城市的居民调查结果不同。卡尼曼的调查结果显示人们对常客和过路客的预期结果是相同的。

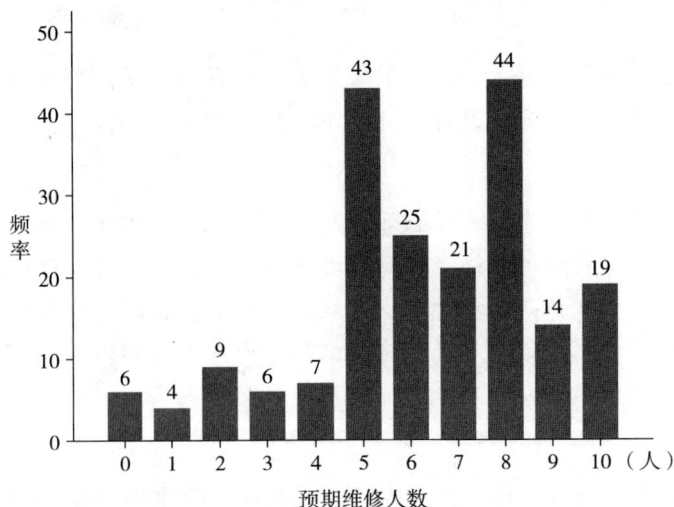

图 4-4　面对熟客时预期维修人数

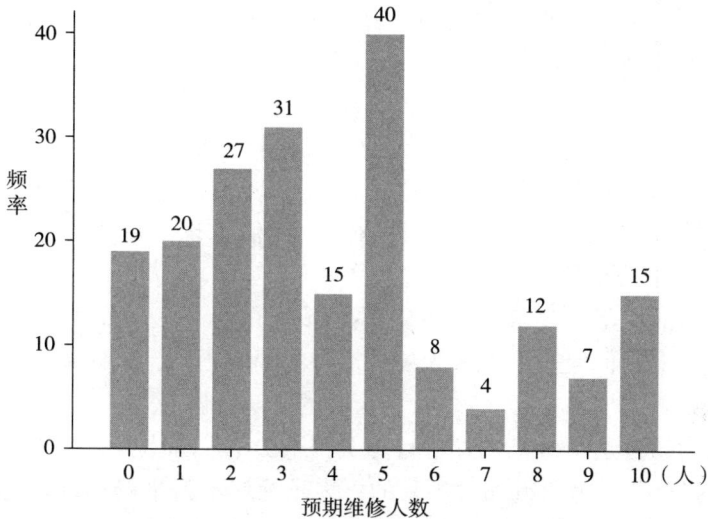

图 4-5 面对临时出差的人预期维修人数

六、研究发现与结论

（一）研究发现

1. 市场行为的公平性是相对的，也是因人而异的

在一些情况下，绝大多数人允许厂商或者雇主利用有利机会获取额外收益，但是每个人认为厂商或者雇主可以获得的额外收益的大小并不相同。即使面对同一情况，每个人对此的判断也存在差异。以下的例子很好地说明了上述问题。我们先给出了下面的情境问题。

一家百货商店里雨伞的售价一直是 15 元。在某个工作日下大雨的早晨，商店将售价提高到 25 元。

在参与调查的 224 人中，29.9%的人认为这种市场行为是公平的，而70.1%的人认为是不公平的。为了深入考察人们对这种市场行为公平性判断的背后逻辑，我们进一步让被调查者根据上面的选择继续回答下列问题之一。

（1）如果您认为这种行为是绝对公平或比较公平的，那么商店将售价提高到（ ）元，您会觉得行为变得不公平或绝对不公平（请选择 25 以上的任意整数填在括号里）。

（2）如果您认为这种行为是不公平或绝对不公平的，那么商店将售价定到（ ）元，您会觉得行为变得绝对公平或比较公平（请选择 15~25 的任意整数填在括号里，如果您觉得任何提价都是不公平的请直接填 15）。

经过对回收的有效问卷进行统计分析，我们发现，在认为上述雨天加价 10 元售伞行为不公平的 157 名被调查者中，只有 99 名认为这种情况下任何加价都是不公平的，坚持商店公平售价维持原价 15 元不变，而其余的人则认为适当加价是公平的，但每个人认为公平加价的幅度不同，具体情况如图 4-6 所示。对于认为雨天加价 10 元售伞行为公平的 67 名被调查者，也全都给出了一个价格，认为超过这个价格则加价行为变得不公平。综上分析可以发现，只有 43.6% 的被调查者认为雨天加价售伞的行为是绝对不公平的，即任何幅度的加价都违背公平原则，而高达 56.4% 的被调查者认为雨天厂商可以适当加价，但每个人认为公平的加价幅度不同。

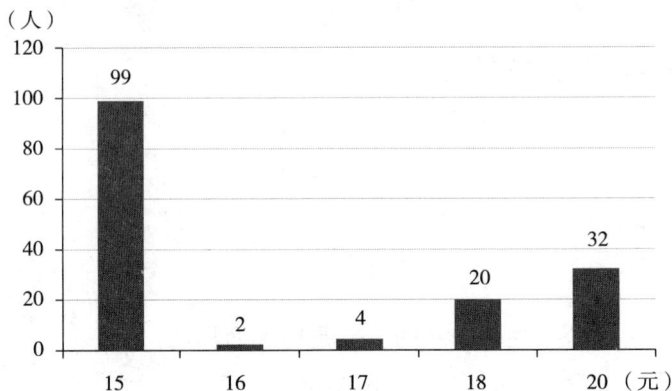

图 4-6　雨伞公平售价分布

2. 公平的不一定会选择接受，不公平的也不一定全都拒绝

在丹尼尔·卡尼曼的研究中，其主观认为只要被调查者认为可以接受就意味着他认为公平，只要被调查者认为不公平就意味着他不会接受。我们通过针对性调查发现，卡尼曼的主观假设并不正确，也存在一些情况，人们认为公平也不一定会选择接受，人们认为不公平也有可能选择接受。在问卷中，我们基于问题 4-1 和问题 4-2 所假设的市场情境，同时让被调查者给出公平性的判断和是否会选择接受然后购买，其中对于雨伞问题，在参与调查的 224 人中，

有 28 人认为不公平但会选择接受，还有 4 人认为公平但不会选择接受；对于歌星门票问题，在参与调查的 224 人中，认为不公平的都选择不接受，但认为公平的有 27 人选择不接受。同时对于问题 4-1 和问题 4-2 分别有 63.4% 和 54.5% 的被调查者不确定是否会接受。这充分说明卡尼曼的假设存在问题，以这种方式研究人们的公平观会与实际存在偏差。在现实生活中，公平的不一定会选择接受，不公平的也不一定全都拒绝。

3. 中西方民众对市场行为公平性的判断存在显著差异

（1）通过对比相同类型的市场情境下，中西方民众对市场行为公平性的判断可以发现，中国民众的公平信念强度弱于西方民众。中国民众对市场行为表现出更大的包容性。为了直观形象地说明以上结论，我们对比了中西方民众在同一类型的市场情境下，认为市场行为公平的比例。如图 4-7 和图 4-8 所示，通过折线图和直方图很容易看出，在同一类型市场情境下，中国民众认为市场行为公平的比例明显高于西方民众。这说明中国市场经济虽然起步较晚，但中国民众对市场配置资源的公平性接受程度较高，传统经济学告诉我们市场配置资源的效率最高，所以这也有助于解释改革开放之后中国经济快速发展的原因。

（2）中西方民众对厂商或者雇主利用市场强势引入竞拍机制获得收益的行为公平性判断不同。一般来讲，厂商利用其市场势力增强的行为被认为是不公平的。卡尼曼的研究表明，西方民众认为，厂商或雇主在分配稀有商品或工

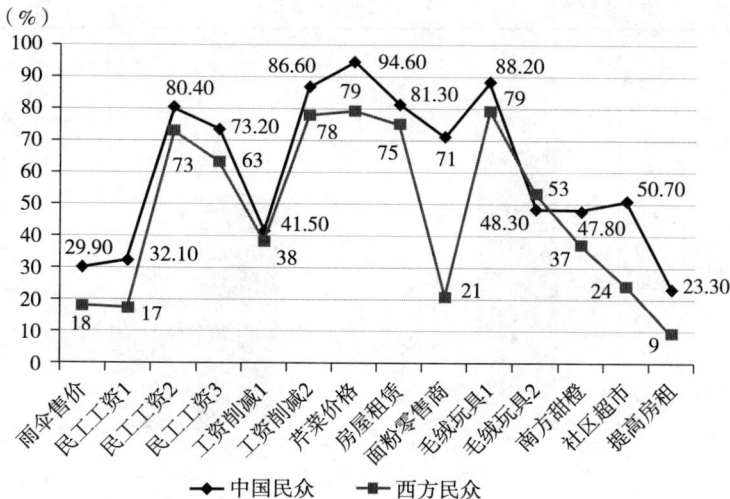

图 4-7　同类型市场情境下中西方民众公平判断差异（折线图）

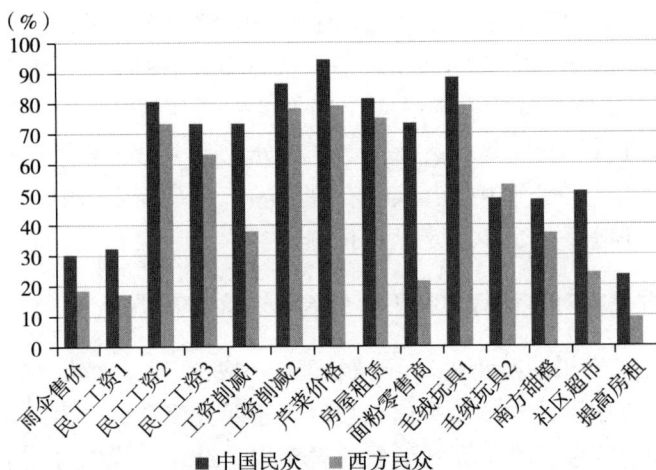

图 4-8　同类型市场情境下中西方民众公平判断差异（直方图）

作岗位时引入竞拍机制的情况下获得收益是不公平的。但在中国情境下，研究类似情境问题，统计结果显示多数中国民众认为这种行为是公平的。具体对比情况如表 4-4 和图 4-9 所示。

表 4-4　竞拍情境下中西方民众认为公平的比例比较　　　　单位：%

竞拍类型	商品价格	工资薪水
中国民众	78.30	65.50
西方民众	26	36

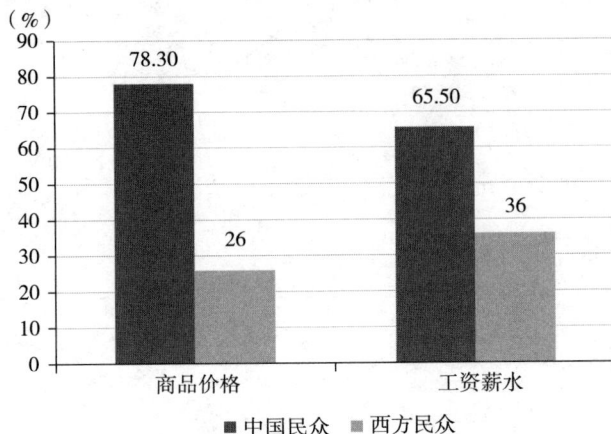

图 4-9　中西方民众认为公平的比例比较

卡尼曼等认为那些存在活跃的流通市场的商品，尤其是被看作价值储藏手段的商品，比如一幅画或一套住房，可以自由通过拍卖或者其他机制出售，并且卖主索取最高价格的行为被认为是公平的，而出售苹果、晚餐预订权、工作或者足球票等如果通过竞拍以市场出清的价格进行，则会被大多数人认为不公平。但在中国情境下，我们的调查结果表明，无论是厂商以拍卖的形式出售商品还是雇主通过竞拍最低工资的形式招聘雇员，都被多数人认为是公平的市场行为。虽然厂商或雇主通过利用消费者或雇员直接的竞争获得了收益，但由于竞争的规则是公平的，所以我国民众普遍接受并认可这种市场行为的公平性。这也从另一方面表明了中国民众的市场公平信念弱于西方民众。

（3）中国民众的市场公平信念受社会关系亲疏影响。通过问卷数据统计发现，在中国市场情境下，第一，人们更倾向于自己选择做公平的事情，而对他人的选择表现出了很大的不信任；第二，相比于陌生人，人们对社会关系亲近的人更容易表现出公平，而这与卡尼曼针对加拿大两个城市的居民调查结果不同。卡尼曼的调查结果显示，人们对常客和过路客的预期结果是相同的。这也反映了中国是一个受关系和人情影响很大的国家。

4. 市场中存在公平偏好现象并且公平偏好影响市场行为

英国经济学家亚当·斯密在其 1776 年出版的《国富论》中提出"看不见的手"的思想，亚当·斯密认为在一个完全自由竞争的市场环境里，每个人都试图最大化自己的收益，一般来说，他并不企图增进社会公共福利，更不会考虑增进的社会公共福利有多少，他所追求的仅仅是个人的利益、个人的安乐，但他这样做的时候，就会有一双"看不见的手"引导他去达到增进社会公共福利的效果。但是很多行为经济学实验和相关博弈实验发现在厂商寻求利润最大化和消费者寻求效应最大化的过程中，存在着公平约束，公平偏好充当着另一只"看不见的手"。"两只手"共同对市场起作用，保证了社会公共福利从长期来看达到最大化。为了研究和验证市场情境下公平偏好的存在，我们假设了以下两个情境：

【问题4-18】假设你所居住的小区有两家不同品牌的便利店超市，其中 M 超市距离你家较近，F 超市距离你家较远，你需要来回多花费 5 分钟时间，现在距离你家较近的 M 超市被爆出歧视低收入家庭。

A. 请基于现实考虑，在一般情况下你会选择在哪家超市购物？

A. M 超市　　　B. F 超市

B. 如果其他情况不变，你来回需要多花费的时间变成 10 分钟。请基于现实考虑，在一般情况下你会选择在哪家超市购物？

　　A. M 超市　　　　B. F 超市

　　来回多花费 5 分钟时，在参与调查的 203 人中，22.7% 的人选择 M 超市，而 77.3% 的人选择 F 超市；在来回多花费 10 分钟时，在参与调查的 203 人中，43.8% 的人选择 M 超市，仍然有 56.2% 的人选择 F 超市（见图 4-10 和图 4-11）。上述的数据统计说明两个问题。首先，毫无疑问地揭示了市场中存在公平偏好现象，即消费者会为了追求公平而牺牲自己部分收益甚至选择自己遭受部分损失。消费者会惩罚那些有失公平的厂商。其次，消费者在追求公平或惩罚不公平时，会平衡自己的成本或损失，并不是完全失去理性的一时冲动，而是在一定约束范围内进行博弈。

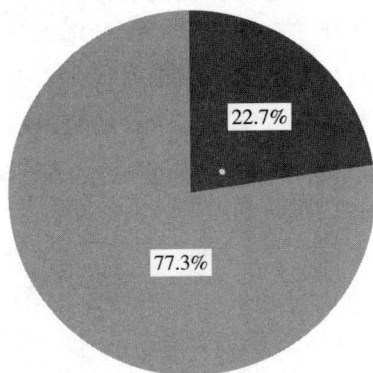

図 4-10　来回多花 5 分钟时，
被调查者选择

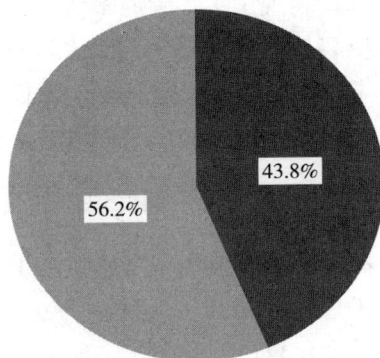

図 4-11　来回多花 10 分钟时，
被调查者选择

　　上述情境问题研究的是消费者在面对有失社会公平的厂商时，公平偏好对消费行为选择的影响。我们在考察另外一种情境，即消费者在面对市场行为本身有失公平的厂商，公平偏好会对消费行为选择产生怎样的影响。市场情境描述如下：

　　【问题 4-19】假设你所在的小区原先有两家理发店，两家理发店都按照市场价格提供理发服务，其中一家由于其他原因选择关闭门店，剩下的一家因此提高理发价格，这时你可以选择多花 5 分钟时间去距离你家远点的理发店理发，但假设加上距离成本你在两家理发店理发的花销一样（距离远点的理发店价格是市场价格，两家理发店提供的服务等各方面完全一致）。

在一般情况下，你是否会选择多花 5 分钟去距离远点的理发店理发？

A. 会　　　B. 不会

在参与调查的 203 人中，65% 的人会选择多花 5 分钟去距离远点的理发店理发，虽然已经强调加上距离成本最后在两家理发店的花销一样，但被调查者中的大多数仍然宁愿以时间成本为代价去惩罚市场行为不公平的理发店（见图 4-12）。

上面两个情境问题的调查结果已经验证了公平偏好现象在市场经济中的存在，并且人们的公平判断确实会对他们的消费选择产生影响，进而影响厂商和雇主的市场行为。这也解释了为什么市场中经常存在缓慢的或者不完全的价格调整。

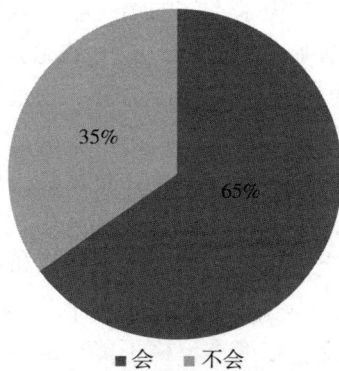

图 4-12　被调查者是否会因为公平偏好去距离更远的理发店理发

（二）研究结论

本章通过研究发现公平偏好存在于市场环境中，并且影响着市场行为。中国民众市场行为背后的公平信念基本与丹尼尔·卡尼曼的发现结论一致，但中西方民众的公平信念在一些方面仍存在差异。首先，中国民众的公平信念强度比西方民众要低；其次，中国民众认为在商品或岗位稀缺的情况下，厂商或雇主采取竞拍的方式是公平的；最后，中国民众的公平观受到社会关系亲疏的影响。

除此之外，研究还表明，许多行为短期是有利可图的，但交易发起者不会采取这种行为，因为这种行为很可能被交易回应者当作对市场势力的不公平利用。所以，即使没有政府对市场的干预，交易双方在市场中的行为也会与传统经济学标准模型预测的行为表现不一致。这里，我们分别总结消费者市场和劳动力市场中公平偏好对市场行为的影响。

1. 消费者市场中的公平

（1）如果在消费者市场中出现过度需求，则市场在短期内不会达到出清状态。这一点和丹尼尔·卡尼曼等的研究结论稍有不同，他们认为如果在消费者市场中出现过度需求的同时，并且供应商成本没有相应地增加，市场在短期内才不会达到市场出清状态。本章通过研究发现，这一假定条件对市场短期内市场不会出清没有影响。

（2）如果一系列可相互替代但投入成本不变的商品只有唯一供应商，在各自需求不同的情况下，其中最有价值的那种产品将会产生短缺。体育赛事和演唱会的定价为这一结论提供了有力的支持，这些物品或服务的成本几乎相同，但需求差异显著。通过问卷调查发现，对于最抢手的商品按照市场出清价格定价被认为是不公平的。也就是说，在公平约束可行的范围内，价格调整一定是不充分的，在价格最高时也存在着过度需求。比如度假酒店和滑雪胜地虽然存在明显的淡季和旺季，但在淡季时商家并不会为了追求利润最大而把价格定得很低，因为如果淡季价格定得过低，很可能造成旺季时消费者以淡季价格作为参照价格而感到十分不公平，从而影响旺季时的购买行为。通过本章的研究，在淡季价格不能太低的情况下，交易发起方可以提供其他额外优惠，以一种隐性的方式达到既吸引来消费者又不会让消费者在旺季感觉不公平的效果。

（3）相比于需求的变化，成本的变化更容易引起价格的变化；相比于成本的降低，成本的增加更容易引起价格的变化。研究表明，短期需求的变化对价格的影响较小，而短期成本的变化对价格的影响较大。相比于成本的降低，成本增加会快速并且很可能完全地传递到价格上，而成本减少并不会立即传递到价格上。厂商往往会把成本减少带来的收益部分乃至全部地保留。

（4）价格下降经常采取折扣的形式，而不是标价的下降，所以厂商习惯把商品标价定得较高。对现实生活的观察也证实了商品需求下降或处于淡季时，厂商往往采取暂时的折扣而不是暂时的降价。因为通过问卷可以发现当需求恢复，取消折扣更容易被消费者理解和接受，而降价之后再提价，消费者会把降价之后的价格当作参照价格，当再次涨价时消费者会觉得受到损害，从而觉得受到不公平对待，最终会引起部分抵制。

2. 劳动力市场的公平

劳动力市场中的工资行为和消费者市场中的价格行为在公平原则的应用方面表现出较高的相似性。消费者市场中，厂商会拒绝利用需求短期波动，从而使市场达不到出清状态；而在劳动力市场中，我们发现工资对劳动力过度供给短期内是相对不敏感的。这个发现可以帮助我们理解工资存在刚性的现象。实际上，雇主的利润状况相比本地劳动力供求变化更容易引起工资的变动。虽然厂商的确会由于考虑到工资的调整可能造成部分雇员辞职而避免降低工资，但关于公平的问卷表明，由于公平约束，即便在没有提供长期雇用保障的职位中也会存在工资刚性，因此从风险防范方面进行解释说服力不够。

在工资刚性问题上，双重权利模型强调当雇主的利润为正时，其中名义工资的变化总是非负的。问卷结果表明，雇主面临亏损或破产威胁时，雇主削减名义工资的行为不会违背公众的公平标准。刚性名义工资的这一调整与消费者市场中厂商通过提高产品价格维持参照利润一样，雇主也会通过削减工资来维持参照利润。

在消费者市场，有相同生产成本但是不同需求的系列相似产品的价格变动不足以使市场达到出清状态。在劳动力市场对应的现象就是，收入的差别并不能满足对那些被认为最有价值的劳动力的过度需求，也不能消除对那些廉价劳动力的过度供给。所以优秀人才一直处于稀缺，而社会上又会有大量失业以及待业人群。

根据心理学原理，"和失去同样额度收益相比，损失会更让人厌恶"，与直接削减工资相比，在经济不景气或利润下滑严重时，雇主减少奖金和福利等会受到更小的抵制。同时，货币幻觉在工资调整时也会存在，和物价稳定时期直接削减实际工资相比，在通货膨胀时期稍微增加名义工资更容易被接受。名义工资的削减被认为是损失，从而会遭到强烈的抵制。

通过研究发现，由于公平偏好，消费者市场和劳动力市场趋向均衡的过程会被放缓。市场中的公平偏好会影响交易双方的市场行为。

（三）研究不足与研究展望

本章在丹尼尔·卡尼曼的研究基础上，基于中国情境，设计了一套市场行为公平判断的问卷，通过整理问卷，验证了卡尼曼的主要结论在中国仍然适用，并发现了一些中国情境下特有的公平规律。

研究在数据收集方面，受精力与资金的限制，选取的调查数据对象还不够宽泛，主要集中在 20~30 岁的年轻人，以具有较高学历水平的人群为主。本书的数据来源还可以进一步丰富，将更多不同年龄、不同学历和不同区域的人群纳入研究范围，所得的结论将更有代表性。

在研究过程中，我们也发现了一些有趣的值得进一步研究的问题。主要有以下几个方面：

其一，中国发展市场经济已 40 年，为何在相同类型的市场情境下，我国民众相比西方民众更倾向于认为市场行为是不公平的？哪些因素造成中国民众的公平信念强度弱于西方民众？

其二，根据问卷数据的分析，我们发现，对同一市场行为不同性别和不同学历的群体的公平判断有一定差异，所以未来可以进一步研究市场行为的公平性判断是否会受到性别和学历等因素的影响以及如何影响。

第五章

竞争对公平的影响

——基于最后通牒博弈实验的研究

一、研究背景与意义

（一）研究背景

在对公平问题进行研究的过程中，研究的一个主要方向是如何引导人们在决策的过程中更多地关注公平因素。要影响人们的决策，就需要设计不同的机制，来引导其决策行为。不同的机制对于公平结果有着重要的影响。本章将对竞争机制对公平决策的影响进行研究。竞争可以提升资源使用的效率，使资源效用最大化，从而提升社会整体效用。通过引入竞争机制，来观察具有竞争机制和非竞争机制人们之间决策的差异，可以了解竞争是如何影响人们公平决策的。

（二）研究意义

最后通牒博弈是最基础的公平博弈。该模型相对比较经典，是研究公平和社会偏好的主要模型之一。在最后通牒博弈中引入竞争因素，可以比较直观地考察竞争对公平决策是否存在影响，以及影响程度。

目前，在公平博弈研究中，相关研究已经明确竞争会显著影响人们对公平的决策与判断。在上一章中，在对中国情境下公平偏好对市场行为影响研究中，我们曾经得出这样一个结论：中国民众认为如果岗位稀缺的话，雇主采用竞拍方式聘用期望工资最低的员工这一方式是公平的。该结论与卡尼曼等研究所得出的结论完全相反。因此，基于前人研究和上一章中国情境下调查数据的分析，本章将就这一判断进行更为严谨的实验论证，来进一步揭示竞争对中国情境下决策者公平判断的影响。

二、研究思路与方法

本章以实验研究为主要方法，整体研究设计将围绕引入竞争因素的最后通牒实验展开。为了保证实验的有效性，除了对实验进行精心设计外，还需要在一定范围内进行预实验，对实验程序和设计进行进一步的补充，最后才能开展实验并收集数据。研究的总体思路如图5-1所示。

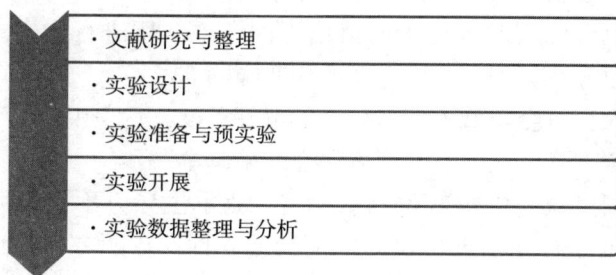

- 文献研究与整理
- 实验设计
- 实验准备与预实验
- 实验开展
- 实验数据整理与分析

图5-1 研究思路

（一）研究方法

本章中，我们将主要参考 Güth 等（1997）所采取的研究方法。Güth 在其研究最后通牒博弈时，在回应者中引入竞争，采用了一个提议者、五个竞争者的博弈实验。同时他还设计了 RR（Random Respondership）实验和 RC（Responder Competition）实验。两个实验同时进行，并对两类实验的结论进行了对比。其中，RR 实验是由一个提议者提出分配额 y，五个回应者 Y_1、Y_2、Y_3、Y_4、Y_5 分别提出自己最小可接受分配额 y_i，如果有多个 $y_i \leqslant y$（i=1、2、3、4、5），则在满足条件的 Y_i 中随机产生一人与提议者 P 达成交易；RC 实验中，如果有多个 $y_i \leqslant y$（i=1、2、3、4、5），则满足条件 $y_i \leqslant y_j$（i≠j）的 Y_i 与 P 达成交易。Güth 设计了一系列的实验规则和实验说明，以保证实验的正常进行。

Güth 设计的 RC 实验，与我们要验证的结论具有一致性，都是一个提议者和多个回应者的最后通牒博弈实验，而且同样是选取同时满足 $y_i \leqslant y$（$i=1$、2、3、4、5）且 $y_i \leqslant y_j$（$i \neq j$）的回应者进行交易。

本次实验研究将借鉴 Güth 的实验设计，通过实验方法研究在回应者引入竞争会对公平偏好产生何种影响。在 Güth 的研究中，仅对一名提议者、五名回应者的情形进行了研究。在我们的实验中，为了研究竞争强弱程度对公平偏好的影响，实验将同时开展一对一、一对三和一对五不同竞争强度的多个实验，然后与 Güth 一对五的实验进行对比。

（二）研究创新点

本书主要考察竞争因素对公平偏好的影响。国外对该问题已经进行了比较全面的研究，形成了一系列经典的实验。本书借鉴 Güth 于 1997 年设计的在回应者中引入竞争者的实验，对中国情境下的竞争问题进行研究。通过实验分析，发现了中西方在竞争环境下存在的一些异同：

其一，引入竞争会降低人们对公平的偏好程度，竞争中的民众更容易接受竞争引起的收益下降。这一点与西方研究结果基本一致。

其二，中国民众公平偏好偏高、稳定，竞争主导方不会无限制地降低出价。这一点与西方研究结果呈现了一定的差异性。在西方研究中，五轮实验后，提议者的提议额下降至总金额的 19% 左右，回应者的最小可接受额也快速下降至 5% 左右；而在中国情境下，提议者在最后一轮的提议额在 32% 左右，回应者的最小可接受额也高于总额的 10%。

其三，在没有竞争的环境中，提议者和回应者的出价基本趋于稳定，且变动幅度基本相同；在引入竞争的环境中，提议者和回应者的出价都呈现下降趋势，且回应者的下降幅度更大。

三、文献综述

（一）最后通牒博弈实验影响因素

在最后通牒博弈实验中，对实验中的一些因素进行调整，如重复进行和学习、总金额、匿名性、沟通、赋权、竞争、可得信息、多人博弈、意图、惩罚的机会与成本等（见表 5-1），会对实验的结果产生影响。如果控制这些单一的因素，改变实验形式，可以对这些因素的影响进行研究。

表 5-1　实验因素调整对实验结果的影响研究现状

影响因素	已有研究及结果
重复进行和学习	Bolton、Zwick（1995）认为学习效应不存在；另一些研究者认为随时间推移提议者的分出额和回应者的拒绝都会出现下降（Roth 等，1991；Knez 和 Camerer，1995；Slonim 和 Roth，1998）；参与者获得分出额及其他参与者相关信息时，会调整自己的出价金额（Harrison 和 McCabe，1996）
总金额	大多数研究证明总金额的规模对实验结果的影响是不显著的（Roth 等，1991；Straub 和 Murnighan，1995；Hoffman，McCabe 和 Smith，1996）；Slonim 和 Roth（1998）、List 和 Cherry（2000）的实验结果证明对于较大的总金额来说，拒绝行为是较少见的
匿名性	Hoffman 等（1994）发现双重匿名下的独裁者博弈成交金额比例会下降到 10%；Hoffman、McCabe 和 Smith（1998）的研究也得到相似结论；而 Bolton、Katok 和 Zwick（1998）的实验并未得到上述结论；Bolton、Zwick（1995）发现在最后通牒博弈中，匿名性似乎可以轻微但不显著地减少拒绝的次数
竞争	Roth 等（1991）通过实验发现提议者之间的竞争会显著提高分出金额；Güth、Marchand 和 Rullière（1997）在回应者中引入竞争，发现回应者的最小可接受分出额快速下降，提出者的平均分出额也有所下降
可得信息	Mitzkewitz 和 Nagel（1993）、Strauband Murnighan（1995）、Croson（1996）等的研究发现在不完全信息或没有可得信息情况下，回应者可以接受较小的分出额；而 Camerer 和 Loewenstein（1993）的研究则发现不完全信息情形下会出现较多未达成协议现象
多人博弈	Güth 和 Van Damme（1998）发现三人博弈中，无行动力的第三方当事人受到怎样的对待并不为他人所关心；Cox（1999）的研究表明三人进行信任博弈时，受试者会降低投资和偿付的金额，且受试者之间的不信任感会相互影响

资料来源：尼尔·威尔金森. 行为经济学［M］. 北京：中国人民大学出版社，2012.

（二）竞争对最后通牒博弈实验的影响

表 5-1 中介绍了部分实验因素对实验结果的影响。下面将对研究竞争因素对公平偏好影响的实验进行综述。

Roth 等（1991）设计进行了一组实验，在实验中，有一个卖家（实际为回应者）、九个买家（实际为提议者）。九个买家需要就 10 元钱的分配向卖家出价，出价最高者与卖家达成交易，其他人的收益为 0。如果卖家拒绝所有买家的出价，则所有人获得的收益都是 0。通过十轮游戏，发现提议者的提价会显著上升，并最终收敛为 10。这说明在提议者中引入竞争，对最后通牒博弈的实验结果会产生显著的影响。

Güth、Marchand 和 Rullière（1997）进行了一系列实验，以验证互惠公平偏好的可靠性。在实验中，Güth 等在回应者中引入了竞争，一个提议者将面对五个回应者开展实验。实验共六轮，前五轮实验分别进行 10 组 RR（Random Respondership）实验和 12 组 RC（Responder Competition）实验，第六轮实验引入 3 组未参加过实验的参与者作为参照者，与之前的 22 组同时进行标准的引入竞争的最后通牒博弈实验。通过实验，Güth 等主要验证了以下假设：第一，前五轮结束后，无论是提议者的出价，还是回应者的最小可接受分出额都会下降到总金额的 1/3 之下，而且 RC 组的均值都会低于 RR 组的均值，此外，两个出价都会呈现总体下降的趋势。第二，在第六轮实验中，无论是提议者还是回应者的出价都会满足 $y_{RC} < y_{RR} < y_{NPE}$（No Previous Experiences，NPE 即为第六局引入的无实验经验的对比组）。第三，对实验信息的理解程度会影响出价额。Güth 等的实验对回应者竞争起到了很好的研究作用，但是仅进行了引入竞争的实验，没有传统最后通牒博弈实验的对比，结果可能不够全面。

Brit Grosskopf（2003）也对引入竞争的最后通牒博弈实验进行了研究。Brit 将最后通牒博弈实验分为两类：M 实验和 T 实验。M 实验是改进的最后通牒博弈实验，即 Modified UG（Ultimate Games），是在回应者中引入三个竞争者，即进行一个提议者、三个回应者的实验；T 实验，即 Traditional UG，是传统的最后通牒博弈实验，即实验中只有一个提议者、一个回应者。在其设计的实验中，同时进行 MT 和 TM 两组实验。其中，MT 实验是先进行 M 实验，再进行 T 实验；TM 实验是先进行 T 实验，再进行 M 实验。通过实验结果的比较和分析，Brit 发现：第一，在第一轮实验中，M 实验和 T 实验的初始值基本相同。第二，在 M 实验中，提议者对收益的期望值平稳上升，并高于 T 实验的数据。第三，在 T 实验中，提议者的需求更多地被拒绝。综合以上发现，可以得出竞争对公平偏好的影响：第一，竞争不会影响初始公平偏好；第二，竞争会提高提议者的收益期望；第三，在竞争环境中，回应者的公平偏好会降低，会接受比较低的分配方案。在 Brit 的实验中，存在着一些不足，例如，两组实验人数都比较少，数据说服力不强；在 MT 实验中，前六轮实验中的四名回应者在后六轮实验将会担任提议者，而 TM 实验中刚好相反，实验角色的转换可能会对出价额、最小可接受额造成一定的影响，从而影响实验数据的可靠性。

综合目前已有的文献来看，可以得出以下几个结论：第一，引入竞争，无论在提议者方面，还是在回应者方面，都会对公平偏好产生影响。第二，引入竞争者后，多轮实验后，引入竞争方的收益需求会呈现下降趋势。

四、实验设计与假设

（一）实验设计

本实验参照 Güth 的实验设计，共选取 60 人，分别进行 A 实验（一名提议者、一名回应者）、B 实验（一名提议者、三名回应者）、C 实验（一名提议者、五名回应者），每个实验进行五轮。每组实验中，提议者和回应者对 50 个点数的货币进行分配，提议者 X 提出一个分配方案 x，回应者 Y_1、Y_2、Y_3、Y_4、Y_5 提出一个最小可接受分配方案。之后将双方的方案进行对比，如果 $y_i >$ x（i=1、2、3、4、5），则实验失败，双方都不能得到货币奖励；如果 $y_i \leqslant$ x（i=1、2、3、4、5），且满足 $y_i \leqslant y_j$（$i \neq j$），则 Y_i 与 X 达成交易，Y_i 获得分配额 x，X 获得分配额 50-x。

为了保证实验的数据有效，我们提前进行了小规模的预实验，以验证实验的有效性。通过预实验，验证了实验步骤基本有效。但同时也发现了一些问题，如 C 实验中，部分提议者出现了随机出价的行为，导致提议额曲线随机波动。经调查，发现是实验参与者对实验规则了解不清晰，没有理解引入竞争后的实验规则。基于此，我们对实验说明进行了修正，并在宣读实验说明后进行实际计算，详细介绍实验规则，保证实验参与者了解实验内容。另外，在预实验中，C 实验的提议者总体出价水平较为平缓，下降趋势不明显。经分析，可能由于预实验选取的提议者和回应者是同班同学，这一因素可能会导致提议者不好意思大幅度降低提议额。为了避免这一现象的发生，在正式实验中，我们随机选取了 15 位对实验感兴趣的研究生作为提议者，选取 45 名本科生作为回应者，这就规避了关系亲密引起的出价异常。

随机选取研究生和本科生作为被试对象是符合实验经济学原理的。弗农·史密斯（1967）最早提出了"价值诱导方法"，即通过激励的方式诱导被试者按照实验者的意图去行动。在本实验中，明确告知被试会按照实验结果进行货币奖励，这符合"价值诱导法"。

（二）实验假设

前文提到，在岗位稀缺时，雇主采用竞拍方式，选取期望工资最低的应聘者这一现象在中国情境下被认为是公平的。这说明在存在竞争的情况下，中国民众会降低公平偏好，接受出价者更低的出价额。因此，在引入竞争的情境下，无论是提议者的提议额，还是最终的成交额，都将显著小于没有竞争情况下的对应值。

假设一：引入竞争后，无论是提议者的平均提议额还是实验的最终成交额，都将显著低于无竞争环境下的对应值。

在 Güth 等（1997）和 Grit（2003）的研究中，引入回应者竞争后，提议者提议分配额的成交值会呈现下降趋势。这是由于在实验过程中，竞争者利用回应者之间的竞争，降低出价，从而获取个人利益的最大化。这一点在中国情境下将同样适用。

假设二：在竞争环境中，提议者会受到竞争的影响，不断降低提议额，从而获得更多的收益，因此成交额的数值会不断下降；随着竞争程度的增加（根据 n 的大小判定），成交额的下降速度将更快。

引入竞争后，回应者是受到竞争影响最明显的。为了获得提议者分配的份额，回应者之间必然会进行激烈的竞争，不断降低自己的出价，以期获得收益。

假设三：回应者会受到竞争的影响，不断降低最小可接受额，争取与提议者达成交易；而且回应者最小可接受额的下降速度大于提议者的下降速度。

五、实验结果分析

（一）提议者数据分析

实验于 2014 年 12 月 26 日在北京第二外国语学院人文楼 5 楼进行。实验随机招募了 15 名在读研究生作为提议者，单独安排在一间教室；另外选取 45 名本科生作为回应者，统一安排在另外一间教室。宣读实验说明并解答疑问后，实验开始。A 实验、B 实验和 C 实验每类实验包含五个小组，各小组同时进行实验，共五轮。经过一个小时的博弈，我们对实验数据进行了回收和整理。其中，各组提议者每轮的提议额如表 5-2 所示。

表 5-2 提议者提议额数据

轮数	第一轮	第二轮	第三轮	第四轮	第五轮
提议额	x	x	x	x	x
	16	25	24	22	25
	25	26	27	28	30
A 实验	25	25	25	25	25
	25	25	20	20	25
	23	20	27	28	28
Σ/5	22.8	24.2	24.6	24.6	26.6
标准差	3.899	2.387	2.881	3.578	2.302
	20	20	20	20	20
	12	16	16	14	14
B 实验	20	20	15	20	20
	8	20	12	13	20
	10	20	15	20	15
Σ/5	14	19.2	15.6	17.4	17.8
标准差	5.657	1.789	2.881	3.578	3.033
	30	25	24	20	20
	15	16	12	12	12
C 实验	15	15	13	13	10
	25	19	17	16	19
	20	20	18	18	20
Σ/5	21	19	16.8	15.8	16.2
标准差	6.519	3.937	4.764	3.347	4.817

注：x 为 P 的出价额。

1. A 实验数据分析

对 A 实验的数据进行分析，各组实验数据如图 5-2 所示，提议额平均值如图 5-3 所示。

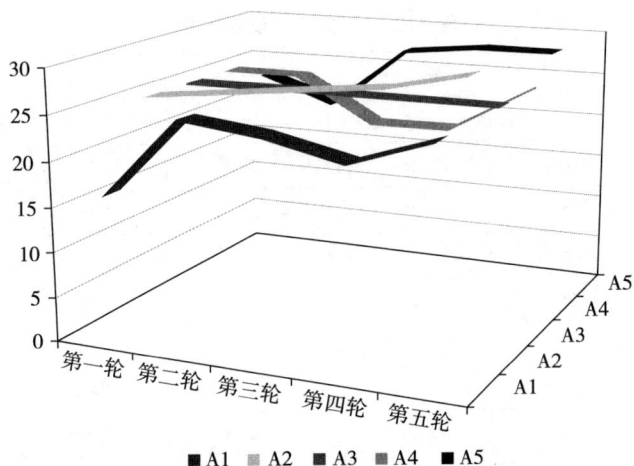

■A1 ■A2 ■A3 ■A4 ■A5

图 5-2　A 实验各组出价分析

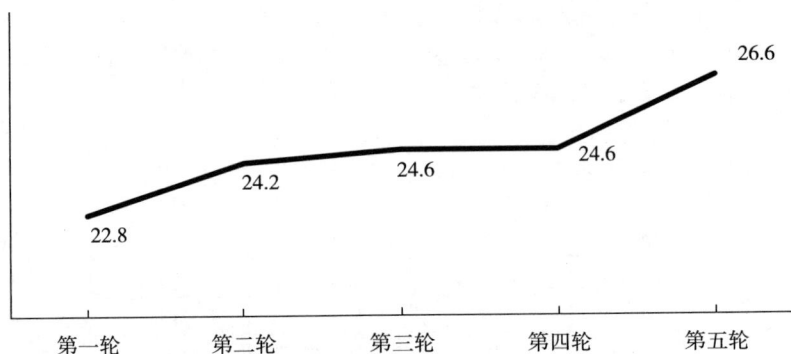

图 5-3　A 实验 P 提议额平均值

在 A 实验中，第一轮所有提议者提议额的平均值为 22.8，占出价总额的 45.6%；具体数据显示，五人中有四人提议额在 [20, 25]，仅有一人提议额低于 20，结果被回应者拒绝，导致交易失败。这一结果与国外大量实验的数据基本一致，即 60%~80% 的提议者会将提议额设定在总数的 40%~50%（Fehr 和 Schmidt，1999）。这说明我们选择的受试者是具有公平偏好的。

在进行的 25 组实验中，共有 5 组实验未达成交易。在成功的 20 次交易中，只有 3 次提议者的提价在总金额的 40%~50%，其他的 17 次出价均大于等于总金额的 50%，最高出价达到了 60%。提议额的这一水平高于其他实验的平均水平。这其中可能有三个原因：第一，受试者的公平偏好水平较高，且公平偏好稳定，在实验进行的过程中没有调整提议额的水平，如第三组的提议者，五轮实验中提议额维持在 50%，说明该提议者接受绝对的公平，而且公平偏好稳定；第二，受到交易失败的影响，被动地上调提议额，如第一、第二、第五组，都是由于某一轮的交易失败，迫使提议者提高出价额；第三，提议者对于报价比较保守，不愿意承担太大的风险，所以选择逐渐提升报价，以求得稳定的收益。

对于 5 组失败的实验，究其原因可以发现：第一，过低的初始提议额，会被回应者拒绝。如第一组第一轮提议额为 16，远低于平均水平，因此被拒绝。第二，在实验进行过程中，当成交金额在绝对公平水平时，突然大幅度降低提议额，会导致交易的失败。如第四、第五组出现的情况，都是由于在绝对公平或接近绝对公平的情况下降低提议额，从而导致交易失败。

在五轮实验中，提议者 P 的提议额总体呈现上升趋势，这一现象与其他学者的实验结果呈现了较大的差异。在其他实验中，随着实验的进行，提议者的提议金额会逐轮降低。通过分析各组数据，可以发现一些原因，在此试做分析：

第一，在本次实验中，受试者的公平偏好较高且比较稳定，基本没有大幅度降低提议额从而攫取自身利益最大化的现象。

第二，前一轮的交易失败会迫使提议者提高自己的提议金额，以规避交易失败的风险。这将导致小组的交易曲线出现波动，最终影响总体的曲线走向。如 5 次失败的交易后，相应的提议者都提高了自己的提议额，从而导致提议额平均值的上升。

第三，提议者可能属于低风险偏好者，对于出价比较保守，宁愿逐渐提高提议额以促成交易，也不愿意承担交易失败的风险。但是，这种逐渐提高的出价会给回应者错误的导向，从而提高回应者对公平的预期，经历一轮交易失败后，提议者被迫接受回应者的预期，提高自己的出价。如 A 实验第二组的提议者出价持续上升，经实验后沟通，该出价者属于保守型性格，不愿意承担交易失败的风险，所以愿意逐渐提高出价，避免交易失败，以获得满意的总收益。从第二组的数据来看，在前两轮实验中，回应者的最小可接受额稳定在 20，而提议者为规避风险，提高了第二轮出价，并成功交易。这在一定程度上将会对回应者产生错误的导向，在第三轮将最小可接受额提高到 30，导致交易的失败。在之后的两轮实验中，为了规避风险，该组提议者不得不继续提高自己的出价。

2. C 实验数据分析

C 实验是引入五名回应者的博弈实验，该组实验提议者的相关数据如图 5-4、图 5-5 所示。

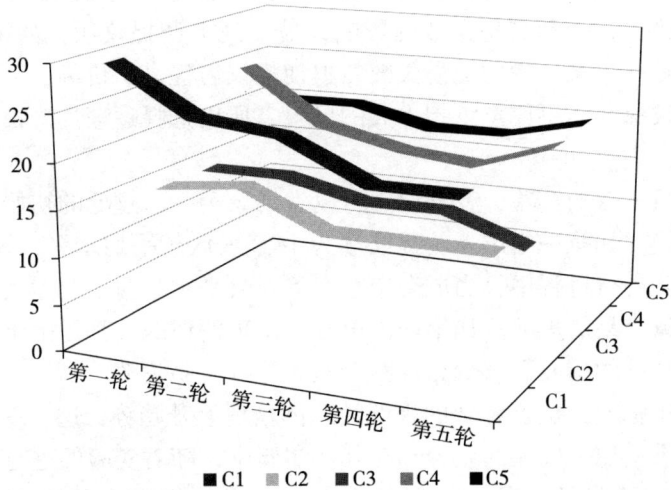

图 5-4　C 实验各组出价分析

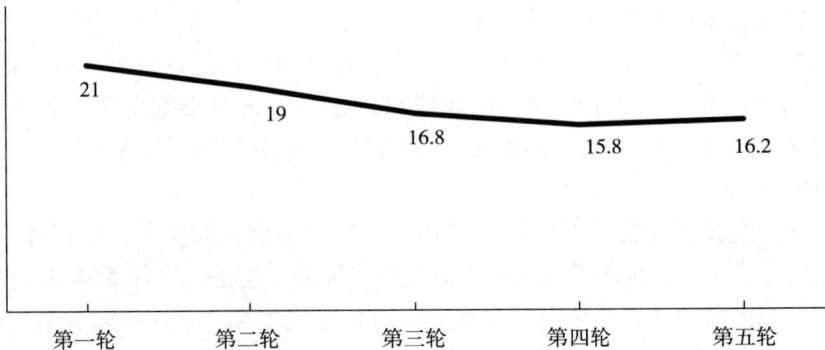

图 5-5　C 实验 P 提议额平均值

在 C 实验中，第一轮所有提议者提议额的平均值为 21，占出价总额的 42%；从具体数据来看，C 实验中的各位提议者公平偏好存在着一定的差异，其中最低提议额为总金额的 30%，最高提议额为总金额的 60%。总体而言，第一轮提议额的平均值仍然处于比较合理的范围，而且在引入竞争后，第一轮的提议额比 A 实验有所下降。对于 C1 组提议者首轮出价高于 50%，可能存在以下几方面的原因：第一，具有较高的公平偏好水平，同时对于风险的承受能力较低，宁愿牺牲一部分的收益去保证实验的成功。第二，首次参加实验，在第一轮进行试探性出价，保证交易成功后再进行后续调整。从之后四轮实验的出价来看，该提议者的出价的确有明显的下降趋势。

在 C 实验中，仅有 2 次实验没有达成交易。经过数据比对及观察，发现在第四轮实验中，C4 组、C5 组的回应者进行了私下沟通，相约集体提高最小可接受额，从而导致回应者数值产生了异常变动，导致两组交易的失败。

在 25 组实验中，有 14 组实验出价小于 40%，其中 9 组提议额小于等于 15；另外 9 组实验中，提议额基本处于 40%~50%。与 A 实验相比，C 实验中提议者提出的分配金额普遍偏低，这在一定程度上说明了竞争对于公平偏好具有一定的影响。

五轮实验过程中，提议者提议额总体呈现下降趋势，在第四轮实验与第五轮实验中出现了一个转折，有一个小幅度的上升。对于提议者而言，每一轮实验如果达成交易，提议者都会尝试降低提议额，以提高自身收益。所以在五轮实验中，提议者提议额的平均值总体呈现下降趋势。分组来看，五个小组的提议者经过一轮或两轮的试探后，提议额都呈现了逐轮下降的趋势。这与国外大量实验的结论是一致的。然而，在第四轮、第五轮实验中出现了一个小幅度的上升。经过观察和分析，发现在第四轮实验中，C4、C5 两组的串通出价，影响了提议者对于出价的延续性。为了在最后一轮达成交易，提议者不得不提高出价，这就造成了 C4、C5 组曲线的变化，也导致了总体趋势的一个转折。不过，这一现象也说明了成功的交易会降低提议者的提议额，而失败的交易会促使提议者提高出价。

在 Güth 等（1997）的研究中，经过五轮实验，提议者的平均提议额从初始值的 42.8% 下降至第五轮的 19.7% 左右。而在 C 实验中，平均分出额从42% 下降至 32.4%。这说明虽然引入竞争后，提议者的公平认知都有所下降，但是下降速度较西方研究更加缓慢；经过五轮实验后的平均提议额也明显高于西方研究。经分析，可能存在以下原因：

首先，C 实验的参与者具有更高、更稳定的公平偏好。由于受试者的公平偏好较高，所以即使引入了竞争，受试者在提出分配金额时，仍然会提出相对西方更高的分配金额；而稳定的公平偏好则决定了平均分配额的下降速度不会太快。

其次，中国情境下，民众对竞争的认知程度更低，不能充分利用竞争的态势来为自己争取最大化的效益。在实验中，提议者面对五个回应者，具有更加优势的地位，可以利用压低提议额的方式提高自身收益。而在实验中，提议者虽然压低了提议额，但是并没有充分利用竞争，攫取最大利益。

最后，实验参与者风险偏好较低，宁愿获取较小的收益，也不愿意发生交易失败的情况。在实验后的访谈中，部分提议者反映，由于在竞争中占据主导地位，可以稳定地获取相对多的收益。为了规避风险，避免发生交易失败的现象，提议者不会大幅度降低提议额。

此外，我们还发现，在参与者中，不同提议者的公平偏好是有巨大差异的。从出价来看，五个提议者中，C2、C3 明显具有较低的公平偏好，C1、C4、C5 的公平偏好水平较高。但总体来看，仍然符合上述两条结论：公平偏好呈现下降趋势且公平偏好高于西方研究结果。

3. A 实验和 C 实验的数据比较

A 实验是没有引入竞争的经典最后通牒博弈实验，C 实验是引入竞争的博弈实验，两组实验中，提议者的出价情况如图 5-6 所示。

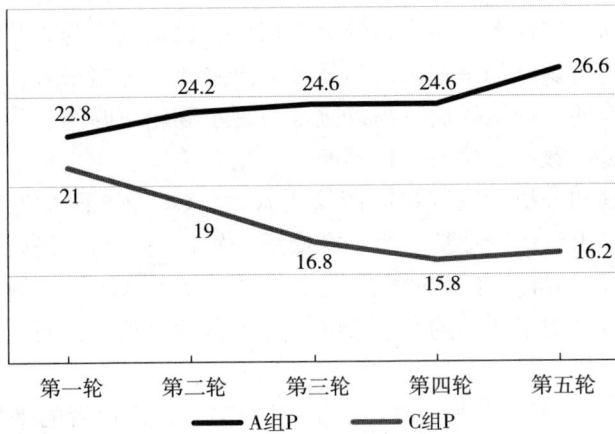

图 5-6　A 实验、C 实验 P 提议额平均值

在引入竞争后，C 实验提议额的初始值低于 A 实验的初始值。在第一轮实验中，A 实验提议额平均值为 22.8，C 实验为 21。与 Brit 进行的实验相比，引入竞争后的初始值差异更加明显。对 A 实验和 C 实验的第一轮实验数据进行单因素方差分析，表明两组实验的初始值差异不显著（p=0.611）。这说明在第一轮实验中，竞争并没有产生太大的影响，C 实验中的提议者尚未受到竞争的影响而降低提议额。

表 5-3　A 实验与 C 实验第二轮数据进行单因素方差分析结果

SUMMRY				
组	观测数	求和	平均	方差
列 1	5	121	24.2	5.7
列 2	5	95	19	15.5

方差分析

差异源	SS	df	MS	F	P-value	F crit
组间	67.6	1	67.669	6.37735	0.03551	5.31765
组内	84.8	8	10.6	8	2	5
总计	152.4	9				

从第二轮开始，A实验和C实验中提议者提议额开始出现显著性差异（p=0.036）。说明竞争对于提议者的影响并不是从初始值开始的，而是在竞争中逐渐体现的。

就A实验和C实验产生的所有提议额的平均值来看，两者仍然呈现显著性差异（p<0.01）。这说明从总体上，竞争会对提议者的提议额产生显著影响（见表5-4）。

表5-4　A实验与C实验总体数据进行单因素方差分析结果

SUMMARY

组	观测数	求和	平均	方差
列1	25	614	24.56	9.423333
列2	25	444	17.76	23.19

方差分析

差异源	SS	df	MS	F	P-value	F crit
组间	578	1	578	35.44563	2.95E-07	4.042652
组内	78.72	48	16.30667	3	7	2
总计	1360.72	49	7			

在回应者中引入竞争后，C实验仅出现了两次交易失败的情况，两次交易未达成还是由于回应者方面违反实验纪律，导致出现了异常值；对比A实验，先后有五次交易失败现象出现，其中大部分失败原因是因为回应者拒绝较低的提议额。这说明，引入竞争后，回应者更不容易拒绝提议者的提议。

在两个实验的提议额变化趋势方面，各轮实验中，A实验的提议额平均值均高于C实验的数据，并且两者的差距逐渐扩大。在第一轮实验中，A实验提议额平均值为22.8，C实验为21。最后一轮实验中A实验为26.6，C实验为16.2。这说明竞争对于公平偏好存在着较为明显的影响。

此外，A、C两个实验的参与者都存在着较高而且比较稳定的公平偏好、较低的风险偏好，但是两个实验的平均值曲线出现了不同的变化趋势，A实验曲线稳定上升，C实验呈现下降趋势。经分析，可能存在以下原因：

第一，A实验中提议者公平偏好高且稳定，出现了平均提议额较高，基本稳定在总金额50%左右水平的结果；而较低的风险偏好让提议者放弃了不断降价的尝试，而且有提议者逐步提高出价额；对于达到绝对公平交易后进行降低出价额尝试的提议者，其提议均被拒绝，从而迫使曲线再次上升。

第二，就C实验来看，较高且稳定的公平偏好，使C实验的平均提议额比西方研究结果更高，提议额下降速度更慢。而由于存在着回应者竞争，也明显影响了提议者对于公平的判断。首先表现为第一轮出价的下降，其次是提议者做出的降价尝试，基本都会达成交易，这就使C曲线的走向逐渐向下，形成了最终的结果。

为了更好地分析竞争对于公平偏好的影响，可以将交易失败的数据剔除，仅对成功达成交易的数据进行分析。进行平均成交额分析时，已经将未达成交易的实验数据剔除，仅考察成功交易的数据。

剔除交易失败的数据后，A实验与C实验的初始成交额更加明显，但是从单因素方差分析数据来看，两者的差异仍然不显著（p=0.329）。与初始提议额相同，这说明在首轮实验中，C实验的提议者未受到竞争影响。从成交额曲线来看，仍然存在着两个实验差距逐渐扩大、A实验曲线上升、C曲线下降等现象（见图5-7）。从第二轮开始，A实验与C实验的成交额开始呈现显著差异（p=0.017）。从总体数据来看，A实验与C实验的成交额呈现显著差异（p<0.01），这说明竞争对于实验成交额产生了显著性影响。

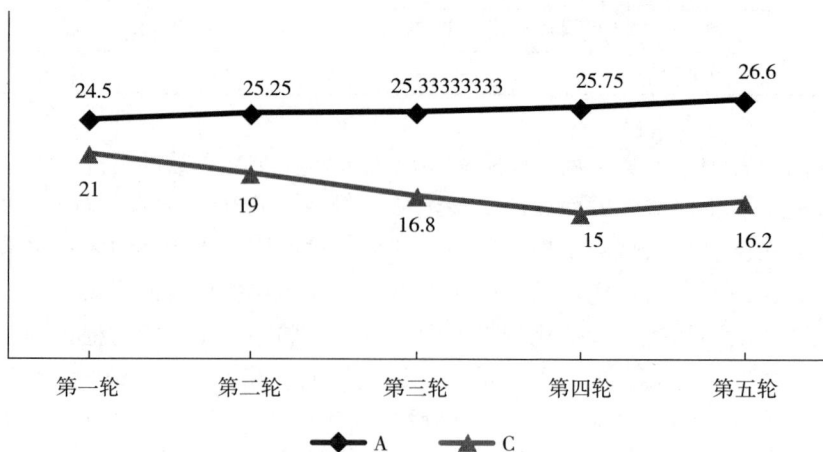

图5-7　A实验、C实验平均成交额对比

总体来看，在回应者中引入竞争后，出现了以下明显的变化：

第一，实验的初始提议额、成交额都出现了明显下降。

第二，提议者的提议更容易被接受，拒绝提议额导致实验失败的次数减少。

第三，无论从平均数据分析，还是从各次实验的具体数据分析，引入竞争后的各次提议额明显低于无竞争的情况。

第四，存在竞争的情况下，平均提议额和成交额都会呈现明显的下降趋势，只是下降的速度低于西方研究，对于公平的认知也更高。

4. 引入 B 实验的对比分析

B 实验同样是引入竞争的最后通牒博弈实验，引入 B 实验主要是为了与 A 实验、C 实验进行对比，考察引入竞争后，随着竞争程度的增加，是否会发生规律性的变化。B 实验提议者相关数据如图 5-8 所示。

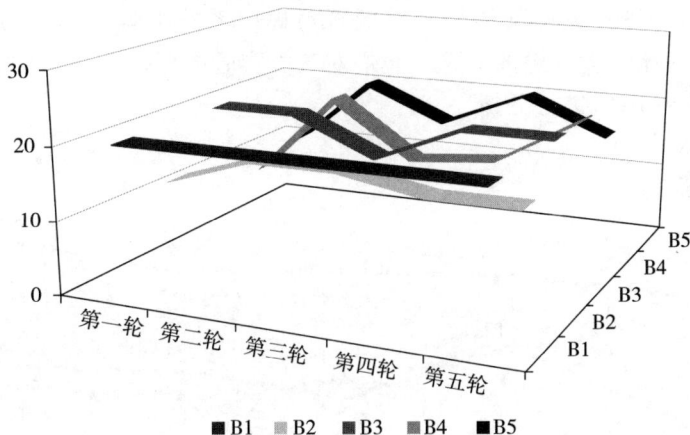

图 5-8　B 实验各组出价分析

在 B 实验中，第一轮提议额平均值为 14，占总金额的 28%，远低于 A 实验的初始提议额平均值，甚至低于 C 实验的第一轮平均提议额。这一数值具有一定的特殊性。从具体数据来看，第一轮出价时，五名提价者中有三名提价者的出价低于总额的 30%，甚至有两名出价小于等于 20%，导致了总体平均值偏低的结果。这可能是由于该组实验者公平偏好偏低，也可能是因为刻意利用竞争来压低提议额，进行初步试探。

在 B 实验中，共出现 7 次低于总金额 30% 的出价，其中 4 次被拒绝。所有出价额处于 30%~40% 的数据中，除 2 次提出额为 15 时被拒绝外，其他都达成了交易。B 实验中的提出额大部分处于［15，20］，而且没有大于 20 的出价。与 C 实验相同，B 实验的提出额明显低于 A 实验的相关数据，说明竞争会对提议者的公平偏好产生影响。

B 实验中提议额平均值的变化呈现了一定的波动性。究其原因，可能有：

第一，五组实验中的提议者公平偏好差异较大。部分提议者公平偏好高且稳定，出价值基本维持不变；而其他的提议者公平偏好过低，在首轮给出过低的提议额，遭到拒绝后被迫提高出价，之后在反复尝试降低出价，如 B4、B5 组的提议者表现尤其明显。

第二，当提议额稳定且连续成交后，回应者方面会形成比较稳定的预期，从而拒绝降价，迫使提议者提升自己的出价。如 B3 组中，前两轮实验的成交额稳定在 20，在第三轮实验中，所有回应者的期望都大于等于 20，迫使出价者将出价提升到 20 的水平。

总体而言，B 实验的数据一方面体现了竞争对提议者公平偏好的影响（与 C 实验相同），另一方面又体现了回应者对提议者的影响（与 A 实验类似）。为了更好地对比三类实验的关系，我们对三类实验的提议额（见图 5-9）和成交额（见图 5-10）进行分析。

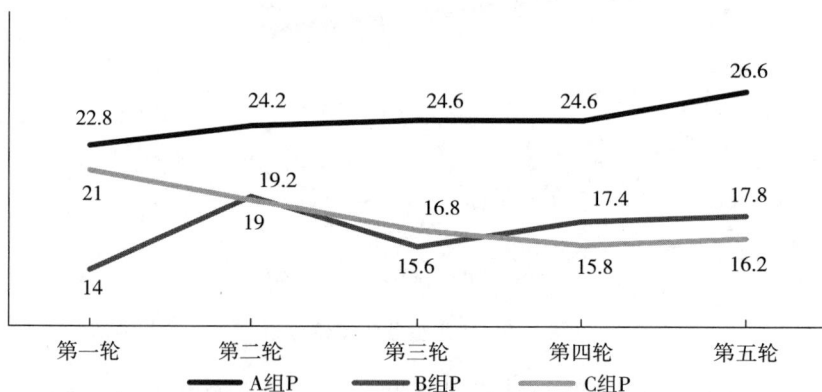

图 5-9 三类实验的平均提议额对比

B 实验和 C 实验的初始平均提议额和成交额虽然都低于 A 实验，但是差异并不显著。这说明在引入竞争后，第一轮提议额并不会产生显著性的变化。随着实验的不断推进，各实验间的差异性会越来越显著。

从第二轮开始，B 实验的平均成交额开始高于 C 实验，并呈现差距逐渐扩大的趋势。竞争人数的差异同样影响了平均成交额的总体走向。C 实验中，曲线呈现下降趋势；而 B 实验中，曲线虽然出现波动，但总体表现比较稳定，其原因与 A 实验具有相似之处。

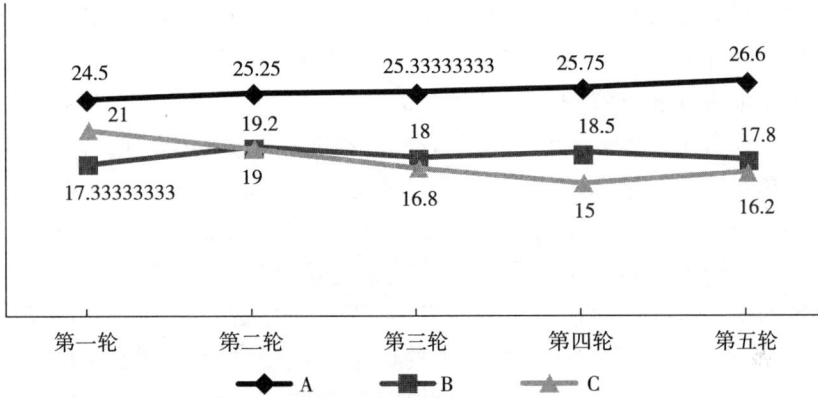

图 5-10　三类实验的平均成交额对比

（二）回应者数据对比分析

回应者是竞争中的直接参与者。处于竞争之中，回应者的最小可接受额的变化，也是我们需要观察的数据（见图 5-11）。

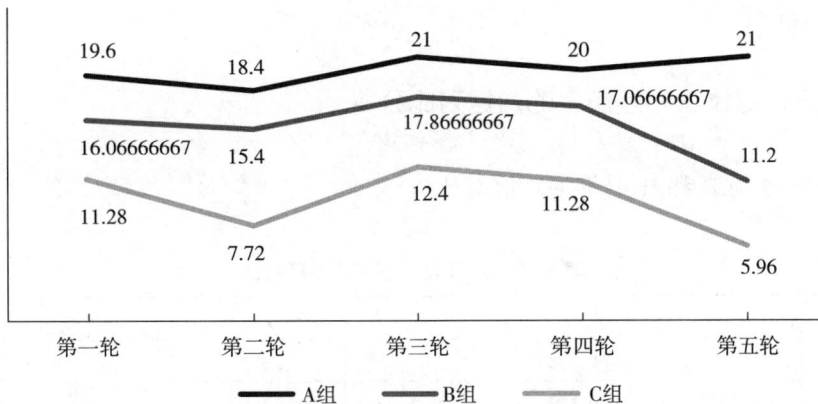

图 5-11　回应者平均最小可接受额分析

竞争对回应者的影响是十分明显的，主要表现在以下几个方面：

其一，回应者的最小可接受额随着竞争人数的增加，出现了明显的下降。在存在竞争的环境下，面对提议者的提议额，只有最小可接受额最低的回应者才可以与提议者达成交易。因此，回应者会调整自己的公平预期，接受更低的提议额。

其二，在 C 实验中，回应者的最小可接受额呈现波动下降的趋势，在最后一轮出现了明显的降低；在 B 实验中，回应者的最小可接受额平均值比较稳定，但是在最后一轮同样出现了大幅度的降低。最小可接受额在最后一轮的大幅度下降，也肯定了竞争对回应者的影响。在前几轮实验中，回应者还会进行试探。但是在最后一轮实验中，为了促成交易，争取得到提议者提出的分配额，大部分回应者都降低了自己的期望，引起了平均值的大幅度降低。

本次实验中回应者的平均最小可接受额与国外实验也存在着一定的差异，即回应者的最小可接受额没有出现明显的下降趋势，最后一轮报价高于其他实验。在 Güth 和 Grit 的实验中，回应者的最小可接受额都出现了明显的下降趋势，在 Güth 的实验中，回应者的最小可接受额快速下降，并在最后一轮下降到总额的 5% 左右。这可能是由于：第一，实验参与者的公平偏好比较稳定。虽然引入竞争影响了回应者对公平偏好的认知，但是在实验进行的过程中，回应者并没有受到竞争影响而快速下调自己的公平偏好，所以出现了较为稳定的回应价格，在实验 B 中这一点表现比较明显。第二，参与者的公平偏好较高，即使在最后一轮的报价中，一部分人也不愿意将最小可接受额下降至 0。第三，异常值的影响。在 C 实验中，第三、第四轮出现了异常值，经过观察，是由于部分参与者违反实验规定，相互交流并同时提高了出价，这不仅影响了回应者数据的表现，也对提议者出价产生了影响。

（三）提议者和回应者的数据对比分析

表 5-5 为 P 和 R 出价平均值对比。

表 5-5　P 和 R 出价平均值对比

实验	A					B					C				
	一	二	三	四	五	一	二	三	四	五	一	二	三	四	五
x 平均值	22.8	24.2	24.6	24.6	26.6	14	19.2	15.6	17.4	17.8	21	19	16.8	15.8	16.2
y 平均值	19.6	18.4	21	20	21	16.07	15.40	17.87	17.07	11.20	11.28	7.72	12.40	11.28	5.96

注：x 指提议额，即提议者提出的分出额；y 指回应者最小可接受额。

A 实验中，两条曲线均呈现出稳定且小幅度上升趋势（见图 5-12）；B 实验的两条曲线呈现出了反向变动的趋势，这是由于实验双方不断博弈的结果（见图 5-13）；C 实验中，如果不考虑异常值的影响，x、y 的平均值都是逐渐下降的，且下降幅度基本一致（见图 5-14）。

从图 5-14 来看，P 和 R 之间始终存在 20% 左右的差距，但是 P 并没有快速下调自己的提议额，掘取最大化的利润，最后一轮的出价额平均值仍然高于总金额的 30%。这说明竞争者虽然占据了竞争优势，但是并不会过分占有回应者的利益。这可能是由于 P 公平偏好较高且稳定，而且不愿意承担太大的风险。

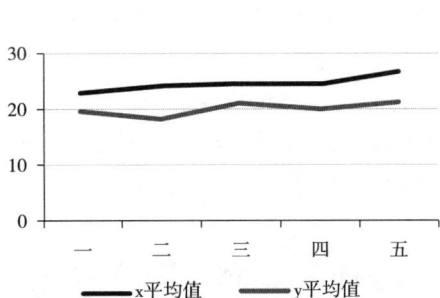

图 5-12　A 实验 x、y 平均值的对比

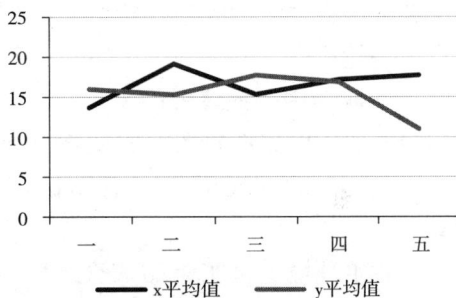

图 5-13　B 实验 x、y 平均值的对比

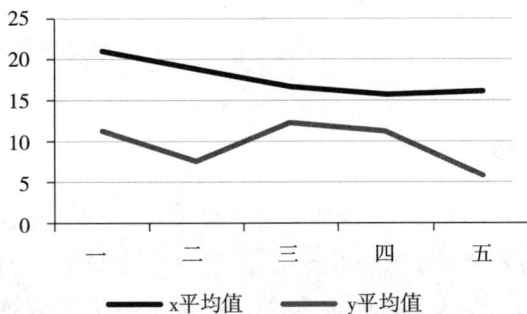

图 5-14　C 实验 x、y 平均值的对比

（四）实验假设的验证

1. 假设一的证明

从第一轮的提议额来看，A 实验和 B 实验、C 实验间都没有显著性差异，因此，在首轮实验时，提议者的公平偏好是没有受到竞争影响的。而从第二轮开始，A 实验与 C 实验之间开始出现显著性差异，随着实验的进行，各轮实验产生的数值差异性越来越显著。说明在竞争环境中，受到竞争影响的参与者的提议额和成交额会与无竞争影响的参与者之间产生显著性差异。从总体数据来

看，A 实验五轮实验的数据与 C 实验相比，也呈现出显著性差异。综上所述，假设一成立。

2. 假设二的证明

在 C 实验中，提议者的平均成交金额明显低于无竞争环境中 A 实验的数值，并且两者之间的差距逐轮扩大；成交额曲线呈现下降趋势，第五轮成交金额比第一轮成交金额下降了 22.9%，下降趋势较为明显。

在 B 实验中，提议者的平均成交额明显低于 A 实验的数据，而且从第二轮实验开始，B 实验的平均成交额开始超过 C 实验，并延续到实验结束；但是，B 实验中的成交额呈现波动稳定的情况，这一现象与假设存在一定的背离。

在竞争环境中，实验的成交金额会比无竞争环境低，随着竞争程度的增加，实验的成交金额会越来越低；但是在三人竞争实验中，成交额并没有随着实验的进行逐轮降低，反而呈现了波动的现象；在五人竞争实验中，成交额随着实验的进行逐轮下降，并且趋势明显。

所以，假设二仅在 C 实验中适用，在 B 实验中无法得到验证。这是后期需要研究的一个重点。

3. 假设三的证明

由图 5-11 至图 5-14 可以发现，三类实验中，回应者最小可接受额的平均值呈现出明显的差异性。$R_A > R_B > R_C$ 的现象非常显著，而且 A 实验中的 R 平均值呈现比较稳定的状态；而 B 实验、C 实验的平均值则呈现出下降的趋势。尤其是 C 实验中，如果剔除异常值的影响，C 实验回应者最小可接受额平均值的下降趋势是很明显的，而且最后一轮实验出现了大幅度下降，这体现了竞争对于回应者的强烈影响。B 实验中虽然前四轮一直出现波动，但是在最后一轮也出现了大幅度的下降。

就下降速度而言，C 实验中，最后一轮成交额比第一轮成交额下降了 22.9%，而相应的回应者最小可接受额下降了 47.16%，回应者的最小可接受额下降幅度明显大于提议者的下降幅度。这也对假设三进行了验证。

六、结论与展望

（一）研究发现

1. 引入竞争会降低人们对公平的偏好程度，随着竞争时间的延续，竞争环境中的民众对于不公平出价的接受程度更高

实验结果显示，在实验中引入竞争后，实验首轮的成交额会呈现下降趋势；随着实验的进行，有竞争的环境中，提议者会不断降低提议额，提高收益。A 实验和 C 实验的数据能够明确地说明这一问题。在第一轮实验中，C 实验中的提议者提出了更低的提议额，而且随着实验的进展不断降低，最终将提议额平均值下降至总金额的 32.2%；而 A 实验中，提议者在一对一的交易中，无法掌握竞争优势，反而会受到回应者的拒绝从而被迫提价，第五轮的平均成交额更是达到了 53.2%，超过了总金额的一半。

对于回应者而言，处于竞争之中的回应者也会大幅度下调自己对分配份额的期望，降低最小可接受额，争取得到提议方的利益分配。

说明在市场中，如果一方意识到自己面对的是一个竞争的市场，而且自己处于竞争的主导方，那么，该市场主体将会提高自己对利益分配的期望，提高自己对利润的占有，压低竞争一方的收益。而竞争者为了获得资源，不惜牺牲自己的收益，也会接受竞争主导者的出价方案。在垄断行业或竞争主导者占据了资源，成为利润分配的主导者时，垄断方会提高自己对收益的预期，压低竞争者的利润空间。如在前期的问卷研究中，对阴雨天雨伞涨价是否公平这一问题进行研究，有 29.9% 的民众认为涨价 10 元及以上是公平的，24.7% 的民众认为适当涨价是公平的，只是对于涨价金额存在不同的意见。在此问题中，对于竞争主导者——零售商的提价，中国民众的接受水平高于西方水平；再如工作岗位稀缺时，雇主选取工资期望最低的应聘人员这一问题中，中国民众认为公平的比重也高于西方，说明在竞争环境中，应聘者能够接受更低的利润空间。

2. 与西方实验结果相比，中国情境下，民众公平偏好偏高、稳定，竞争主导方不会无限制地降低出价

从整个实验结果来看，C 实验中 P 的提议额虽然持续下降，但是并没有 Güth 实验中那么显著，而且在最后一轮实验中，C 实验的成交额占总金额的比重大于 30%，Güth 实验中成交金额占总金额的比重小于 20%；从回应者的下降趋势来看，C 实验中 R 最小可接受额的平均值约为总金额的 10%，而 Güth 实验中最后一轮该值的平均值约为总额的 5%。这说明，在中国情境下，民众具有更高的公平偏好，且偏好较为稳定。尤其是对已掌握竞争主动权的提议方，并不会因为掌握定价优势而随意降低分配额。此外，A 实验、B 实验的数据也为该结果提供了支持。

在 C 实验中，提议者虽然存在着提议额整体下降的趋势，但是与回应者的最小可接受额相比，仍然有很大的下降空间。在正常出价中，P 的提议额与 R 的最小可接受额之间存在着 10% 左右的差额，接近总金额的 20%。同时，C 实验中提议者末轮提议额相比首轮下降了 22.9%，而回应者下降了 42.16%。C 实验的提议者并没有利用这个机会去掘取利润。

与西方实验结果相比，在中国情境下，民众的公平偏好较为稳定，虽然在竞争引入时会影响市场主体对公平偏好的认知程度，但是在竞争过程中，民众的公平偏好变化比较稳定，不会发生急速收敛的情况。在我国市场，即使一方掌握了资源的分配权，占有竞争的主导权，但是该市场主体也不会将价格定得过高，以掘取自己的最大化利益。如雇主选取雇员这一情景，雇主选择期望工资最低的应聘者并进行聘用，虽然雇主知道雇员的最低可接受工资，但是在薪酬设计时，雇主也会参考市场情况及同行业状况，给予雇员一个公平合理的工资。

本书还有其他一些发现，例如，如果在实验中实现了绝对公平的交易并且持续成交，那么如果提议者贸然降低出价，将会造成交易失败；如果在竞争环境中形成了稳定的成交金额，并且持续成交，此时如果提议者调低提议额，将会造成交易的失败；即使在竞争的环境中，提议者过低的出价仍然可能被所有回应者拒绝；随着竞争者的增加，交易失败的次数将会逐渐减少。

此外，本次实验还存在着一些问题，如 B 实验的数据存在着一定的波动性，无法对假设二进行证明。

在实验数据上，B 实验既表现出了引入竞争后的一些变化趋势，也体现出一部分 A 实验的特征。

比如，在 B 实验中，无论是提议者的提议额还是最后的成交数据，都明显低于 A 实验的数据，这说明竞争影响了提议者对于公平偏好的判断；而回应者的数据更说明由于竞争的原因，回应者对公平的偏好程度明显下降。

但是，在竞争环境中持续实验时，B 实验的数据并没有呈现逐渐下降的趋势，反而出现了波动。由图 5-13 来看，更是出现了 P 的提议额和 R 的最小可接受额反向变动的现象。这说明即使引入了竞争，但是 B 实验中仍然存在着 P 与 R 的博弈，双方都在争取获得更高的收益。

这一结论与实验的第二个假设相背离，需要在以后的研究中继续深入探讨。

（二）研究展望

此次实验的假设均得到了验证。但是，实验中仍然反映出一些问题，需要在日后的研究中进行进一步的探讨。此外，为了更好地分析竞争因素对公平偏好的影响，还可以对实验内容或步骤进行进一步的调整。

第一，对于竞争程度对公平偏好的影响，此次实验并没有得出明确的结果。在引入三人竞争的 B 实验中，实验结果兼具了一对一实验和一对五实验的特征，这是由于竞争程度不足造成的，抑或是由于实验过程中参与者的个体偏差引起的，需要在未来的实验中进一步验证。

第二，此次实验仅对实验数据进行了采集，并没有关注引入人口统计因素。在未来的研究中，可引入人口统计因素，研究竞争环境下，性别、学历、年龄、专业等不同因素间存在的差距。

第三，由于实验设计及实验经费的影响，本次实验的各类实验都只进行了五组五轮的实验。在实验中，最后的成交金额都没有收敛于 0。在未来的研究中，可以增加实验轮数或针对其中的某一个实验，进行多组多轮的重复实验，以验证竞争环境下，成交额是否会快速收敛于 0。

第六章

参与者惩罚与第三方
惩罚对公平的影响
——基于公共物品博弈实验的研究

一、研究背景与意义

（一）研究背景

在前一章中，我们将竞争机制引入最后通牒博弈实验，来考察竞争对人们公平决策的影响。本章我们将引入新的公共物品博弈实验，考察惩罚机制对人们公平决策的影响。

竞争和惩罚是保证社会公平的重要的制度设计机制。特别是惩罚机制，在公平博弈中被广泛引用。作为一种规范社会秩序的重要手段，惩罚机制的引入将对人们的合作行为产生重要的影响。实际上，人们对于有害行为的惩罚欲望要比友好行为的奖励欲望更为强烈（Offerman，1999；Charness 和 Rabin，2002）。因此，对于惩罚机制的更全面的认识与了解，将有利于我们推动社会公平因素更好地被关注，并且在更广泛的范围内促进人们的合作行为。

（二）研究意义

在公共物品博弈中，背叛与"搭便车"行为是一种常态。背叛和"搭便车"都是由于利己动机所致。从社会总体效率来说，合作肯定会获得比背叛或"搭便车"更大的社会价值，但是在没有有效机制约束的条件下，合作是很难自发达成的。

通过引入惩罚机制，让参与者的效用在惩罚因素下发生变化，从而影响其最终决策判断。在现实中，惩罚机制也是广泛存在的。例如，进行污染企业环境治理的过程中，每家企业的环保都具有强烈的外部性。在机制设计时，明确对环境治理不利的厂家进行惩罚，就有利于促进污染企业对环保的投入。

二、研究思路与方法

（一）研究思路

本章以惩罚机制对公共物品博弈参与者决策的影响为研究主体，并在公共物品博弈的基础上引入参与者惩罚和第三方惩罚机制，来分别研究两种不同惩罚机制对公共物品投入的影响。本章首先系统梳理了加入惩罚因素的公共物品博弈文献，然后以 Fehr 和 Gachter（2000）以及 Fehr（2000）所做的公共物品博弈实验为基础，重新设计了参与者惩罚和第三方惩罚两种不同的机制。我们对整个实验设计进行了详细的描述，通过研究不同的惩罚机制，有针对性地提出相应的对策建议。

（二）研究方法

本章的研究方法主要是以实验研究为主、访谈为辅的方法。首先通过文献综述，找出研究的思路；然后选取惩罚机制为主要因素加入公共物品博弈实验中；最后对实验的结果以及对部分实验参与人员的访谈进行综合分析，得出研究结论。

关于相关者惩罚的研究，我们借鉴了 Fehr 和 Gachter（2000）的研究方法。他们为了考察有惩罚和无惩罚时人们的合作差异，设计了四种不同条件的实验，即有惩罚时（和无惩罚时）的陌生人实验和熟人实验。在熟人条件下，每组 4 个人，共计 10 组，每期中每组的人保持不变的情况下，有惩罚和无惩罚的情况都连续进行 10 期；在陌生人条件下，每组也是 4 个人，共分 6 组，也是分别进行 10 期。初始值都是 20 个点，收益回报系数为 0.4，惩罚的点数随着惩罚成本的提高而递增。实验研究发现在陌生人的环境下，尽管对于惩罚者来说并没有未来的预期收益，并且会有损失产生的情况下，惩罚者仍然会对"搭便车者"进行惩罚；"搭便车者"偏离其他参与者的投入越远，受到的惩罚越为严重；惩罚者的存在，导致了合作水平的大幅度提升，与之相反，无惩罚情况下导致了完全的背叛，即"搭便车"行为的产生。

第三方惩罚的研究较多，我们参考了 Fehr（2004）的实验。为了研究分配规范，研究者在独裁者实验中加入一个第三方 C。提议者 A 有 100 个点的货币值，可以分给接受者 B 0 个、10 个、20 个、30 个、40 个、50 个点，B 没有货币。C 有 50 个点，当他观察完 A 的分配之后，有惩罚 A 的权利。C 每施加一个点的惩罚，A 就损失 3 个点。在 A 做决定的同时，B 要写下他期待的 C 对 A 在任何一个可能的提议值下的惩罚，还有他期待 A 分给他的点数。C 在 A 做出决定之前就已经有相应的惩罚策略。结果发现对于不公平的出价者，大约 60% 的 C 都选择进行惩罚，并且惩罚水平随着 A 的出价偏离平均水平越远而明显增加。同时为了研究合作规范，在囚徒困境中引入第三方惩罚 C，第一阶段，参与者 A、B 都有一个初始值 10 点，可以选择保留自己的初始值，或是把全部的 10 点给对方，这样对方就可以获得 3 倍的收益。第二阶段，C 根据 A 和 B 的表现进行惩罚，C 有 40 点的值，同样如果是加 1 点的惩罚，会让背叛者有 3 点的损失。为了避免最后结果的不公平，在这一阶段给 A 和 B 增加了 15 点。这一实验发现了利他的第三方惩罚是维护社会秩序的重要推动者。

本书的研究将以 Fehr 和 Gachter（2000）以及 Fehr（2004）的实验为基础，将相关者惩罚、第三方惩罚进行对比研究，并首次设计了全新的相关者——第三方惩罚双重惩罚机制，以此来检验单重惩罚机制和双重惩罚机制的差异。

三、文献综述

对于公共物品，Samuelson（1954）给出了一个经典的定义：所谓公共物品是指存在这样一种物品，每个人对这种物品的消费并不减少任何人也对这种产品的消费。近年来，公共物品已成为经济学和社会学领域中众多学者研究的焦点之一，从社区里的公共服务到温室气体环境减排等问题均与此相关。但是由于公共物品存在非排他性、非竞争性等性质，使"搭便车"行为普遍存在，这导致了公共物品的平均贡献率低下。例如，公共图书馆就是典型的公共物品，村镇图书馆的建设需要全村人的贡献，建成以后，每个人都有享受的权利。但事实证明，贡献过程中并非每个人都会如约贡献，一些人会选择不捐献而直接享有成果，即产生了"搭便车"问题。

针对这个问题，Fehr 和 Gachter（2000）首次在公共物品博弈实验中引用了惩罚机制，他们比对了带惩罚和不带惩罚的实验局，得出了惩罚能够提高公共物品自愿供给水平的结论。惩罚机制的引用使公共物品博弈的研究有了开创性的发展。

之后大量研究证明了该观点的正确性，表明惩罚是促进社会合作的一种重要手段（Masclet 和 Villeval，2008；Nikiforakis，2008；Reuben 和 Riedl，2013）。因为惩罚机制的设立，会使"搭便车者"付出一定的代价，从而使其感到恐惧，其"搭便车"行为就会有所收敛；惩罚的结果同时会使贡献者感到欣慰，进而提高整个公共物品的投入水平。对于应引用什么样的惩罚机制，进一步提高公共物品投入，根据参与人对现金和声誉不同的重视程度，Christoph（2008）、Armenak 和 Luca（2015）对现金惩罚进行了研究，Francesca（2014）、Dan 等（2009）则引入了声誉惩罚，证明了合理设计惩罚机制对于提高公共物品投入十分必要。

（一）相关者惩罚与第三方惩罚

1. 相关者惩罚

公共物品博弈涉及 N 个参与人，一名参与者通过"搭便车"逃避公共物品投入，这就损害了其他参与者的利益，那么被损害利益的一方出于愤慨情绪对"搭便车者"的惩罚就被称为相关者惩罚，或称为同伴惩罚（Peer-punishment）（陈欣，2013）。同伴惩罚是非常重要的，而且是有效的。同行之间愿意去惩罚"搭便车者"，即使这种行为会让惩罚者的物质利益受损（Fehr 和 Gachter，2000；Nikiforakis，2008；Reuben 和 Riedl，2013）。Fehr 等（2000）以一个案例说明问题。在 1979 年石油危机爆发时，司机排除买石油时为了缩减排队时间而插队，此消极行为引来了很多司机的效仿。同时这种插队行为引起同行不满从而与插队者发生争吵来维护自身权益。将此现象放大到公共物品领域，"插队者"即"搭便车者"，而"争吵者"即"惩罚者"，同行中的某些司机去指责插队者从而使此现象减少，这使同伴惩罚的有效性在现实生活中得以证实。就惩罚效力而言，同行惩罚更为严厉，因为他们之间利益相关，会直接受到诸如"搭便车"等行为的损害（Yan Zhou 等，2016）。

上述文献已经证明了同伴惩罚是有效的，但是同行之间惩罚者的数量，即单人惩罚还是多人随机惩罚也是值得我们探讨的问题。Daniela 等（2017）在公共物品博弈实验中，通过不同的惩罚权力分配机制设置了五组实验：①每个人都可以自由地对群体中的其他人进行惩罚。②在惩罚阶段，只有一个随机选择的参与者获得惩罚同组人的权利。③在每一轮中，只有"最高贡献者"被允许对他的组合参与者进行制裁。④这个实验的具体特征在于，这里的最高贡献者不仅在本轮获得了这个权利，而且在之后 3 轮中也具有这个权利。⑤惩罚力量仅归于一个人，仅持续一个时期。然而，潜在的惩罚者是随机选择的，且不能惩罚最高贡献者。该实验证明了同行之间，与多人随机惩罚相比，集权的惩罚机制，即单人惩罚，尤其是最高贡献者惩罚效果更为明显，参与者对于公共物品的贡献量显著提高，同时也促进了同行之间的合作。

同伴惩罚是有效的且更为严厉的，因为同行之间利益相关，且集权的单人惩罚比多人惩罚更有效。但是同行之间惩罚，会因为利益相关而受到情感支配从而做出失误决策，这也是下文关于第三方惩罚要重点讨论的问题。同时，集权的惩罚机制会导致反社会惩罚①，亦是我们要考虑的问题。

2. 第三方惩罚

从上述关于同行惩罚的结论可以看出，在公共物品博弈实验中，加入同行惩罚机制能够使整个公共物品的投入量有所增加，人们的积极性提高已经得到证实。但如同"路见不平，拔刀相助"一样，作为实验之外的人（第三方），当见到"搭便车"的行为时，出于道德规范被破坏的情感性愤慨，他们会对对公共物品投入较少的行为进行一定程度的惩罚（谢娉，2013）。第三方惩罚②的必要性和有效性，早在之前就有一些来自经济学领域和社会学领域的专家学者进行了说明：例如，Williamson（1979）提出了作为监督者的第三方介入的必要性，肯定了第三方监督的作用对于合作双方契约的执行有很大的推动力。Fehr 等（2002）认为对于在社会公共物品投入中较少的人，即使代价高昂，第三方仍然会施予惩罚。陈思静和马建红（2011）通过实验研究了第三方惩罚在社会规范中的作用，得出了第三方惩罚实施时对于人们责任的唤起有重要推动作用的结论。周岩等（2016）调查了第二方惩罚和第三方惩罚的有效性，以增加公共产品贡献。他们做了这样一个实验：第三方首先做了标准公共物品游戏，然后作为独立旁观者做出处罚决定。在这一实验中他们发现，对于"搭便车者"，第三方的惩罚更频繁、更严厉，会有比同行处罚更高的贡献水平，且他们的行为有着较弱的反社会性。Cobo-Reyesb 等（2008）也探讨了在第三方干预的情况下对其实验结果的影响，他们设置了两种机制，即"第

---

① 反社会惩罚是指在一个公共物品投入事件中，每个人均具有惩罚他人的权利，而参与者选择报复制裁自己以及第三方的行为，或者说参与者选择惩罚合作者的行为（Laurent，Masclet 和 Noussair，2007）。

② 个体在目睹违反社会规范的行为后，作为无利益相关的第三方，为了维护社会规范，付出个人代价去惩罚违规者的行为（薄欣、张红肖，2016）。

三方的物质回报不受其他参与人的影响”和“第三方可以选择奖励因回应者的行为而收到低净收益的寄件人”，但都发现，在两种处罚机制中第三方处罚都有强烈而显著的效果。

综上可知，从同伴惩罚到第三方惩罚，惩罚机制的运行对于提高公共物品的整体贡献水平和对辅助社会规范的建立有很大的作用，第三方惩罚在公共物品活动需要监督时便能有显著的效果。这对于政府公共政策的决策者有重要的启发意义。

（二）现金惩罚和声誉惩罚

1. 现金惩罚

现金惩罚，顾名思义，就是通过对公共物品投入的参加者代币的减少达到惩罚的目的。因为其可量化，且容易实施，所以一直以来在博弈实验中被广泛应用（Fehr，2002；Christoph 等，2008；Daniela 等，2017）。

Daniela 等（2017）在其设计的实验（UP，SR，FOUR，RT，TOP）[①] 中利用现金惩罚，将实验分为两个阶段，即贡献阶段和惩罚阶段。然后比较各个实验贡献水平的集中升高阶段，以及平均水平等。最后得出结论：最高贡献者惩罚（TOP）时贡献整体水平最高。现金惩罚在研究第三方惩罚时也较多地被应用。周岩等（2016）在研究比较第二方和第三方的惩罚效果时，进行了一个初始禀赋为 20，人均边际回报[②]（Marginal Revenue）为 0.4 的实验，参与贡献者以此为基础决定为社会贡献多少个代币。当收益结果出来时，参与者根据收益决定对目标受惩罚者的惩罚，一次惩罚将减少对方 3 个代币的收益。最后，他利用这些数据统计出参与者人均贡献量以及惩罚频率，发现：最高贡献者惩罚（TOP）时贡献整体水平最高。此外，在研究惩罚成本和惩罚力度的不同对公共物品投入的影响时，现金惩罚方式也是一个较为普遍的选择（Terence 等，

---

① 在 UP 实验中，惩罚是无限制的，受试者被提供完整的信息，就是有关他们所有团队合作者个人贡献的反馈。

SR 实验与 UP 实验不同，因为这里的惩罚力集中在一个受试者的手中。与之前一样，向参与者提供有关该组中同行的贡献水平的完整信息。

FOUR 实验的特点是存在唯一一个能惩罚其他合作成员的最高贡献者。这个实验的具体特征在于，这里的最高贡献者不仅在本轮获得了这个权利，而且在之后 3 轮中也具有这个权利。

TOP 实验的主要特点是，在每一轮中，只有“最高贡献者”被允许对他的组合参与者进行制裁。当参与者的贡献是组中最高的时（gi>g-i），他被评为最高贡献者。

② 人均边际回报：每增加一单位的贡献给每位参与者带来的收益。

2015；Kamei 等，2009；David 和 Marie，2008）。例如，Terence 等（2015）在探讨高成本惩罚对合作的影响时，以 20 个代币作为初始禀赋，以 50∶1 的比例实施惩罚（即实施 50 单位惩罚，需要花 1 单位成本）。通过对实验数据分析，得出高成本带来高合作的结论。

2. 声誉惩罚

"失去了名誉，人类不过是一些镀金的粪土，染色的泥块。"莎士比亚的话说明了名誉对于人的重要性。在现实生活中，除了物质的减少能给人带来利益的损失之外，当人们受到诟病、污蔑、批评时，会感到不悦和尴尬，从而感觉精神上受到损失。我们称这种对他人形象或名声的惩罚形式为声誉惩罚①。关于声誉惩罚对于公共物品合作的影响，一些学者做了很多探索。Francesca 等（2014）在探索惩罚和声誉对合作的有效性时，证明了无论是孤立的还是组合的，以惩罚和声望为基础的合作伙伴选择的结合都会导致更高的合作率。对于他人来说，形象激励（Image Motivation）往往是一种亲社会行为，即他们能够得到他人的奖励和尊重，依赖于知名度的他们，会对公共社会活动有着更高的贡献（Dan 等，2009）。

符加林等（2007）探讨在农村社区公共物品的自愿供给时，发现声誉对农村社区公共物品贡献者有很大的影响。文章指出，声誉对农户的决策行为有很大的影响，比如说，集体组织灌溉水渠是农村的一项公共物品，如果农户在劳动时偷懒，那么他的声誉就会有所损失，这种"声誉惩罚"对农户的行为有很好的约束作用，从而增加整个公共物品投入。

此外，周伟天等（2017）在改进公共物品博弈模型（即设计了空间公共物品博弈实验）时，也指出声誉对公共物品合作的有效性，他们应用蒙特卡洛数值模拟表明，声誉会促进合作水平，并认为声誉因素越大，合作水平越高。

综上所述，现金惩罚由于其可量化，易于统计性，相对于使用其他形式的社会惩罚来说，似乎更具有说服力，这可能也是众多博弈实验构建者对其偏好使用的原因。而当人们对金钱的敏感度不是很高，相对而言更在乎自己的社会地位和名誉时，声誉便会对个人产生更大的影响，声誉惩罚无疑就会显示出更好的效果。如何在现金惩罚和声誉惩罚之间做一个合理化的选择，可能与受试对象的工作、性格偏好以及其所处的社会环境等相关。具体二者谁更高效，是

---

① 本概念是从《公共物品困境中惩罚的形式与作用》（陈欣、赵国祥和叶浩生，2014）的关于金钱惩罚和社会惩罚论述中总结而来的。

未来研究的一个重点。

（三）惩罚成本与惩罚力度

1. 惩罚成本

相比于无成本惩罚，有成本惩罚是当今研究中主要的惩罚方式。Carpenter 等（2009）在实验中加入惩罚成本作为研究变量。有成本惩罚是指惩罚者需花费一定成本作为代价，以减少受惩罚对象（"搭便车者"）的所得利益的行为。在这种机制下，惩罚者做出惩罚行为后，其与被惩罚者都需付出一定成本。那么，花费成本去惩罚"搭便车者"是合情合理的选择吗？Carpenter（2007）指出，有成本惩罚比无成本惩罚更合理，原因是昂贵的惩罚会使惩罚者做出亲社会行为[①]。Egas 和 Riedl（2008）进一步研究表明，只有在利他惩罚的条件相对有利的情况下，才能维持合作，惩罚人的成本费用低，对惩罚的影响很大。

那么什么样的惩罚手段是惩罚者们喜欢的？Otsuki 等（2004）通过设计一个博弈论模型研究了这个问题。在这些情况下，人们以不同的社会准则为参考要素，来评估他人的声誉。结论表明，只有在极少数情况下，高成本的惩罚能促进合作。多数情况下，间接互惠导致高成本的惩罚对合作没有显著促进效果。同时，研究表明，有成本惩罚通常会降低社会整体效益。

于同奎（2011）在此基础上提出社会合作演化模型，探讨惩罚在合作演化过程中的作用，研究有成本惩罚能促进间接互惠性社会合作的机理。实验研究发现，在不合作者占多数的社会困境中，只有惩罚才能解决人们都不选择合作的恶性循环，并且可以加快成为合作型社会的速度。在假设社会中不断有退出和进入的个体（即引入生死机制[②]）的前提下，有代价惩罚可以使合作水平达到最大水平，对合作的促进更加明显。并且，在无信誉机制情况下，有代价惩罚仍可以达成一定程度的合作。

马博（2016）通过实验对比合作成本与惩罚成本，发现两者之间的联系：当合作的成本小于惩罚的成本时，存在有代价惩罚的合作性纳什均衡，惩罚可以促进合作水平；当惩罚的成本大于合作的成本时，惩罚不能使合作进化，合

---

① 亲社会行为又叫利社会行为，是指符合社会希望并对行为者本身无明显好处，而行为者却自觉自愿给行为的受体带来利益的一类行为。一般亲社会行为可以分为利他行为和助人行为。

② 即引入生老病死的机制。

作性纳什均衡是宽容的以牙还牙（Tid for Tad）策略。

从 Carpenter 到马博的实验研究表明，作为解决公共物品困境中的主要方式，不同设定条件下的成本惩罚的参与人具有的驱动心理不同，也会导致差异性的结果，这为后人的研究指明了方向。

2. 惩罚力度

David（2008）探讨了惩罚与福利之间的双重作用关系，其调查了惩罚对绝对收入和相对收入的影响。通过比较实验的三种处理方式，重新进行了 Fehr 和 Gächter（2000）的实验，该实验在陌生人匹配协议下进行。平等成本待遇与前一种待遇相同，只是一个惩罚点对惩罚者的成本与其对目标的成本之比等于 1。第三种待遇与第二种待遇相似，不同之处在于实施了合作伙伴配对协议以隔离惩罚的战略动机。研究结果表明，在所有的处理中，惩罚的强度在个体间的不平等水平上都会增加，付出了代价，但随着总体不平等水平的下降，惩罚逐步提高了福利。

此外，Gilbert（2013）通过实验证明，严格的惩罚比渐进惩罚更促进合作。严格的惩罚最终带来的贡献数量与没有惩罚相当，其原因为提高合作带来的好处与惩罚的社会成本相抵减。

（四）个体差异与反社会惩罚

1. 个体差异

研究者发现实验者在实验中的行为受到了基因的影响（Schroeder，2013），最初的结果表明五羟色胺系统的突变对于实验者避免惩罚的心理起到了一定作用，更深入的研究结果表明，拥有基因突变的个体在博弈实验中将会表现出更强的合作性。具体表现为，当实验中没有惩罚机制时，五羟色胺基因存在突变的个体有更强的合作性，而引入惩罚后，2A 受体基因存在突变的个体更有合作性，这可能与 2A 受体突变能够对惩罚敏感性产生影响相关（黄达强，2013）。

而另一个研究也得到了类似的结论，实验发现，尽管所有人都会在惩罚面前增加投入，但人们对惩罚的敏感度不同（郭庆科和许树芳，2015），行为抑制性焦虑水平高的个体在仅仅有惩罚警告而未落实时也会有较高的投入水平（Skatova 和 Ferguson，2013）。

这表明实验中可能会出现由于基因，或是心理上的个体差异导致的实验结果出现偏差。一方面，在实验中，个别参与者的实验数值可能与平均水平有明显差距，这类人对于实验结果的影响，不应该被划分为实验设计的结果；另一方面，对于个体差异的实验性研究，被运用于现实时，由于样本较大，个体差异变为某一类人与总群体的差异，对于这类人，应当以特定方式对待，从而更好地实现惩罚在现实中的运用。

2. 反社会惩罚

反社会惩罚是指在一个公共物品投入事件中，每个人均具有惩罚他人的权利，而参与者选择报复制裁自己以及第三方或者选择惩罚合作者的行为（Laurent，Masclet 和 Noussair，2007）。如果惩罚行为与合作和贡献水平无关，即允许反社会惩罚的存在，那么该行为将不会导致高度的合作（García 等，2012；Hauser，2014）。惩罚者惩罚"搭便车者"，"搭便车者"利益受损，其损失大于惩罚者，出于复仇心理，他们会选择惩罚惩罚者，即使需要付出成本。复仇指的是不去考虑任何代价或风险，而一味地施加惩罚在那些曾经赋予其痛苦的人身上。这句话也意味着惩罚者如果想要去惩罚"搭便车者"，那么"搭便车者"就会有强烈的报复意愿。这样会使惩罚者惩罚"搭便车者"的程度降低，进而导致参与者对公共物品投入的减少以及合作水平的降低。甚至在一些公共物品投入事件中，反社会惩罚会消除惩罚的合作促进效应（Benedikt 等，2008）。对于做出反社会惩罚行为的人群，他们的行为反映了虐待行为的基本特征（Stefan 等，2017），因为反社会惩罚缺乏理性的考虑，而仅仅是在自己利益受损的情况下做出的直觉性判断。此举会获得短时期内心的满足，但若从长远的角度看，此举会使人们参与公共物品投入的意愿和热情降低，进而损害自己以及他人的利益。

反社会惩罚的存在，将会降低公共物品博弈中参与者的合作水平。而与之相对的是亲社会行为，亲社会行为指参与者积极参加公共物品投入甚至愿意牺牲自己的利益。亲社会行为会在一定程度上促进合作（Roland 和 Jean，2006）。它更多地表现出一种自我品质和自尊意识，结合人的利己心理，它一般不会因为外在因素（如经济奖励）而改变。但是通过实验探究可知，反社会惩罚的普遍存在也是对亲社会行为的一种惩罚（Benedikt 等，2008）。其证据来自于在全球 16 个可比较的参与者群体中进行的公共物品实验。

综上所述，惩罚是促进合作的有效手段，而反社会惩罚是被惩罚者通过直觉做出的不理性的行为。与亲社会行为相比，反社会惩罚反映了一种看似利己的心理。但此举产生的原因往往在于被惩罚者的损失要大于惩罚者，体现了合作规范的不足与不完善之处。所以也警示我们合理运用惩罚这一手段。联系实际，一个国家公民薄弱的社会合作规范和法治的不健全是反社会惩罚的重要预测因素。同时，惩罚机会只有在强有力的社会合作规范的辅助下才具有社会利益（Benedikt 等，2008）。

（五）惩罚的局限性

相关学者通过研究表明，惩罚并不一定总是有作用，在一些方面的特例仍需要探讨。

陈莉（2008）采用计算机模拟的实验方法，设计出"取消惩罚"的实验。其用逆向思维研究公共物品困境中惩罚对人际信任和合作的消极影响，对惩罚和社会价值取向进行探讨。实验分为惩罚阶段和取消惩罚阶段，实验表明：惩罚的存在会降低参与者的人际信任水平，其消极影响在社会价值取向不同的参与者之间存在显著差异，亲社会型的参与者和个体价值取向的博弈者的合作程度并不相同。

此外，宋紫峰（2011）在前者基础上，补充了实验机制设计，在收入不平等环境下研究了不同惩罚机制对于公共品供给的影响。研究表明，在收入不平等环境下，引入某种形式的惩罚机制也能提高公共品供给水平。其结论补充了之前公共物品领域的研究，拓展了机制的设立条件。此外，该研究还发现不同的惩罚机制下存在差异性的实验结果，基于个体的惩罚机制所带来的效益高于基于群体的惩罚机制。

Cinyabuguma 等（2006）的实验表明，惩罚"搭便车者"可减轻"搭便车"问题，但会制造出"不正当"的激励措施，这可能会损害惩罚的好处。在实验中，惩罚行为可以减少"搭便车者"的数量，但会产生效率降低的双重"不正当"惩罚。总的来说，效率和贡献略有提高，但没有显著提高。

双重惩罚（Second-order Punishment），也称为二重惩罚。指在一个公共物品投入事业中，惩罚分为两个阶段。第一阶段，参与者根据所有人的贡献自由惩罚；第二阶段，参与者根据他人的惩罚再次进行惩罚（Talbot 等，2006）。在 VCM（Voluntary Contribution Mechanisms）[①] 实验中，共分为两个惩罚，第一阶段，一个群体中的主体，为公共物品自愿做出贡献，并根据其他人的贡献

① VCM 实验的主要步骤如下：组内有 n 个参与者；游戏进行 t 期；在每一期每位参与者有 w 个初始禀赋；选择将 w 存入公共账户或私人账户；存入公共账户的部分增值 2 倍；公共账户增值后的积分平均分给 n 位参与者；每位参与者的收益为私人账户的剩余加公共账户所得。实验分为两种类型：实验一：基准局（VCM）+随机管理决定+惩罚局；实验二：基准局（VCM）+投票选举管理者+惩罚局。

数额来进行相互惩罚（这是标准 VCM 和惩罚方式）；第二阶段，受试者根据他人惩罚来决定自己的惩罚。因此在第一阶段，个人有机会根据他人的贡献行为来惩罚对方（即一级惩罚）；在第二阶段，个人有机会惩罚彼此依据他人的处罚行为（即二次处罚）。第一阶段对高贡献者的惩罚被视为"不正当"的行为，因为低贡献者惩罚高贡献者会起到相反的作用，且不会被公众接受。但是第二阶段对高贡献者的惩罚者称为"正常"的二次处罚，是因为它在一定程度上创造了对低于高贡献者的鼓励。低贡献的惩罚者"倒行逆施"，因为它削弱了激励措施，这反过来削弱了低贡献者增加其贡献的动机。所以总体而言，二次处罚对于合作的促进效用不高，也无法抵制不正当的惩罚行为。

以上所述为双重惩罚的一般模式，关于将其与特定的参与公共物品投入的方式联系（如互惠行为等）在一起的情况，Talbot 等（2004）也对此通过实验探究进行了说明。公共物品中的互惠行为之所以被理解，是参与者愿意投入贡献以及允许对"搭便车者"进行惩罚（Fehr 和 Gachter，2000）。但是若其他个体对互惠群体进行惩罚，此时的惩罚和贡献都会受到影响。这种更深层次的惩罚会使不正当惩罚出现的频率加大。

所以双重惩罚并不会起到促进合作的作用，反而会让有些被惩罚者借此机会去报复高贡献者或互惠群体，同时也有可能导致惩罚机制的紊乱，所以必须谨慎使用该机制。

（六）文献述评

将惩罚引入公共物品博弈，有利于解决公共物品博弈参与者合作的问题。就惩罚者而言，实验参与者基于他人"搭便车"所带来的利益损失会实施惩罚行为，这种行为可以提高公共物品总投入量。后续研究证明了集权的单人惩罚比多人惩罚更有效；之后，第三方惩罚被引入实验，研究证明了第三方对于人们责任的唤起有重要推动作用。就惩罚的形式来说，现金惩罚和声誉惩罚是两种行之有效的手段。考虑惩罚付出的成本时，研究表明，不同设定条件下，成本惩罚的参与人会导致差异性的结果；考虑到惩罚施予力度时，严格的惩罚比渐进惩罚更促进合作，严格的惩罚最终带来的贡献数量与没有惩罚相当。

然而，相关研究中避免不了个体差异和反社会行为对实验结果造成的偏差。更有趣的是，惩罚并不总是有效的，其在人际信任、群体规模、双重惩罚等方面仍有一定的局限性。

综合前人的研究结果，未来关于惩罚的研究展望主要有以下三个方向：

其一，对于惩罚力度和惩罚成本之间的矛盾问题的探讨。一方面，学者证明了为了减少惩罚的滥用，惩罚权力需要成本；另一方面，力度大的惩罚能有效减少"搭便车"行为并且促进合作，然而，惩罚成本则会在一定程度上减少惩罚者的惩罚意愿，从而影响惩罚的最终效果。未来的研究方向在于如何缓解两者的矛盾。

其二，对于惩罚与社会成本之间关系的探讨。学者证明了严厉的惩罚能有效促进合作，但是合作所带来的好处与惩罚的社会成本相抵消。未来的研究方向在于：现实问题中，由于惩罚本身具有社会成本，如何找到一个合适的惩罚尺度标准使合作带来的好处大于惩罚消耗的社会成本是一个待解决的问题。

其三，对于在不同情况下对现金惩罚和声誉惩罚的抉择问题的讨论。理论上，目前并没有文献说明在各种具体的条件下如何做出最优惩罚方式的抉择（现金和声誉）。现实中，应该结合环境在两者间做出惩罚方式的抉择（选其一或者同时使用）。未来的研究方向在于，寻找和探讨某种方式作为最优抉择的实验条件和社会环境。

四、实验设计与假设

（一）实验设计

参照 Fehr 和 Gachter（2000）以及 Fehr（2004）所做的实验，他们分别在公共物品实验中引入相关者惩罚和在最后通牒博弈、囚徒困境博弈中引入第三方惩罚。本书在他们的研究基础上加以改进，主要是把相关者惩罚和第三方惩罚同时进行，并且首次引入了相关者惩罚—第三方惩罚的双重惩罚机制。双重惩罚机制就是在相关者惩罚者进行惩罚之后，第三方在惩罚者惩罚的基础上再次进行惩罚。实验目的主要是比较三种惩罚方式对于人们公平偏好选择的影响，以及人们惩罚的动机及有效性。

1. 实验具体设计

实验整体实验包括 4 个实验局，分别是基准实验局（S-treatment）、相关者惩罚局（RP-treatment）、第三方惩罚实验局（TP-treatment）、相关者惩罚—第三方惩罚实验局（DP-treatment），四个实验局相互独立进行。实验总计需要 42 个人，分别是 S-treatment 和 RP-treatment 共有 3 组，每组 3 个人；TP-treatment 和 DP-treatment 分别有 3 组，每组 4 个人。每个实验都是独立进行的，每个参与者只能参与一种类型的实验。

（1）基准实验局（S-treatment）。在该实验中，每 3 个人一开始由实验工作人员乱序分发所编定的序号，随机分为一组，在随后的实验中仍然是随机进行编组。在每一轮实验开始时，每个人都有 50 点的筹码，他们共同对某个项目进行投资。小组中每人对项目投资后，不管投资多少，均可以从项目中获得投资回报。每人从项目中的每单位投资获得的收益是相同的，即 0.5。每个人可选择投资 0~50 点的筹码，如果他选择投资 X 个筹码，与他同组的其他两个人分别投资 Y 个、Z 个筹码，那么他在这一轮结束时所获得的收益为 50−X+0.5×(X+Y+Z)。随后的几轮以此类推，这个实验总共进行 10 轮，各轮实验的收益叠加，就是每个人这次实验最终的收益。

（2）相关者惩罚实验局（RP-treatment）。相关者惩罚实验基本的实验设置与无惩罚的 S-treatment 相同，区别主要在于相关者惩罚实验的每轮都包括两个阶段：投资阶段和惩罚阶段。第一阶段即投资阶段，与 S-treatment 一样；完成投资之后进入惩罚阶段，每个小组成员知道了其他成员的投资额，之后由实验的工作人员宣布收益最低的小组成员，并请其他两位小组成员决定是否对其进行惩罚，只要有一位成员决定进行惩罚，惩罚就会发生。但是惩罚需要付出成本，每惩罚其他人 1 单位收益，自己就需要付出 1 点的货币成本；同样，被惩罚者就会损失 3 倍单位的收益①。因此，每个小组成员每轮所获得的收益等于第一阶段收益减去他收到其他 2 人减少他收益的数额（或者减去他付出的惩罚成本）。以此类推，实验总共进行 10 轮，最终每个人的总收益为 10 轮收益的累计相加。

（3）第三方惩罚实验局（TP-treatment）。第三方惩罚实验基本的实验设置与无惩罚的 S-treatment 相同，主要差别在于第三方惩罚实验的每轮都包括两个阶段：投资阶段和惩罚阶段。第一阶段为投资阶段，与无惩罚的 S-treatment 一样；完成投资之后，就进入了惩罚阶段，由实验工作人员宣布各个小组的投资情况，之后对担任第三方的 3 个人进行随机编组。编组之后，向第三方宣布将要被惩罚的人，请第三方做出惩罚的决策，第三方的初始点数为 75 点。但是惩罚需要付出成本，每惩罚其他人 1 单位收益，自己就需要付出 1 点的货币成本；同样，被惩罚者就会损失 3 倍单位的收益。那么，第三方的这一轮的最终收益就是他的初始金额减去惩罚付出的成本；受到惩罚的相关者的收

---

① 参考 Fehr（2004）。

益就是第一阶段的收益减去被惩罚所损失的收益；没受到惩罚的相关者的收益等于第一阶段的收益。以此类推，该实验进行 10 轮，实验参与人员的最终收益就是每轮收益的累计相加。

（4）相关者惩罚—第三方惩罚实验局（DP-treatment）。相关者惩罚—第三方惩罚的双重惩罚实验基本实验设置与 RP-treatment 相同，区别主要在于增加了一个第三方惩罚阶段，主要包括投资阶段、相关者惩罚阶段和第三方惩罚阶段。投资阶段和相关者惩罚阶段与 RP-treatment 相同，在此不再赘述。当相关者惩罚完成之后，对第三方进行随机分组，然后告知第三方各组的投资情况，并进行对投资最低者的惩罚与否的决策。但是惩罚需要付出成本，每惩罚其他人 1 单位收益自己就需要付出 1 点的货币成本；同样，被惩罚者就会损失 3 倍单位的收益。那么，第三方的这一轮的最终收益就是他的初始金额减去惩罚付出的成本；受到惩罚的相关者的收益就是第二阶段的收益减去被惩罚所损失的收益；没受到惩罚的相关者的收益等于第二阶段的收益。以此类推，该实验进行 10 轮，实验参与人员的最终收益就是每轮收益的累计相加。

2. 收益函数的确定

实验收益是公共项目中的贡献总量乘于一个特定系数 α，在公共物品博弈实验中，一般要求 α 必须满足 $0 < \alpha < 1 < n\alpha$，而在具体实验中，它的值在 0.4～0.6，Decker 等（2003）为 0.4，Carpenter（2007）为 0.5。考虑到在第三方惩罚中把第三方的原始筹码设置为 75 点，参与者贡献全部数额为 150 点，本书把 α 定为 0.5，这样当小组中达到全部合作时，就能够与第三方的收益持平，保证了实验参与者之间收益的相对公平。

（1）在 S-treatment 中。个人的收益函数为：

$$U_{i1} = y - g_i + 0.5 \times \sum_1^n g_j \qquad (6-1)$$

（2）在 RP-treatment 中。个人的收益函数为：

$$U_{i2} = y - g_i + 0.5 \times \sum_1^n g_j - c_{ij} - 3 \times \sum_{j \neq i} c_{ji} \qquad (6-2)$$

（3）在 TP-treatment 中。小组内成员的个人收益函数为：

$$U_{i3} = y - g_i + 0.5 \times \sum_1^n g_j - 3 \times c_{ji} \qquad (6-3)$$

第三方的个人收益函数为：

$$U_{i4} = y - g_i - c_{ij} \qquad (6-4)$$

（4）在 DP-treatment 中。小组内成员的个人收益函数为：

$$U_{i5} = y - g_i + 0.5 \times \sum_1^n g_j - c_{ij} - 3 \times \sum_{j \neq i} c_{ji} \qquad (6-5)$$

第三方的个人收益函数为：

$$U_{i6} = y - g_i - c_{ij} \qquad (6-6)$$

其中，U_{i1} 表示个人收益，y 表示个人的初始值，g_i 表示个人的投资额，$\sum_{1}^{n} g_j$ 表示小组成员投资额的总和，c_{ij} 表示个人参与惩罚的点数，$\sum_{j \neq i} c_{ji}$ 表示个人被惩罚的点数。

实验结束之后，实验参与者的最终全部收益按照 25 个点 = 1 元的比例进行现场兑付，并且每位参与者都有 5 元的出场费。

（二）实验假设

根据"理性人"假设，人是自私自利的，往往会做出更加利己的方案，也就是会追求自身利益的最大化。特别是对于没有任何约束机制的公共物品投资实验来说，每个人肯定都不会进行投资。所以在现实社会中，会设计出各种惩罚机制来约束人们的行为，促使其进行合作。

在标准的没有惩罚的实验中，Ledyard（1995）总结的关于一系列标准公共品博弈实验的文献的规律基本上一致，即在实验刚开始的几轮，人们一般会投资 40%~60% 的初始值，但是随着实验的重复进行，投资水平就会逐渐降低，最终接近于很低的 10% 左右，但还是会显著大于 0。然而 Fehr 和 Schmidt（1999）发现了免费的"搭便车者"将会受到惩罚的威胁时，会促进他们进行合作，也就是进行更多的投资额。由此可见，当惩罚的威胁存在时，人们就会迅速地调整自己的投资额，从而使自己免受惩罚。随后，Anderson 和 Putterman（2006）做的有相关者惩罚机制的公共物品博弈实验的贡献率为 70%，Decker 等（2003）为 73%。第三方由于不公平厌恶（Fehr 和 Schmidt，1999）、利他等社会偏好的影响，确实会对"搭便车者"进行惩罚。Fehr 和 Fischabacher（2004）在实验中发现，有 60% 左右的第三方会去惩罚违背规范的人，证明了第三方惩罚确实存在。因此做如下假设：

假设一：惩罚机制的存在，能够显著地提高公共物品博弈中人们的自愿供给水平。

在单重惩罚机制的情况下，由于实验参与者的偏好是异质的，部分参与者存在侥幸的心理，认为偶尔一次的"搭便车"被惩罚的概率会很低；同时，部分参与者由于成本的考虑，不会对投资最低的参与者进行惩罚。这些因素增加了合作的波动性和不确定性。然而，如果在双重惩罚机制下，人们"搭便车"的行为将会受到惩罚的威胁更大，所以将促使人们去向公平的选择方向靠拢，为了免于受到惩罚，将会投资更多的点数。因此做如下假设：

假设二：双重惩罚机制促成合作的程度要高于单重惩罚机制。

由于各个实验局是多次重复的博弈实验，在实验中，人们往往会根据上一期的组内成员的投资情况和自己的收益，随机调整自己的策略。在博弈过程中根本没有所谓的最优策略，竞争双方（或多方）在不断改变策略的过程中进化，谁跟不上形势，谁就被淘汰（Richard，1941）。同时根据理性人的假设，为了不让自己的收益再受到损失，理性人肯定会调整自己的收益额。惩罚的威胁越大，调整的幅度就会越明显。因此做如下假设：

假设三：惩罚机制下，受到惩罚的人们会在下一轮迅速地调整自己的投资额，双重惩罚机制调整的幅度更大。

结合假设二和假设三，可以得出结论，双重惩罚下，对背叛者的威胁更大，背叛者的损失也就更高，为了不损失，合作就成了第一选择。因此，做如下假设：

假设四：双重惩罚机制作用下，人们会有明显的占优策略，即进行完全合作；而在单重惩罚机制下，不存在明显的占优策略。

（三）实验过程

实验过程大致包括三个部分。首先，所有被试进入实验室之后，实验人员向所有被试宣读实验说明，主要包括实验内容、收益的组成和计算方法以及其他注意事项。其次，实验按照计划进行，实验人员控制实验的进程，并且随时处理一些突发状况。最后，按照事先的约定根据被试的实验结果进行收益的兑付。

为了保证实验的内部有效性，我们采用了匿名并且完全陌生的搭配方式，每一轮实验都会随机地进行搭配；不告知实验者实验的目的及轮数，降低了参与者的预期；决策过程中，参与者不能交流，保证决策的独立完成；每个实验都进行了小规模的测试，并且正式开始实验之前进行了两轮的预实验，保证了参与者完全了解实验的规则；同时现金当场进行兑付，这样就保证了实验的内部有效性，并且消除了声誉机制对实验可能造成的影响。

按照实验设计的安排，S-treatment 和 RP-treatment 在 2016 年 3 月 9 日的晚上进行；TP-treatment 和 DP-treatment 在 2016 年 3 月 10 日的下午进行（见表 6-1）。每个实验都随机分成了 3 个小组，每轮实验过后都重新进行组员的分配，但是每一个实验参与者在实验开始之前都会获得一个固定的编号，这样就方便在实验结束之后给参与者支付收益。每个实验大约持续一个多小时，用纸片进行，每名被试者都被要求保持一定的距离，避免他们之间的相互交流。

表 6-1 各实验局的实验情况

场次	实验时间（2016 年）	实验地点	人数	实验局
1	3 月 9 日 18：30 ~19：30	翔宇楼 4 层机房	9	S-treatment
2	3 月 9 日 19：50 ~21：20	翔宇楼 4 层机房	9	RP-treatment
3	3 月 10 日 14：00 ~15：1 0	教研楼 418 室	12	TP-treatment
4	3 月 10 日 15：20 ~16：40	教研楼 418 室	12	DP-treatment

五、实验结果分析

整个实验于 2016 年 3 月在北京第二外国语学院的本科生群体中完成，每个实验大概持续 70 分钟，每个参与者大概有 20 多元的收益，鉴于实验在严格的控制条件下进行，实验过程没有出现影响实验效果的意外情况，并且实验收益要高于学校目前的助管助教岗位的补贴（大概为 1 小时 10 元），而且随后的访谈中，被试纷纷表示都很在意他们的实验收益，所以实验的数据是可以使用的。

关于学生被试的样本代表性问题，诺贝尔经济学奖获得者 Smith 指出只要符合三大实验设计原则，实验的结果就是可信的。一是采取"随机化"方法，被实验者的选取、角色的分配均随机产生；二是要保密实验意图，十分小心地讲解实验，不出现暗示性术语，以防止被实验者在实验前对行为对错已有判断；三是使用"价值诱导理论"（Induced Value Theory），诱导被实验者发挥被指定角色的特性，使其个人先天的特性尽可能与实验无关（董志勇，2008）。本实验的设计和实施完全符合这三大原则，样本具有一定的代表性。

以下将对实验的数据进行分析，将依次分析各个实验自愿投资的总体情况，再分析个体的投资行为、惩罚行为的表现及其影响，最后对实验中的相对占优策略进行分析。

（一）实验的总体投资情况

表 6-2　S-treatment 基本数据

	第1轮	第2轮	第3轮	第4轮	第5轮	第6轮	第7轮	第8轮	第9轮	第10轮	总额
均值	14.3	13.9	16.9	19.3	14.3	8.8	11.1	8.9	5.6	6.8	12.0
投资率（%）	29	28	34	39	29	18	22	18	11	14	24

表 6-3　RP-treatment 基本数据

	第1轮	第2轮	第3轮	第4轮	第5轮	第6轮	第7轮	第8轮	第9轮	第10轮	总额
均值	41.2	44.0	46.9	48.8	44.4	28.3	38.6	44.7	43.9	35.0	41.6
投资率（%）	82	88	94	98	89	57	77	89	88	70	83

表 6-4　TP-treatment 基本数据

	第1轮	第2轮	第3轮	第4轮	第5轮	第6轮	第7轮	第8轮	第9轮	第10轮	总额
均值	37.1	37.6	29.3	34.7	28.8	33.6	25.4	28.4	32.8	32.0	319.67
投资率（%）	74	75	59	69	58	67	51	57	66	64	64

表 6-5　DP-treatment 基本数据

	第1轮	第2轮	第3轮	第4轮	第5轮	第6轮	第7轮	第8轮	第9轮	第10轮	总额
均值	43	48.4	43.9	43.9	44.2	40.0	49.3	39	44.4	31.8	42.8
投资率（%）	86	97	88	88	88	80	99	78	89	64	86

结论1：在 S-treatment 中，人们仍然会进行投资。

从表6-2和图6-1可以看出，在没有惩罚威胁的情况下，整体的投资额仍然是一个正值，每人平均的投资额为12点，即24%的初始禀赋。在前五轮的实验中，基本上保持在30%的投资额，在第4轮达到39%，接近于40%的投资额；随着实验轮数的增加，投资额开始出现急剧下滑，最后的投资额到了10%左右。总体来看，投资额即人们的自愿贡献值是一个下降的趋势。

这与 Ledyard（1995）总结的关于一系列标准公共品博弈实验的文献的规律基本上一致，即在实验刚开始的几轮，人们一般会投资40%~60%的初始值，但是随着实验的重复进行，投资水平就会逐渐降低，最终接近于很低的10%左右，但还是会显著大于0。这些实验结果与理性人假设条件下，预测人们会投资 0 点，即"搭便车"的假设明显不符。所以可以得出结论 1。

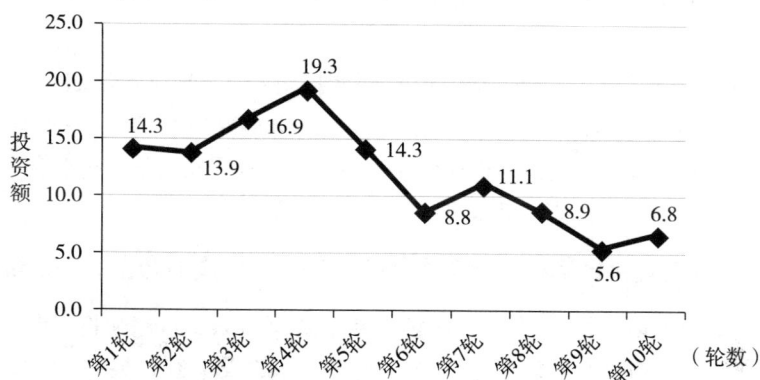

图 6-1　S-treatment 平均投资额

结论 2：存在惩罚机制威胁下，可以显著且稳健地提高人们的合作水平。

从表 6-3 可以看出，RP-treatment 中，整体的平均贡献率为 83%，远远高于 S-treatment 的平均贡献率，提升了近 60%，增加了 3 倍之多。这一贡献率与 Anderson 和 Putterman（2006）的有惩罚机制的公共物品博弈实验的 70% 贡献率、Decker 等（2003）的 73% 贡献率相比，要高出 10% 左右。由此可以看出，在我们的实验中，惩罚的威胁对人们行为的约束作用要更强。并且平均的贡献率是在波动中有一个稳定的上升趋势，与 Fher 和 Gachter（2000）的带有惩罚机制的博弈实验的结论是一致的。

在 RP-treatment 中，第 4 轮收敛到了 98%，接近于全部合作的水平。然而第 5 轮有免费的"搭便车者"出现，并且没有受到比较严厉的惩罚，损失的收益比较小，就导致了大家的不公平感的出现，从而影响到了大家的合作意愿，因而第 6 轮出现了更多的"搭便车者"。然而这种现象并没有持续太久，有更多的合作者出现，并且对这些免费的"搭便车者"进行严厉的惩罚，"搭便车者"失去了很大的收益，从而"搭便车"不再是一个很好的策略，致使"搭便车者"进行了部分投资，才使第 8 轮的合作意愿达到了又一个高值，接近于 90%，重新趋于稳定状态。这就说明通过一定的惩罚制度设计，能够有效地诱发个体的社会偏好，排挤掉个体的利己之心，从而达成合作；但是，个体私利也有可能会激励利己之心，从而挤出个体的社会偏好，使合作难以持续（Frey 和 Jegen，2001）。

从表 6-4 可以看出，在 TP-treatment 中，第 2 轮达到了一个 75% 的平均贡献值，是这局实验的峰值，总体的平均贡献值达到了 64%，比 S-treatment 高出了很多。从表 6-5 可以看到，在 DP-treatment 中，人们的平均贡献值为 42.8，贡献了 86%，最高值出现在第 7 轮，贡献率达到了 99%，接近于全部合作的情况。

运用 STATA 软件对 4 个实验每轮的平均投资额数据进行 Kruskal-Wallis 秩和检验，S-treatment 与 RP-treatment（p = 0.000098）、TP-treatment（p = 0.007843）、DP-treatment（p = 0.000014）的差异都是非常显著且稳定的，这就充分地支持了结论 2，同时也证明了假设 1。

结论 3：双重惩罚机制相较于单重惩罚机制，所促成的合作水平是最好的。

从图 6-2 中可以看出，没有惩罚情况出现的 S-treatment 的平均投资额是最差的；而在双重惩罚机制的威胁下，DP-treatment 的投资额是最高的，人们的合作意愿都很强烈，四个实验的投资额关系为 S-treatment<TP-treatment<RP-treatment<DP-treatment。DP-treatment 的双重惩罚机制下，完全合作的次数是最高的，这也就支持了结论 3。

同时，从图 6-2 可以看出，在显著性 0.05 的水平下，TP-treatment 与 DP-treatment 是有显著差异的（p = 0.037），DP-treatment 与 RP-treatment 没有显著差异。但是 DP-treatment 的秩平均是最大的（26.5），高于其他实验。这也就支持了结论 3，证明了假设 2 是成立的。

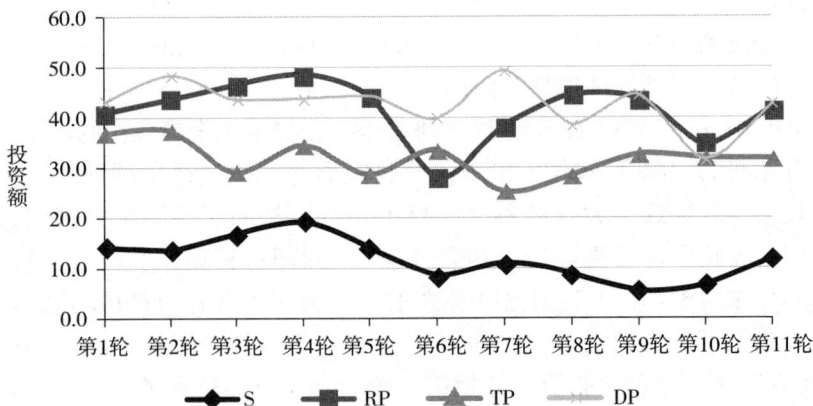

图 6-2　4 个实验每轮平均投资额

（二）惩罚力度分析

结论 4：在 RP-treatment 中，惩罚者的投资额越大，惩罚点数也就越高。

　　根据统计结果，总共应该发生 60 次惩罚，而实际上发生了 35 次，即 58%
的惩罚实际上发生了。去掉投资相同的惩罚者之后，在还剩下 10 组的惩罚中，
投资最高的投资者共有 8 次的惩罚水平超过了投资次高的投资者（见表 6-6），
并且投资次高的投资者竟然有 6 次并没有惩罚，也就存在了惩罚的"搭便车"
行为。这是因为投资最高的人公平的感知最强烈，如果有人选择了"搭便
车"，心中就会有种强烈的不公平感，而这种情感就会促使他去惩罚投资最少
的人。这些证据就支持了结论 4。

表 6-6　投资额与惩罚点数的关系

组数	投资差额	惩罚点数之差
1	10	2
2	10	5
3	10	26
4	10	10
5	4	−4
6	15	12.5
7	5	2
8	5	−15
9	18	8
10	10	26

结论 5：在 RP-treatment 中，存在少量的反社会惩罚行为。

　　我们在 RP-treatment 中规定了当小组成员的贡献额相同时，会随机决定 1
个人为受惩罚者，其他 2 名小组成员为惩罚者。当小组中的成员都付出了全部
的投资额时，理论上讲，因为他贡献了全部的投资额，小组中的成员就不会对
其进行惩罚，因为这种行为损人更不利己。但在我们的实验中发现了有意思的
事情，当小组中的成员倾其所有时，仍然有小组成员对他进行惩罚。通过文献
检索我们发现，这一行为是稳健地存在于公共品博弈实验当中的，有相当一部
分惩罚是指向合作者的，同时也给合作带来了一定的伤害（Herrman 等，
2008；Nikiforakis，2008；Egas 和 Riedl，2008），文献中笼统地把这些行为称
为反社会行为。

　　为了弄清他们这种行为的深层次原因，我们对当事者进行了访谈。对于当
事者 1 的访谈中，他说到自己惩罚的目的是为了拉开大家收益的差距，如果自

己不进行惩罚的话，大家的收益都是一样的；如果自己进行了惩罚，就能确保自己的收益不是倒数的。这种行为在现实生活也有可能是存在的，就是为了不使自己的处境和待遇跟别人一样，不考虑自己的利益得失，而是考虑自己失去了部分利益，可能会使别人的处境变得更差，而这个结果就保证了自己不是最差的。

对于当事者 2 的访谈中，他说到这种情况下如果不惩罚，就觉得没有意思，随后查找他前期的惩罚情况，发现往往他的惩罚力度是最大的。他的这种行为就是为了追求刺激和享受惩罚的权利，惩罚可能会给自己带来某种满足，行使自己的权利，会带来一定的效用，不一定是物质的收益。实现了某种权利、满足感形成的效用转换，他看重对于权利的追求，即使会使他放弃很多东西，但权利感带给他的效用是非常大的。

结论 6：第三方惩罚确实会存在。

在 TP-treatment 中，在 30 次应该执行的惩罚中，第三方实际执行了 14 次，执行率达到47%。Fehr 和 Fischabachter（2004）的实验发现，有 60%左右的第三方会去惩罚违背规范的人，证明了第三方惩罚确实存在，与我们的实验结果一致。

在 DP-treatment 中，第三方应该执行惩罚的次数为 30 次，实际上执行了 23 次，这样实际上第三方惩罚就达到了 70%，而且还有 2 次是在相关者没有进行惩罚的情况下，对出 0 的人实施了严厉的惩罚。由此可见，在双重惩罚条件下，第三方的惩罚比单纯的第三方惩罚的惩罚率更高，力度更大。

结论 7：在惩罚实验中，被惩罚者会迅速调整投资策略；双重惩罚机制下，调整的幅度更大。

用 SPSS 对三个惩罚实验局中，被惩罚者在惩罚前和惩罚后的投资值进行配对样本 t 检验，通过分析可以看到，被惩罚者调整投资额在 0.1 的显著性水平下都是显著的，提升的投资额的均值分别为：RP-treatment 为 11.14286，TP-treatment 为 7.81481，DP-treatment 为 18.55556。双重惩罚下，提升的投资额更高。同时在 DP-treatment 中 t 值最大（3.893），说明惩罚前后的投资额差异很大。这也就支持了结论 7，证明了假设 3。

表 6-7　RP-treatment 惩罚前后投资额成对样本统计量

	均值	N	标准差	均值的标准误
惩罚后	39.0476	21	16.89815	3.68748
惩罚前	27.9048	21	17.35484	3.78714

表 6-8　RP-treatment 惩罚前后的投资额成对样本检验

	均值	标准差	均值的标准误差	95%置信区间		t	df	Sig.（双侧）
				下限	上限			
惩罚后-惩罚前	11.14	17.10	3.73101	3.36011	18.92560	2.987	20	0.007

表 6-9　TP-treatment 惩罚前后的投资额成对样本统计量

	均值	N	标准差	均值的标准误
惩罚后	26.8519	27	15.49864	2.98272
惩罚前	19.0370	27	14.72957	2.83471

表 6-10　TP-treatment 惩罚前后的投资额成对样本检验

	均值	标准差	均值的标准误差	95%置信区间		t	df	Sig.（双侧）
				下限	上限			
惩罚后-惩罚前	7.81	22.80	4.39	-1.21	16.83	1.781	26	0.087

表 6-11　DP-treatment 惩罚前后的投资额成对样本统计量

	均值	N	标准差	均值的标准误
惩罚后	42.9444	18	16.05678	3.78462
惩罚前	24.3889	18	22.00572	5.18680

表 6-12　DP-treatment 惩罚前后的投资额成对样本检验

	均值	标准差	均值的标准误差	95%置信区间		t	df	Sig.（双侧）
				下限	上限			
惩罚后-惩罚前	18.56	20.22	4.77	8.50	28.61	3.89	17	0.001

（三）占优策略的讨论

在 S-treatment 中，通过对比投资额和收益情况发现，完全合作并不是一个好的策略，投资越少的人，收益越高；反之，投资越多的人收益却越低。所以在 S-treatment 中，完全不合作是占优的策略，这同"经济人"假设的预测是一样的。在 RP-treatment 和 TP-treatment 中，没有较好的策略存在，实验的过程是一个完全动态的调整过程，情况较为复杂，需要参与者随着实验的进行而随机进行调整。

在 DP-treatment 中，通过对投资额与收益额进行 Pearson 相关性检验，发现投资额和收益额之间的相关性在 0.1 的显著性水平下是显著的（p=0.052），接近于 0.05，相关系数为 0.663，强正相关（见表 6-13）。即双重惩罚机制下，完全的合作是非常好的策略，这就支持了假设 4。由此得出：

结论 8：单重的惩罚机制下，并没有较为明显的占优策略，需要参与者不断地进行策略调整；双重的惩罚机制下，完全合作则是较为明显的占优策略。

表 6-13　DP-treatment 投资额与收益额相关性

		投资额	总收益
投资额	Pearson 相关性	1	0.663
	显著性（双侧）		0.052
	N	9	9
总收益	Pearson 相关性	0.663	1
	显著性（双侧）	0.052	
	N	9	9

六、结论与展望

（一）研究发现

本书通过设计带有单重惩罚机制和双重惩罚机制的公共物品实验，每个实验都独立进行了 10 轮，并做了没有惩罚的基准局实验进行对比，提出了 4 个研究假设，以此来研究惩罚的有效性。实验按照设计的安排进行了展开，之后通过数据分析和部分访谈的方法，对实验的假设进行了验证，4 个假设均被证实。

研究发现如下：惩罚的存在，显著地提高了人们的合作程度；双重惩罚机制下促成合作的程度要优于单重惩罚机制；在惩罚的威胁下，被惩罚者会大幅度地调整投资额，双重惩罚机制调整的幅度会更大；单重的惩罚机制下，并没有较为明显的占优策略，需要参与者不断地进行策略调整；双重的惩罚机制下，完全合作则是较为明显的占优策略；惩罚机制的作用下，会存在少量的反社会决策行为等。这些研究发现丰富了目前惩罚领域的研究，为公共领域和管理领域的政策制定提供了丰富的理论基础。

（二）政策建议

总体来说，惩罚机制的设计对人们的行为产生了一系列的影响。首先，惩罚机制的设计可以有效并且稳定地提高人们的公共品自愿贡献水平。其次，但是不同的惩罚机制带来的贡献水平是有差异的，双重惩罚机制要明显好于其他两种惩罚机制。因此，我们在制度的设计过程中，要充分地考虑到要让更多的第三方有知情权和监督的权利，并赋予他们这样的权利，才能真正地使人们做出公平的选择。最后，惩罚行为的发生，主要是针对那些违背公平准则的人而实施的，在之后，这些违背规则的人就会根据自己受惩罚的情况而调整自身的策略，来使自己的行为符合公平的准则。

在现实生活中，相关者的惩罚在维持人们合作中发挥的作用非常有限，尤其是在群体规模比较大的集体活动中。同时，由于成本比较高，而且惩罚过程中内耗过大，造成了整体效率的低下。如果在相关者惩罚中再添加更多的第三方惩罚的角色的话，对规则背叛者的威胁会更大，他们的合作水平也会更高，这样就会在很大程度上提高群体活动的效率。

事实上，国家司法监管系统和媒体就是在担任第三方惩罚这一职责，同时，我们大多数人其实也是一个很好的第三方，对于社会上一些不公平或者违法现象的存在，确实会有人愿意付出自己的利益去进行惩罚或者是施以援手。当面对不公行为时，及时地帮助相关者，就是俗话所说的"路见不平，拔刀相助"这一行为，对施加不公平的对象予以惩戒。

（三）研究局限与展望

第一，样本量较小，虽然能反映出一部分人在惩罚机制的作用下，对于公平的感知和选择，但并不足以反映出在中国情境下，中国公民整体的公平偏好特征。未来需要进一步扩大实验的样本量，考虑学生以外的群体，其他比如年龄、性别、工作类别等因素的差异对公平偏好的影响。

第二，由于前期我们研究团队对 Z-tree 编程语言不太了解，就请了外部的老师对我们的实验进行了编程，然而临近实验前期，测试中发现了问题，不能用电脑进行，导致整个数据统计分析工作显得非常耗时。下一步将加大对 Z-tree 实验程序的学习，争取实现计算机环境下的实验。

第三，在 RP-treatment 中，我们发现投资额在第 4 轮达到了一个最高值之后，随后几轮会出现下降，然后第 7 轮会开始上升，之后在第 8 轮达到另一个峰值（见图 6-3）。而在 Fehr（2000）的相关者惩罚实验中也出现了一个双峰值（见图 6-4），这是一个巧合还是有更深层次的原因呢？有待于进一步的研究分析。

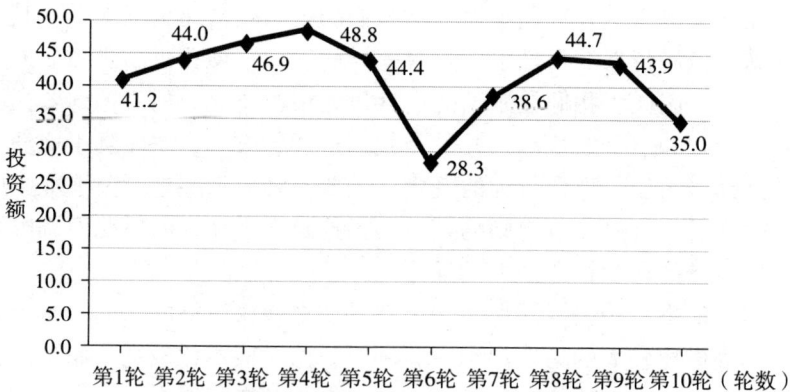

图 6-3　RP-treatment 实验数据

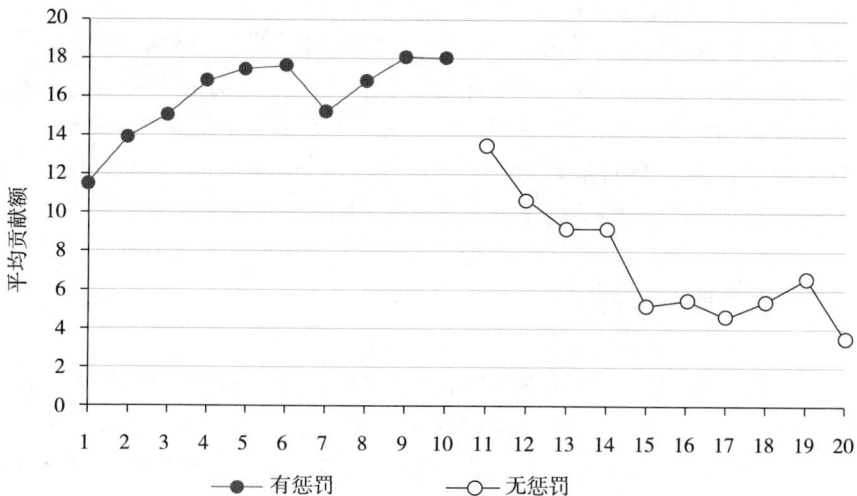

图 6-4　Fehr（2000）实验的数据

第七章

物质惩罚与声誉惩罚对公平的影响

——基于信任博弈实验的研究

一、研究背景与意义

（一）研究背景

信任，是现代经济活动的基本特征之一，是人类合作和社会协调的基础，作为一种重要的社会偏好对人们的决策行为产生巨大影响。在宏观层面上，信任有利于经济的发展（Arrow，1972；Fukuyyama，1995）。例如，Kanck 和 Keefer（1997）利用不同国家的数据发现，更高的信任与更高的 GDP 紧密相连；此外，社会中更高的信任往往也和更公正的司法系统、更高效的政府机构、更少的社会腐败和更快的经济发展相关（Guiso，Sapienza 和 Zingales，2004；La Porta，Lopez-de-Silanes，Shleifer 和 Vishny，1997）。在微观层面上，组织中的信任往往能使企业降低成本（Frank，1998）和人才流失率（Dirks 和 Ferrin，2002），同时也能增加企业员工积极的行为（Dirks 和 Ferrin，2002；Konovsky 和 Pugh，1994）。

（二）研究意义

1. 理论意义

传统的经济学理论认为人是完全自私自利且理性的，也就是纯粹的"经济人"。受自利偏好的影响，人们必然会去追求自身利益的最大化。然而，随着经济学的进展以及实验经济学的大量数据的验证，越来越多的学者开始对"经济人"假说提出质疑。在信任博弈中，人们的信任及可信任行为用传统经济学中的"利己"观点也无法解释。

近几十年来，实验经济学家们在进行了大量的博弈实验后，发现人们往往具有社会偏好，如不公平厌恶、互惠和利他等偏好，进而逐渐形成了社会偏好理论，且用此解释信任博弈实验中人们的信任和可信任行为。梳理现有的文献发现，我国学者对信任问题的研究相对滞后，较多的理论还是借鉴国外的理论成果，社会学、心理学研究较多，而经济学和管理学研究较少，且已有的研究多半集中于信任的定义、测度和影响因素等方面，而对信任的机制研究较少，以定性探讨居多，而缺乏相应的实证研究和数据调查，什么样的机制能够促进人们信任关系的建立，目前还缺乏相应的解决方案。

在前人已有研究的基础上，我们发现惩罚是维护信任和可信任的重要机制。因此，本章在国内外信任研究的基础上，进一步探究惩罚机制对信任的影响，分析声誉惩罚和物质惩罚这两种不同机制对信任和可信任的影响。本章的研究不仅有助于加深人们对惩罚机制和信任的理解，还有利于人们进一步研究社会偏好理论对人们行为的影响。

2. 现实意义

改革开放以来，我国各项事业都取得了巨大的成就。人们的物质生活水平也得到大幅度提升，相互之间的交流也逐渐增多。然而人们之间的信任却并没有随之增加，社会上甚至发生了严重的"信任危机"，从 2008 年震惊全国的"三鹿奶粉事件"到 2016 年的"3·15"晚会上曝光的饿了么"黑作坊事件"，企业的失信行为屡屡发生。同时，调查数据显示，我国的社会信任在近几年出现多次下滑。2017 年，中国社科院社会学研究所发布的研究报告指出，目前社会信任长期处于较低水平，社会信任困境依然没有出现扭转的迹象。显然，人与人之间的信任水平并没有随着经济的发展而上升——社会上发生了严重的"信任危机"。对此，重新建立和修复基本信任关系，减少社会和经济的交易成本，无论对于企业还是政府来说都是一个亟须解决的重大问题。本章从惩罚机制设计的角度来研究如何提升人们的信任，对于我们当前面对的信任危机问题具有重要的现实意义。

二、研究的思路与方法

（一）研究思路

本章以惩罚机制对人们信任的影响为主题，并在经典信任博弈的基础上引入物质惩罚机制和声誉惩罚机制，来分别研究两种不同惩罚机制对信任行为的影响，以及哪一种惩罚机制能够更好地提升人们之间的信任和可信任。由于分析惩罚机制时要控制影响信任行为的一些外生因素，本章在文献综述中梳理了影响信任行为的一些外生因素，特别分析了信任与惩罚以及声誉之间的关系。信任行为作为一种亲社会行为，与我们日常"经济人"自利的假定相违背，因此本章还将对社会偏好理论做一个系统的回顾。我们对整个实验设计进行了详细的描述，通过对不同的惩罚机制的研究，有针对性地设计了物质惩罚和声誉惩罚的信任博弈实验。最后对实验的数据进行了分析，得出实验的结论，并对研究进行总结和展望，提出相应的对策建议。

（二）研究方法

本章的研究方法主要采用博弈实验的方法和问卷调查法，通过博弈实验获取主要数据，问卷调查收集人口等基本信息，后续的数据处理主要采用非参数检验。

1. 博弈实验的方法

本章运用的核心方法是博弈实验。所谓的博弈实验是可以设计的，我们可以根据要讨论的现象，设计适当的博弈模型，进行相应的策略互动，分析实验数据，得出可能的结论。博弈实验因具有两大优点而广受欢迎，一是实验的可控制性（Controllability），它不像观察法和调查法那样只能被动地记录，而是可以根据所研究问题的特性分离和控制影响和干扰因素。二是博弈实验的可复制性（Replicability），实验设计方案和数据都是公开的，任何人都可以复制类似的实验，或者对实验设计进行修改从而形成新的实验，并且实验之间的数据也可以比较，进而能够独立地证实或者证伪前人的结论或者得出新的结论。另外，博弈实验往往都会对实验对象给予各种经济激励，以控制其参与行为，因此得到的实验数据也往往能够反映实验对象的行为动机。

2. 非参数检验（Nonparametric Tests）

实验数据的处理作为实验研究后期的重要工作，决定着实验结果的可信度。而博弈实验的数据有其自身的结构和特征，因此需要采用相对应的分析方法。博弈实验的数据往往有一个很重要的特性——样本数量较小，一方面是实验数据获取的成本高（往往需要对实验对象进行金钱激励），另一方面是实验对象的数量限制。由于数据的独特性导致了非参数检验在数据的处理过程中占有重要的地位。

非参数检验，又称任意分布检验（Distribution-free Test），是不对总体的参数进行推断，也不考虑研究对象总体的分布具体形式，来检验数据是否来自同一个总体的一类检验方法。由于非参数检验对参数的分布不做任何假定，也不假定数据服从某种特定分布，并且能够适用于不同类型的数据，因此在博弈实验中的数据分析中有着广泛的应用。

而在博弈实验的数据处理中主要运用非参数检验 Wilcoxon 符号秩检验（主要用来检验两个配对样本的分布是否存在差异）和 Mann-Whitney 的 U 检验（主要用来检验两个独立样本的分布是否存在差异），这两种检验分别对应着博弈实验中常用的采用被试内（Within-subjects）和被试间（Between-subjects）的实验设计，前者主要是相同的实验对象参与不同的实验，而后者是不同的实验对象参与不同的实验。

（三）研究框架

本章主要采用实验的方法研究主要问题，为了保证实验设计的严谨性和有效性，我们根据相应的研究内容设计了不同的实验，在进行了预实验后展开正式实验，然后收集实验数据，力求做到实验设计的针对性、数据的可靠性以及分析方法的准确性，具体的研究框架如图 7-1 所示。

（四）研究创新点

从研究内容上来说，信任一直以来是人类社会关注的一个焦点问题。不同的学者从不同的角度研究信任问题，而目前的研究主要集中于社会学和心理学的相关领域，经济学和管理学对信任的研究相对较少，相关研究主要集中于信任的本质、测度和影响因素上，而对于如何从机制设计上增进信任问题研究较

```
┌─────────────────────────────────────┐
│        惩罚机制对信任博弈的影响          │
└─────────────────────────────────────┘

   ┌──────────┐              ┌──────────┐
   │  理论基础  │              │  文献综述  │
   └──────────┘              └──────────┘

┌──────────┐    ┌──────────────┐    ┌──────────────┐
│  相关概念  │    │   国外研究综述  │    │   国内研究综述  │
└──────────┘    └──────────────┘    └──────────────┘

          ┌──────────────────────┐
          │        实验设计         │
          └──────────────────────┘

          ┌──────────────────────┐
          │        实验实施         │
          └──────────────────────┘

┌──────────┐ → ┌──────────────┐ → ┌──────────┐
│  预实验    │   │    正式实验     │   │  问卷调查  │
└──────────┘   └──────────────┘   └──────────┘

┌──────────┐    ┌──────────────┐    ┌──────────┐
│  数据整理  │    │    数据分析     │    │  个别访谈  │
└──────────┘    └──────────────┘    └──────────┘

          ┌──────────────────────┐
          │    研究结论，撰写报告     │
          └──────────────────────┘
```

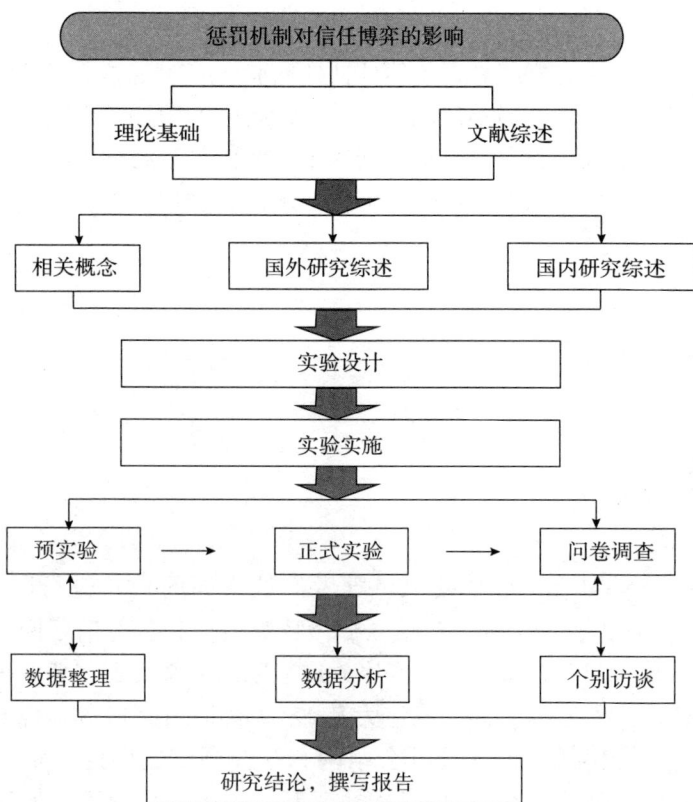

图 7-1　研究框架

少，同时对于不同机制设计的比较就更少，本章首次在博弈实验中同时引入物质和声誉惩罚，参照 Fehr 等（2004）在信任博弈中引入物质惩罚的研究范式，在其实验的基础上加以改进，引入声誉惩罚机制，在此之前很多学者把声誉作为一种信息的提供因素来研究其对信任行为的影响，而从文献检索来看，少有学者把声誉作为一种惩罚机制来研究其对信任行为的影响，因此本章在验证惩罚机制对人们信任行为影响的基础之上，进一步分析不同的惩罚机制对信任的影响程度。

从实验的结果看，本章发现了一些有新意的结论。第一，从 MBA 和本科生在不同实验条件下的信任和可信任对比分析，我们发现 MBA 学生和本科生之间的信任和可信任并不存在显著的差异，但是 MBA 学生的期望信任和可信任却明显低于本科生。第二，由于隐藏成本的存在，物质惩罚并没有提升人们的可信任，而声誉惩罚却较好地提升了人们之间的可信任，即使在物质惩罚并不能提升人们的可信任，有时反而会降低人们收益的情况下，仍然有大部分的实验参与者使用了惩罚的威胁，这种矛盾现象的出现让人很意外，另外通过标准的信任博弈实验、有物质惩罚的信任博弈实验、有声誉惩罚的博弈实验的对比分析，我们发现声誉惩罚不仅能够提升人们之间的信任，而且能够获得最高的效率。第三，本次实验着重收集了期望因素对信任行为的影响，我们发现不仅被信任者经历的信任水平会影响其可信任水平，被信任者的个人期望也会影响其可信任度。

三、文献综述

（一）信任的定义

信任是什么？对于信任的定义，学者们从不同的视角进行归纳和研究。Weber（1951）根据信任的来源将信任分为特殊信任和普遍信任两种，特殊信任以血缘为基础，建立在私人关系和家族或准家族关系之上，普遍信任被称为厚信任或社会信任，它以信仰共同体为基础。Luhmann（1979）强调信任的社会功能属性，认为信任是嵌入在社会结构和社会制度之中的一种功能化的机制。Coleman（1990）认为，信任是在缺乏有效承诺的情况下，人们自愿将自己的权益交给别人处置，同时希望能够得到回报的行为，这种行为与人的偏好、信念紧密相关。还有学者认为信任是一种风险行为，Williamson（1993）将信任和风险联系起来，将信任理解为一种内心经过成本计算的行为，即计算型信任，当预期对方会采取合作行为时，便采取信任策略。Nannestad（2008）从两个维度研究信任，一个维度是从理性信任到道德信任，另一个维度是从普遍信任到特殊信任，理性信任是基于期望回报的计算以及对别人可信任程度的评价，道德信任是类似于社会规范的一种道德义务，特殊信任是指在特定目标和情形下人们的信任。

综上所述，信任主要从两个角度来定义，一是以行为为基础定义的信任，二是以信念为基础定义的信任，本章主要采用的是信任博弈实验作为分析的主要工具，博弈实验主要分析实验的对象在不同实验环境下的行为，因此采用以行为为基础定义的信任，即 Coleman（1990）对信任的定义，这也同 Fehr（2009）采用的定义相同。

（二）信任的测度

现有信任的测量方法主要有两种：一种是基于问卷调查的方法进行测度，另一种是基于博弈实验的方法进行测度。

1. 基于问卷调查的测度方法

博弈实验方法之前，信任的测度主要通过美国的 General Social Survey（GSS）和 The World Values Survey（WVS）进行，前者从 1972 年以来每年都会进行信任测度，而后者主要用于跨文化间的信任测度。这两种调查都采用以下的方式来捕捉信任："总的来说，你认为社会中大部分人是值得信赖的吗？或者你是否认为与人接触时，怎么谨慎都不为过？"回答者对于这个问题的回答一般都是"大部分人是值得信任的"或者"不必太谨慎"。对于 GSS 和 WVS 的调查回答时，一般人大概都会回顾一下自己过去的经历和行为，因此这种调查不仅能够显示出回答者对于其他人信赖的信念，而且能够捕捉回答者面临风险时的偏好。很多实证研究已经证实采用问卷调查的方法所测度的信任与 GDP 的增长（Laporta 等，1997；Zakand Knack，2001）、增加组织中的合作（Kramer 和 Tyler，1996）和减少犯罪率（Rosenfeld 等，2001）等具有显著正相关。

2. 基于博弈实验的测度方法

博弈的测度方法主要是 Berg 等（1995）采用信任博弈实验的方法进行测度，由于信任博弈实验更贴近于现实，因此得到了社会信任研究领域更多地运用。Camerer（2003）认为，在带有激励机制的可控实验条件下，因为双向匿名的单次信任博弈实验剔除了实验参与者之间的社会关系和社会因素，它所测度的信任就是一个纯粹的信任。这种实验测度存在一个潜在的缺陷，就是投资者（信任者）进行投资或许只是纯粹利他的原因（Cox，2004）。Ben-Ner 和 Halldorsson（2010）通过行为博弈和问卷调查的方法测度信任，并且发现一些潜在的因素决定信任的水平（比如出身或者儿童时期），性别也对人们的信任行为产生一定的影响。McEvily 等（2011）通过识别信任的目标来测度信任，并且采用创新的方法来测度信任即测度不信任来测度信任的程度。Naef 和 Schupp（2009）发现问卷测度的信任似乎受到社会称许性偏见（Social Desirability Bias）的影响，而行为测度的方法并没有被影响。因此通过观察陌生人的实际信任行为要比通过调查问卷测度的信任更可信。因此，我们采用博弈实验的方法来研究信任问题也更为可靠。

（三）信任的影响因素

信任的影响因素主要来源于两个方面：个人特征因素（性别、年龄、宗教、国籍、收入、教育）和社会地理因素（区域、社会风险、社会关系等）。

1. 个人特征因素对信任行为的研究

大部分实验显示，在标准的信任博弈实验中，当不知道对方的性别时，男性比女性表现出更高的信任（Cox 和 Deck，2006；Dreber 和 Johannesson，2008；Garbarino 和 Slonim，2009）；La Porta 等（1997）通过对意大利的调查数据发现，信仰天主教的社会信任普遍比基督教的社会信任低。Knack 和 Keefer（1997）发现收入差距较小和单一民族的人群社会信任高。Alesina 和 La Ferrara（2002）利用美国的调查数据，发现受教育程度和居住地对人们信任程度产生影响。Naef 和 Schupp（2008）发现美国人要比德国人展现出更多的信任。Jonson 和 Mislin（2011）发现稳健的证据显示在信任博弈中，非洲人展现出比北美洲人更少的信任。

2. 社会地理因素对信任影响的研究

Dohmen（2000）通过信任博弈实验研究代际的信任问题，发现信任在一定程度上会受到家庭环境和教育的影响。Falk 和 Zehnder（2007）研究了地区水平上的信任歧视问题，对于不同地区人们的信任不同，投资额度也不同。Robert 和 Matthias（2009）通过实验发现日本和奥地利之间在信任行为上的差异，奥地利人在面对陌生的乡下人时比日本人展现出了更多的信任。Johnson 和 Mislin（2011）通过 Meta 的分析方法，收集了 162 个国家 23000 个受试者的实验数据，发现地域会影响信任程度。Alvin 等（2011）通过在非洲喀麦隆的乡村搜集实验数据来分析社会距离信任和利他的影响，发现社会距离越短，人们之间的信任程度越高。

（四）国内信任研究的述评

国内关于信任的研究主要分为两种类型：第一类是使用调查数据对社会信任的研究，第二类是使用信任博弈实验进行的研究。

1. 使用调查数据对社会信任的研究

张维迎和柯荣柱（2002）采用省级调查数据发现，信任与地域文化无关，与市场交易被重复的可能性、市场的发达程度以及受教育水平等因素有关。李涛等（2008）采用2004年广东省城市居民调查数据发现，年龄、收入、宗教以及对政府、媒体等的评价都会影响社会信任。徐志刚等（2011）基于中国吉林等7省份758个村庄及村庄农民合作经济发展状况的实地调研资料，验证了社会信任是农民专业合作经济组织产生、存续和发展必要条件的假说。李晓梅（2013）通过对全球65个样本国家的数据分析指出，社会信任作为中介变量影响着文化价值与国家创新绩效之间的关系。雷光勇等（2014）以2007~2012年中国沪深两市A股上市公司为样本，发现社会信任与审计质量呈显著正相关，较高社会信任地区的企业更愿意聘请高质量审计师。崔崴和陈琨（2016）以经济收敛模型为视角，利用中国各省市面板数据验证了社会信任与经济增长的关系，结果表明信任能显著地促进经济增长，信任程度每提高一个百分点，经济增长率将提升0.064个百分点。孙兰兰等（2017）以2004~2014年A股制造业上市公司为样本研究商业信用的融资效应，发现商业信用可以有效发挥融资效应，而社会信任可以进一步强化供应商关系，增强商业信用的融资效应。

2. 使用信任博弈实验进行的研究

在信任的影响因素方面，李建标等（2013）设计了信任博弈实验、风险博弈实验、彩票选择实验等测度了人们信任的程度和风险态度，实验结果显示，风险厌恶对信任行为有抑制作用，但二者存在一定的情景依赖，并且性别和利他偏好也影响着人们的信任行为。孙娟等（2014）通过利用学生和工人进行信任博弈实验，发现个人对陌生人的信任存在差异和歧视，歧视的来源主要是对方所在地区的经济发展程度和信任者自身的身份特征（学历、是否参与兼职）。李彬等（2015）通过信任博弈实验研究了社会外部风险同社会信任之间的关系，发现当决策者面临外部风险时，决策者对他人的信任会显著降低。汪思琦等（2015）基于信任博弈和GSS问卷的方法研究了男女两性在信任、信任歧视和被歧视方面的差异，发现男女性别会对人们的信任行为产生一定影响。史燕伟等（2015）从心理学的角度探究了行为经济学中信任形成的心理机制和生物基础以及影响经济信任的因素。

在社会偏好、信念和信任关系方面，夏纪军等（2003）通过引入利他和互利偏好，建立了一个信任模型，发现初始禀赋（收入）的差距会影响人际的信任，随着差距的加大，信任随之下降。陈叶烽等（2010）通过信任博弈实验和 GSS 调查问卷两种方法测度了行为个体的信任，发现两种测度方法存在内在的一致性，发现个体合作水平和信任显著正相关。李建标等（2013）通过设计信任博弈和扩展的独裁者博弈，分离基于社会偏好的信任和基于信念的信任，探究了社会偏好—信念—信任的传导路径，发现社会偏好具有部分中介效应，且对信任的影响程度大于信念。汪丁丁等（2016）对信任行为背后的偏好、信念和神经基础进行了解构。

从我国学者的研究可以发现，信任的研究多集中于信任对经济增长和绩效的影响，以及信任的影响因素及测度方面，而很少讨论惩罚等机制设计对信任行为的影响，本章将通过博弈实验来研究不同惩罚机制的设计对信任和可信任的影响。

（五）信任与惩罚机制

根据前人的研究成果，我们发现惩罚机制和声誉机制是维护信任的两种有效机制。其中，惩罚机制通过采取惩罚的措施和方法，改变失信人的收益和成本，进而改变博弈的支付矩阵，使失信者遭受一定的收益损失。而目前对失信的惩罚措施主要借助道德手段、法律手段和经济手段。本章从博弈实验的角度出发，研究两种不同的惩罚机制对人们信任行为的影响———一种是物质惩罚机制，另一种是声誉惩罚机制。

物质惩罚机制是指在信任博弈实验中，如果被信任者的返还额度小于或者等于信任者的期望投资额，这时惩罚机制会自动触发，被信任者会受到一定的物质惩罚，最终导致被信任者的总收益减少（Fehr 和 List，2004）。

声誉惩罚机制是指在信任博弈实验中，如果被信任者的返还额度小于或者等于信任者的期望投资额，这时惩罚机制会自动触发，被信任者这种行为就会被以公开信息的方式告知下一位信任者（投资者），这种信息的公开会对被信任者声誉造成一定的损失，也会导致被信任者的总收益减少，进而形成一种惩罚（Ortmann 等，2000；Charness 等，2011）。

在现实生活中，物质惩罚机制和声誉惩罚机制都是存在的。物质惩罚在社会生活中也就是人们常见的经济惩罚，在以往的研究中发现，物质惩罚机制可以促进人们的合作（Carpenter，2007；Simon Gachter 等，2008），对于一些严重的失信信任行为，也会有相应的经济制裁；然而惩罚这种约束行为对于信任而言，不仅没有提升人们的信任，反而降低了人们的信任，人们把这种现象称为惩罚的反生产力效应（Counterproductive Effects of Sanctions），对于这种现象的解释，有研究者（Bohnet，Frey 和 Huck，2001；Fehr 和 Falk，2002；Fehr 和 List，2004）认为，信任行为能够自我强化（Self‐reinforcing），Fehr

（2009）认为，这种解释并没有说明为什么信任可以自我强化。然而在现实中，人们对于信任行为的提升有很多机制，而惩罚就是其中的一种，那么惩罚这种机制到底能不能提升人们的信任行为？这仍然是一个值得探讨的问题。

声誉惩罚机制也在现实生活中广泛存在，如黑名单、失信记录等。从现有的文献检索结果来看，在中国情境下，暂时没有发现有学者通过实验的方法来研究惩罚机制对信任行为的影响。在信任与声誉的相关研究中，声誉作为一种信息的提供方式，能够很好地维持信任。因为仅仅依靠物质惩罚是不够的，在大量的交易活动中，信任更多的是靠声誉机制维持的。那么对于两种常见的惩罚机制，哪一种对信任行为的提升更有效？这将是本章研究的一个重点。

（六）信任与社会偏好理论

"社会偏好"（Social Preferences）这个概念由著名的行为经济学家 Camerer（1997）首次完整提出，主要是指人们不仅关心自己的收益，而且还关注他人收益或行为的倾向。社会偏好理论模型试图在维持理性假设下，通过基于心理学和社会学的如公平、互惠等与"自利"假设有着明显含义辨识度的一些人类社会情感因素纳入效用函数中来，进而修正经济学人假设，力图构建新的博弈均衡来解释实验经济学所揭示的一系列悖论。

Fehr（2009）发现社会偏好在人们的信任行为中扮演着重要的角色，并且有着来自神经生物学（Baumgartner 等，2008；Kosfeld 等，2005）、基因（Reuter 等，2009）、行为学的证据（Bohnet 和 Zeckhauser 2004；Cox，2004；Hong 和 Bohnet，2007；Bohnet 等，2008）。根据社会偏好理论，人们的经济信任行为主要受到互惠偏好和利他偏好的影响。由于人们存在不公平厌恶、互惠和利他等偏好，使人们愿意牺牲自己一定的收益，从而表现出经济信任和回报行为。同时由于这些偏好，人们也愿意实施相应的惩罚。

在声誉惩罚条件下，声誉惩罚能够发挥影响，间接互惠（Indirect Reciprocity）在其中扮演着重要的角色。在存在声誉惩罚的情况下，人们应该认为坏的声誉会受到惩罚，因此即使在收益上做出的直接牺牲对于投资一个长期声誉来说也是值得的[①]。Bohnet 和 Huck（2004）考虑了在存在历史返还信息时，受试者间

[①]　在实际生活中，一个陌生人过去行为的信息能够产生各种不同的声誉系统，就比如银行里个人的信用系统，记录了一个人在过去的所有信用记录。另外，就是网上支付，大家熟知的支付宝"芝麻信用"积分，是根据个人消费记录而形成的信用记录。而在电商网站如淘宝网、京东商城等，消费者可以通过其他消费者对商品的评价进行购买，其他消费者的差评会在很大程度上影响其购买行为。但是声誉惩罚在何种程度上促进人们的信任或合作行为仍然是一个值得探讨的问题，比如网络诈骗等问题。

的固定匹配和随机匹配的效应差异。信任的选择在固定匹配的情况下被观察的频率仅比有返还信息的随机匹配条件下少一点，他们发现了历史信息的显著效应，在固定搭配的情况下，回应者展现了更多的可信任。Bolton 等（2004）通过实验测试了亚马逊、eBay 和雅虎等网站的在线反馈机制，通过 30 期的实验发现由于反馈系统的存在，获得了一个非常好的交易结果，并且在不同的实验条件下的信任和可信任存在大量且显著的差异。Kaser（2004）通过三种不同评价条件下（积极、消极、中性）的投资博弈，发现在短期声誉条件下信任者可以了解最近期的评价，在长期声誉条件下可以了解过去全部的评价，发现信息提供非常有效。

四、实验设计与假设

（一）经典实验的回顾

信任博弈是研究信任、互惠偏好、利他偏好的一种博弈实验。经典的信任博弈实验是 Berg 等（1995）提出的信任研究范式。标准的实验模式是信任者和被信任者都拥有初始筹码 S，信任者可以从 S 中选择投资 x（$0 \leqslant x \leqslant S$）给被信任者，这样被信任者自动获得 3x，之后可以选择返还 y（$0 \leqslant y \leqslant 3x$）给信任者，此时信任者的收益为 S−x+y，被信任者的收益为 S+3x−y。根据纳什均衡理论，该博弈的均衡点是信任者选择投资 x = 0，被信任者选择返还 y = 0。但是，实验结果发现，信任者会选择 x = 0.5s 的投资给被信任者，而被信任者会选择一个略小于 0.5s 的值返还给信任者，而且 x 与 y 成正比，其中 x 代表信任者的信任（trust），y 代表被信任者的可信任（Trustworthiness），也体现了被信任者的互惠。因此，本书的实验设计主要通过信任博弈实验来研究相关的问题。

机制设计对信任和可信任影响的博弈实验研究主要集中于声誉机制和惩罚机制。从声誉机制上看，信息的提供可以促进人们信任的提升。Cagno 和 Sciubba（2010）发现，在信任博弈中通过交流建立人际关系可以产生更高水平的信任和可信任。Charness 等（2011）发现，通过在信任博弈中建立声誉机制有利于促进人们信任和可信任的提升。Duffy 等（2013）通过信任博弈研究陌生人之间的信任时，发现声誉信息的缺失下，信任和互惠的社会规范很难维持。Sheremeta 和 Zhang（2014）通过内部交流的三人信任博弈实验发现，交流可以促进信任提升，进而提升社会福利和效率。

从惩罚机制来看，Fehr 和 List（2004）通过 CEO 和学生的受试者来研究惩罚这种外在的诱因对信任行为的提升作用，发现惩罚并不会提升人们的信任反而会降低人们的信任。Bohnet 和 Baytelman（2007）通过比较单次匿名、事前沟通、事后沟通、事后惩罚和有限次重复博弈这五种机制下信任行为、信念、社会偏好三者关系时，发现上述的这些约束机制会影响人们内在的动机信任。Wang 等（2015）通过在不完全信息的条件下研究二阶段的信任博弈中惩罚推动信任的影响，发现惩罚会影响信任和被信任者之间的互惠。

（二）实验设计

正如前文所述，标准的信任博弈实验中的分出额可以测度信任者的信任，而被信任者的返还额可以测度被信任者的可信任，在此基础上加入惩罚因素，通过控制人口等相关因素，研究物质惩罚和声誉惩罚对信任行为的作用，因此我们的信任博弈实验部分参考了 Fehr 和 List（2004）的二合一实验设计，即该实验由标准的信任博弈实验、有物质惩罚的博弈实验组成。我们的实验设计不同于 Fehr 和 List（2004）仅有物质惩罚的博弈实验，一方面是在其基础上增加了有声誉惩罚的信任博弈实验，进行该种设置是为了考察不同类型的惩罚对信任产生的影响；另一方面是我们在带有物质惩罚的实验中，没有告诉参与者 B 关于参与者 A 的期望返还额，这种设计消除了期望返还额对参与者 B 返还额（可信任）的影响。因此，我们设计了两个二合一的博弈实验，然后将两者进行对比研究。下面将分别列出本章实验的具体流程及相关的参数设置说明。

1. 实验流程说明

当实验对象进入实验室后，会在签到处获得在实验中的编号 ID，然后随机入座。实验人员分发实验指导，在实验对象阅读完实验指导后，实验人员会对实验的流程进行讲解和说明。我们还给予实验对象一定的私下提问时间，解答其对实验指导和流程存在的困惑，等所有实验对象对实验指导和流程都全部清楚后，我们开始预实验，然后开始正式实验。

在实验指导中，我们要求所有实验对象在实验过程中禁止和其他实验对象有任何形式的交流。在正式实验开始之前，实验对象会被告知整个实验过程中他们是匿名的，不但整个实验操作过程是完全匿名的，而且实验中他的个人信息和决策信息将会严格保密，在实验完成后其获取实验现金报酬时，会私下得到一份装有实验现金收益的信封，其他实验对象无法知道他获得多少实验收益。

实验总共分成四个部分：

第一部分是预实验。在正式实验开始之前，实验对象均需要参与预实验的测试，主要是让实验对象了解实验中收益支付的计算和实验流程以便实验对象更好地决策和参与实验，对于操作错误的实验对象会予以纠正，测试的预实验仅有一轮，预实验中的收益不计入个人的最终收益，只有通过预实验的实验对象才能参加正式的实验。

第二部分是正式的实验。在这部分内容中，实验对象将连续进行两个双人的博弈实验——标准的信任博弈实验和一种类型的惩罚实验，相应地完成两个实验任务。具体的实验任务如下：

标准的信任博弈实验（Baseline Treatment，BT）。在该实验中，实验对象和另外一方随机地组成一组，两人会随机扮演信任者和被信任者的角色，我们会分给信任者和被信任者每人 20 个实验金币。在实验开始，信任者将决定分出部分金币 $x \in \{0, 1, 2, \cdots, 20\}$ 给被信任者，分出金额的多少代表信任的程度，而被信任者会自动得到 3x 个金币。另外，信任者还需要决定一个期望返还额（Desired Back-transfer）$\hat{y} \in \{0, 1, 2, \cdots, 3x\}$，但是该期望返还额并不会告知被信任者。被信任者将决定返还部分金币 $y \in \{0, 1, 2, \cdots, 3x\}$ 给信任者，另外，在被信任者知道信任者分配的金币数之前，被信任者需要决定一个期望分出额（Desired Transfer）$\hat{x} \in \{0, 1, 2, \cdots, 20\}$，同样该期望分出额也不会告知信任者。在标准的信任博弈实验中，信任者的收益 $\prod^P = 20-x+y$，而被信任者的收益为 $\prod^a = 20+3x-y$。因此，期望返还额和期望分出额都不会影响两者最终的收益。

有物质惩罚的信任博弈（Trust with Material Punishment，TM）。在这个实验中，期望返还额很重要。在 TM 条件下，信任者也需要做出分出额 $x \in \{0, 1, 2, \cdots, 20\}$ 和期望返还额 $\hat{y} \in \{0, 1, 2, \cdots, 3x\}$ 这两个决定。除了做出 $(x, \hat{y})$ 的决定外，当被信任者的返还额小于他的期望返还额时，他还需要决定是否对被信任者的收益实施一个固定惩罚 f=8，即被信任者的收益被减少 8 个金币。因此，在 TM 条件下，当被信任者的行为出现不当时，信任者可以用惩罚威胁被信任者。为了避免"价值诱导"（Value-laden Terms），我们在实验指导中并没有使用"惩罚"或者"罚款"的字样。相反，我们使用的是"有条件的收益减少"。在信任者做好他的决定后，需要选择 $(x, \hat{y}, f=0)$，即未选择惩罚威胁，或者 $(x, \hat{y}, f=8)$，即选择物质惩罚威胁。被信任者在了解信任者的决定之前给出期望分出额 $\hat{x}$，在被告知这个决定后做出返还额 y 的决定。在 TM 条件下，不论信任者是否选择惩罚，他的收益都为 $\prod^P = 20-x+y$，惩罚并不影响信任者的收益。如果信任者选择了惩罚且被信任者选择 $y<\hat{y}$，此时被信任者的收益为 $\prod^a = 20+3x-y-8$；如果信任者没有选择惩罚或者被信任者选

择 y≥ŷ，被信任者就不会被实施惩罚，他的收益为 $\prod^a = 20+3x-y$。

有声誉惩罚的信任博弈实验（Trust with Reputation Punishment，TR）。在这个实验中，期望返还额和同有物质惩罚的实验一样重要。在 TR 条件下，信任者同样也需要做出分出额 $x \in \{0, 1, 2, \cdots, 20\}$ 和期望返还额 $\hat{y} \in \{0, 1, 2, \cdots, 3x\}$ 这两个决定。但是在做这些决定之前，信任者可以了解与之相匹配的被信任者的前几轮实验中的返还情况，即信任者可以知道前几轮被信任者返还的金币数小于与他匹配被信任者的期望金币数的次数。因此，在 TR 条件下，每当被信任者的返还额小于信任者的期望额时，都会被记录下来，在后面的实验中，新的被信任者在做出决策之前，可以知道前几轮中被信任者返还金币数小于匹配信任者期望金币数的次数。被信任者在了解信任者的分出额之前给出期望分出额 $\hat{x}$，之后做出返还额 y 的决定。在 TR 条件下，信任者的收益为 $\prod^p = 20-x+y$，而被信任者的收益被定义为 $\prod^a = 20+3x-y$。

第三部分是实验调查问卷。问卷设计参照陈叶烽等（2010）和孙娟等（2014）的问卷样式，问卷总共分为三部分，一共 27 个问题，其中包括 16 个个体信息问卷内容，涉及实验对象的年龄、性别、民族、专业、城乡、有无实验经验等；其余两部分内容为信任态度问卷和信任行为问卷，包括 11 个问题，其中信任态度问卷运用了综合社会调查问卷（General Social Survey，GSS）[①]，用于测度实验对象的信任态度和行为。

第四部分是实验对象获取现金收益。在实验对象完成上述一系列实验和问卷后，实验对象会到实验签到处领取装有现金收益的信封，信封中的收益根据实验对象在实验中的收益计算而得来，实验对象确认收益无误后离开实验室，整个实验结束。

2. 实验参数设置说明

我们实验中的标准信任博弈实验，有物质惩罚的信任博弈实验和有声誉惩罚的信任博弈实验，参考了 Fehr 和 List（2004）二合一的实验设计，这种设计的主要目的是为了分析不同的惩罚机制对信任博弈实验中信任者的投资行为和被信任者回报行为的影响，以及这两种惩罚机制是否有效，或者说哪种惩罚机制更有效、更优。正如前文所讲，信任者的投资行为代表信任者的信任程度，而被信任者的返还行为代表可信任程度，通过控制其他影响信任和可信的因

---

① 综合社会调查（General Social Survey，GSS）是由总部设在芝加哥大学的美国全国民意研究中心（National Opinion Research Center，NORC）负责实施定期的大型社会调查项目。本章主要运用该问卷调查中关于个体信任、公平、助人态度三个方面的问题。

素，来分析不同的惩罚机制的设计对信任和可信任行为的影响。

我们的实验设计不同于 Fehr 和 List（2004）在有物质惩罚的信任博弈实验中告知被信任者关于信任者的期望返还值，我们的实验并没有告知被信任者关于信任者的期望返还值，因为该期望值告知被信任者可能会影响其返还额，即影响可信任行为。进行该设置是为了尽可能地减少外在因素对人们可信任行为的影响，以便分析不同惩罚机制对信任和可信任行为的影响，因此我们的基准局实验采用 Berg 等（1995）的实验设置，即被信任者并不知晓信任者的期望返还额。与该实验的另一个不同之处是我们收集了被信任者的期望分出额，因为 Berg 等（1995）发现送出额和返还额之间没有关联，同时 Song Fei（2007）发现被信任者的返还行为对信任者的行为并不敏感，比如说经历的信任。因此，可以通过收集被信任者的期望，进而厘清期望与信任之间的关系。

同时，我们为了分析实验对象在不同惩罚机制下信任和可信任行为的差异，采用被试内（Within-subjects）的设计，这也是我们参考 Fehr 和 List（2004）设计的一个重要原因。另外，为了避免被信任者仅仅出于公平因素而返还，这会影响不同惩罚机制的分析，因此我们采用被试双方都有同等的初始禀赋①；为了更好地捕捉可信任行为，我们采用非策略②（No-strategy Method）的方法，因为采用策略方法（Strategy Method）度量的可信任行为可能会更低。

标准的信任博弈和有物质惩罚、有声誉惩罚的信任博弈的唯一区别就是惩罚情况的设置。在 BT 条件下，信任者的分出额给我们测度信任提供了基本的工具，而被信任者给出积极返还额，可能是由于受到被信任者自身的不公平厌恶、互惠或者利他等偏好的影响。通过 TM 条件和 TR 条件的比较，我们可以研究不同惩罚机制对返还额的影响。同样，通过比较信任者的分出额在 BT、TM 和 TR 条件下的差异，我们可以检查惩罚机制的使用对信任者信任行为的作用。而比较 BT 和 TM 条件下信任者选择 f=0 是有意思的。因为从收益的角度来看，被信任者面对的情形是一样的，都不会有收益的减少。然而从心理学的视角来看，惩罚威胁的存在是内生决定的还是信任者外在选择的存在着巨大的差异。因为信任者故意不使用这种惩罚的威胁会被视为一种特殊的信任行为。因此，通过比较 BT 条件下的返还额和 TM 条件下被信任者选择 f=0 的返还额，我们可以研究是否信任可以促进可信任。

---

① 初始禀赋是指实验对象在实验开始时拥有的初始金额。

② 非策略的方法主要是指在被信任者知道信任者给出分出额后，根据信任者的信任情况，决定返还多少给信任者；而策略的方法主要是指被信任者根据所有可能的信任都要做出返还多少的决定，然后根据实际的信任或者随机选择一种信任来计算收益，这种方法的好处在于了解被信任者的所有可能决定。

Duffy 等（2013）的研究发现，在声誉信息缺失的情况下信任和互惠的社会规范很难维持。因此通过比较 BT 和 TR 条件下信任者的分出额，可以了解声誉惩罚的存在对信任行为的影响，而 TM 和 TR 条件的比较，可以了解不同惩罚机制对信任和可信任行为的影响。

实验参数设置方面规定如下：

首先，为了实验数据的分析和比较，我们将三个实验任务中实验对象的初始禀赋都设置为 20 个实验金币。另外，我们的所有实验都是双人博弈实验，为了和标准的信任博弈收益率保持一致，我们设置了被信任者接受 3 倍的分出额。

其次，为了剔除重复博弈导致的声誉效应，我们的实验对象都是完全陌生搭配且匿名的，每一轮实验结束后都会有新一轮的匿名匹配，这相当于每一轮实验都是"一次性"的博弈实验。

再次，我们有两种类型的实验局。一种是基准—物质惩罚局（BT-TM），实验对象首先参加基准局（BT）实验，然后参加物质惩罚局（TM）实验①，该实验局一共 10 轮，每个实验各 5 轮。另一种是基准—声誉惩罚局（BT-TR），实验对象首先参加基准局（BT）实验，然后参加声誉惩罚局（TR）实验，该实验局一共 12 轮，基准局实验 5 轮，声誉惩罚局 7 轮②，声誉惩罚局轮数多两轮主要是考虑到形成声誉惩罚的效应。每一个实验对象仅参与一种类型的实验局，在同一个实验局中实验对象在实验中的角色保持不变。在全部的实验局中，我们给予每个实验 1 金币：0.1 元人民币的比例进行兑换，如果实验对象在实验中的行为值均为零，那么可以获得 200 个实验金币，即 20 元人民币，再加上我们给予每个实验对象 5 元人民币的出场费以保证他有激励来参与实验并认真完成实验。

最后，为了控制实验可能的顺序效应（Order Effects），我们在每种实验局都进行了逆序实验，即颠倒实验局中不同实验的实验顺序。第一场实验顺序是基准—物质惩罚局（本科生），第二场实验顺序是基准—声誉惩罚局（本科生），第三场是基准—物质惩罚局（MBA），第四场是物质惩罚—基准局（MBA），第五场是基准—声誉惩罚局（MBA），第六场是声誉惩罚—基准局（MBA），第七场是物质惩罚—基准局（本科生），第八场是声誉惩罚—基准局

---

① 在第一个实验条件下，实验对象并不知道有第二个实验，在第一个实验完成之后，实验对象被通知还有另外一个实验，他们同时也被告知第二个实验是最后一个实验，他们在新的实验中会有新的匹配对象。

② 声誉惩罚实验局采取 7 轮制，主要考虑如果实验轮数太少，无法产生声誉惩罚的机制，无法发挥作用。

（本科生）（见表7-1）。

表7-1 不同实验局的情况

场次	实验时间（2016年）	实验地点	人数	轮数	对象	实验局
1	12月21日 15：30~17：30	人文楼315、317	20	10	本科生	基准—物质惩罚局（BT-TM）
2	12月21日 18：30~20：30	求是楼105、106	20	12	本科生	基准—声誉惩罚局（BT-TR）
3	12月24日 17：00~18：30	人文楼534、524	10	10	MBA	基准—物质惩罚局（BT-TM）
4	12月24日 17：00~18：30	人文楼540、538	10	10	MBA	物质惩罚—基准局（TM-BT）
5	12月25日 17：00~18：30	求是楼504、506	10	12	MBA	基准—声誉惩罚局（BT-TR）
6	12月25日 17：00~18：30	求是楼509、510	10	12	MBA	声誉惩罚—基准局（TR-BT）
7	12月26日 13：30~5：20	求是楼504、506	20	10	本科生	物质惩罚—基准局（TM-BT）
8	12月26日 13：30~15：20	求是楼509、510	20	12	本科生	声誉惩罚—基准局（TR-BT）

3. 实验对象说明

大部分的经济学实验都采用学生作为实验对象，这也是其实验结果被人们质疑的一个主要原因。这种质疑可能主要来自两个方面：第一，学生可能并不是所有人口样本的具有代表性的群体；第二，由于存在选择效应（Selection Effects），一些群体的行为可能与学生的行为有所不同。

本章的主要实验对象是学生，之所以选择学生作为被试对象主要原因在于诺贝尔经济学奖获得者弗农·史密斯（1967）指出实验对象只要符合三大实验设计原则，实验的结果就是可信的。一是采取"随机化"方法，被实验者的选取、角色的分配均随机产生；二是要对实验的目的进行保密，十分小心地讲解实验，不出现暗示性术语，以防止被实验者在实验前对行为对错已有判断；三是使用"价值诱导理论"（Induced Value Theory），诱导被实验者发挥被指定角色的特性，使其个人先天的特性尽可能与实验无关（董志勇，

2008），同时 Charness 和 Fehr（2015）曾在 *Science* 发表文章指出博弈实验的大部分实验采用学生作为被试，即使这样，也有很多的实验使用了非学生的实验被试，比如士兵、专业的审判人员、专业的金融交易员、工人等，这些被试和学生被试的结果相似。

因此，我们的实验设计也严格地按照经济学实验的相关要求完成，实验的重要目的之一就是研究普通本科生和 MBA 学生在不同惩罚机制下的信任和可信任行为的差异。因此，我们的实验对象除了招募在读的本科生外，还招募一部分有工作经验的 MBA 学生[①]，本校的 MBA 学生采用周末授课制，入学的 MBA 学生都至少具有三年工作经验才可报考该专业，因此该部分实验对象不同于在校的本科生，有一定的社会和工作经验，不再是传统的学生群体，能对实验结果产生很好的佐证。

（三）实验假设

根据传统经济学的"理性人"假设，人是自私自利的，往往会追求自己的利益最大化。在信任博弈中，信任者给被信任者的分出额（即信任者的信任行为）往往是有风险的。而被信任者的返还额（即可信任行为）必然与被信任者的自私相悖，因此它可以用于检验人们是否愿意牺牲自身的利益来满足一定的道德责任。为了增加被信任者的返还额，人们采取了一系列的机制设计，比如合同、契约或者惩罚等来促进人们之间的信任。而本章主要以惩罚机制为出发点来研究不同惩罚机制对信任的影响。

在经济学实验中，最常用的被试是学生，把在校大学生作为观察对象也经常被人所质疑。学生之所以被质疑是很多人认为他们的行为不能完全代表整个人群，往往会出现偏差。因此，为了尽可能扩大样本的多样性，我们引入了 MBA 这个群体作为被试，由于 MBA 和本科生属于不同的群体，不论是职业、年龄，还是社会阅历都存在一定的差异，因此两者在信任和可信任行为上可能存在差异，Fehr 等（2004）引入 CEO 和学生这两种不同的群体作为实验的被试，发现 CEO 这个群体表现出比学生更多的信任和可信任。而本章的 MBA 群体虽然和 CEO 群体存在一定的差异，但仍然同较少社会阅历的在校本科生存在较大差异。因此我们做出如下假设：

假设 1：MBA 参与者在有物质惩罚机制下会展现出比本科生参与者更多

---

① MBA 是指工商管理专业硕士。

的信任和可信任。

在以往信任与惩罚的实验研究中，采用的惩罚方式更多的是物质惩罚，即通过惩罚措施减少被信任者的收益进度，达到调整人们信任行为的目的。从理性人的假设出发，假设被信任者作为一个自私的"理性人"，为了使自己利益最大化，会尽可能地减少自己被惩罚，当面临惩罚威胁时，被信任者应当尽可能地增加返还额来避免惩罚进而保证自己的收益。因此从传统的理性经济人的角度，我们做出如下假设：

假设 2：存在物质惩罚时，使用物质惩罚的威胁可以提升被信任者的可信任度。

在以往的信任博弈研究中，声誉在信任博弈中占据着重要的地位。Sheremeta 和 Zhang（2014）通过内在交流的三人信任博弈实验发现交流可以促进信任提升，进而提升社会福利和效率。Charness 等（2011）发现在信任博弈中建立声誉机制有利于促进人们信任和可信任的提升。Cagno 和 Sciubba（2010）发现，在信任博弈中通过交流建立人际关系可以产生更高水平的信任和可信任，从这些研究中我们可以发现声誉是一种提升人们信任和可信任的重要机制。然而声誉作为一种机制设计，也可以被设计成为一种惩罚的机制。例如，在现代社会中，很多行业、企业或政府机构建立的"黑名单"制度，就是一种声誉惩罚，往往也都能产生一定的效果。本章通过设计声誉作为一种惩罚机制，我们做出如下假设：

假设 3：在声誉惩罚的信任博弈中，声誉惩罚能够有效地提升人们的信任和可信任。

关于可信任，之前的研究认为信任者的信任能够影响被信任者的可信任。例如，Pillutla 等（2003）通过策略的信任博弈实验检验了信任和可信任之间的关系，他们通过呈现不同水平的信任（从零到全部），让被信任者根据不同信任做出自己的决策，使用这种方法，他们发现返还额和分出额之间呈指数关系（Exponential Relationship），即可信任随着信任的增加而增加。除了被信任者经历的信任之外，期望分出额（期望信任）也有可能对被信任者的可信任产生影响。Song（2007）采用信任博弈实验，发现被信任者在接受信任者的分出额前形成了对分出额的期望，期望分出额会影响被信任者的信任[1]，但是信

---

[1] Song（2007）认为，期望分出额（期望信任）和期望信任与实际返还额之间的差距都可能会影响可信任，结果通过实验发现仅有期望分出额会影响返还额（可信任）。

任却对经历的信任并不敏感。很明显，被信任者会利用期望分出额作为参考点来判断信任者的善意或者公平程度，然后依赖于此做出自己的返还决定，因此在信任博弈中，期望分出额（期望信任）可能也很重要。在本章，我们通过博弈实验检验被信任者的可信任与信任、期望信任之间的关系。

五、实验结果分析

（一）各实验均值的总体分布

结论1：实验对象在不同类型的实验中具有差异明显的决策行为，其分出额及返还额均显著不同。

首先，由表7-2可以看到，在有声誉惩罚的实验局中，被试的分出额和返还额均值都大于其他两种类型。特别地，在物质惩罚局中，被试的分出额和返还额均值都小于基准局。如前所述，在理性经济人假设下的博弈均衡应是分出额和返还额均为0，通过统计，在三种不同类型的实验中分出额为0的百分比分别是7.3%、2%和6.1%，返还额为0的百分比分别是15.7%、25.3%和10.9%，经非参数检验发现信任和可信任水平均显著高于0，可见人并非完全理性。

其次，通过对两两不同实验中的分出额之间和返还额之间的Spearman相关系数分析，同一实验中统计分出额和返还额的Spearman相关系数以及不同实验中分出额和返还额的Spearman相关系数（见表7-3），可以发现基础局与物质惩罚局、基础局与声誉惩罚局中的分出额都显著相关，返还额却不显著相关；而关于分出额和返还额之间的相关性问题，可以看到在7组数据的比较中有5组显示相关性。

表7-2　三种实验中的分出额（OFFER）和返还额（RETURN）的描述性统计

		BT	MT	RT
OFFER	均值	8.32	7.72	9.64
	标准差	5.86	5.73	6.29
	最小值	0	0	0

续表

		BT	MT	RT
OFFER	最大值	20	20	20
	样本数	300	150	210
RETURN	均值	11.08	8.99	16.75
	标准差	10.81	10.57	12.54
	最小值	0	0	0
	最大值	50	40	50
	样本数	300	150	210

注：BT 代表基准局，MT 代表有物质惩罚的实验局，RT 代表有声誉惩罚的实验局（以下各表相同）。

表 7-3　各值两两之间的 Spearman 相关系数

		OFFER			RETURN		
		BT	MT	RT	BT	MT	RT
OFFER	BT	1					
	MT	0.368 **	1				
	RT	−0.124 *	无	1			
RETURN	BT	0.794 **	0.244 **	−0.059	1		
	MT	0.221 **	0.523 **	无	0.110	1	
	RT	−0.82	无	0.847 **	−0.048	无	1

注：** 表示在 0.05 的显著性水平上显著，* 表示在 0.1 的显著性水平上显著。

（二）实验对象数据之间的差异性检验

结论 2：MBA 与本科生的实验数据不存在显著差异。

我们将本科生和 MBA 期望的返还额平均值（见图 7-2）和期望的分出额平均值（见图 7-3）相比，发现 MBA 的期望皆低于本科生。我们认为原因在于 MBA 这个群体一般至少有三年的社会工作经验，相较于本科生基本上还在校园中生活，他们的社会经验和阅历要远远超过本科生，因此他们期望的信任和可信任并不高；而本科生社会阅历相对较少，对社会的期待相对较高。Fehr 和 List（2004）使用 CEO 和学生作为实验被试进行对比，也发现在标准的信任博弈和有物质惩罚的信任博弈下，CEO 的期望要低于学生被试。

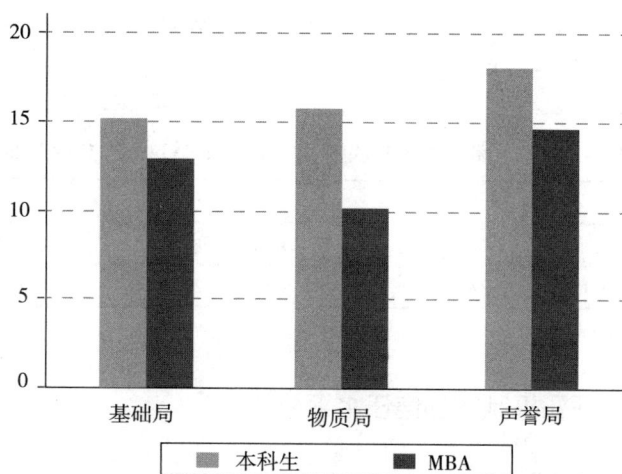

图 7-2 本科生和 MBA 期望的返还额均值

由于参加实验的 MBA 和本科生在知识水平、工作经历和社会阅历等方面存在相当大的差异，因此实验前我们假设 MBA 在惩罚机制下会展现出更多的信任和可信任。通过表 7-4 我们发现，6 组实验数据均未产生显著差异，这也反映出身份不同并不影响参与者做出决策。

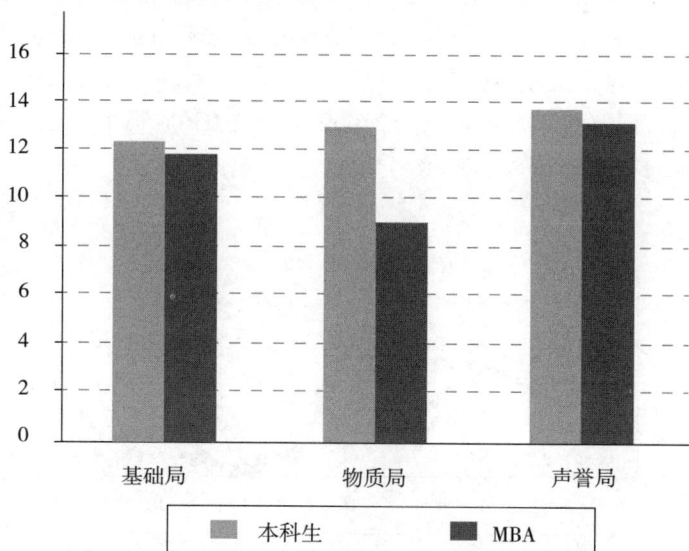

图 7-3 本科生和 MBA 期望的分出额均值

如果受试者仅仅关注他们的物质收益，那么物质惩罚应该是增加返还额的一个有效的工具（即高可信任）。因此，如果在物质惩罚条件下，信任者应该在物质收益上会变得更好。然而，我们的实验结果显示，由于社会偏好的存在，这种认识可能是一种误导。

表7-4　本科生和 MBA 实验数据的 Mann-Whitney U 检验结果

	BT	MT	RT
分出额	z=-0.075（0.940）	z=-0.072（0.942）	z=-0.506（0.613）
返还额	z=-0.103（0.918）	z=1.209（0.227）	z=-0.626（0.531）

（三）不同惩罚机制下的信任水平分析

结论3：物质惩罚并不能提升人们的可信任，而声誉惩罚却能较好地同时提升人们的信任与可信任。

图7-4 直观地呈现了不同惩罚机制下的合作水平。可以看到，三种不同的实验局都具有低分出额高频率、高分出额低频率的特点。此外，在共计20个初始禀赋中，信任者分出超过一半给对方的频率直线下降，这一现象和缺乏信任的社会现实相符合。值得注意的是，在分出18以上的超信任行为频率又有所上升。我们将基础组和物质惩罚组进行 Mann-Whitney U 检验，结果表明，加入物质惩罚后的分出额不存在显著差异（z=-1.228，p=0.219），而加入声誉惩罚的分出额存在显著差异（z=2.069，p=0.036）。因此加入声誉惩罚机制提升了信任水平。

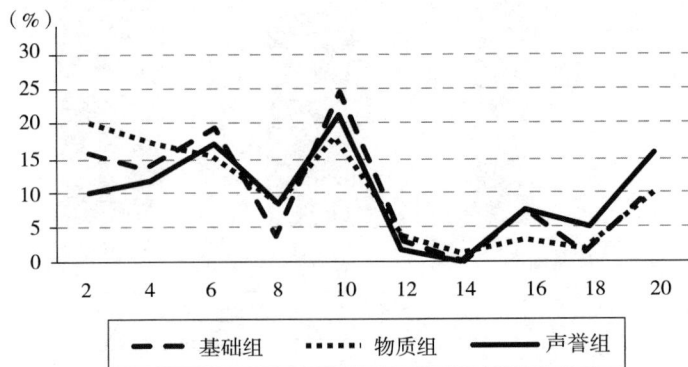

图7-4　分出额水平变化

从图7-5可以看到三种实验局中的返还额均呈现出下降趋势。通过 Mann-

Whitney U 检验发现，加入物质惩罚后的返还额显著不同（z = - 2. 518，p = 0. 012），加入声誉惩罚后的返还额也显著不同（z = 5. 441，p = 0. 000）。为此我们提出同时提升信任与可信任水平的只有声誉惩罚机制，而物质惩罚不能提升可信任。

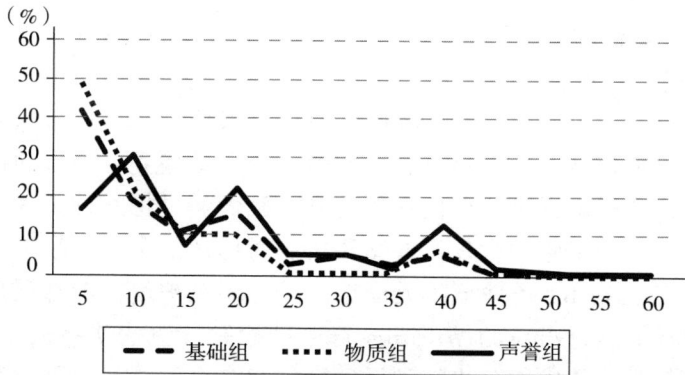

图 7-5　返还额水平变化

物质惩罚机制是存在隐藏成本的，结论 3 的发现同 Fehr 和 List（2004）的结论一致，即使用惩罚的外部诱因存在成本，这些隐藏成本不能被"理性经济人"模型所反映。在我们的实验中，信任者是否使用物质惩罚权下的返还额显著不同（z = 2. 553，p = 0. 011），我们认为有惩罚权却不使用惩罚，这向人们传递了信任的信号，进而增加了人们之间的信任；而有惩罚权并选择使用时，这被认为是一种恶意或者不信任，从而导致惩罚不能提升人们的可信任。

（四）基于结果的间接互惠理论对实验行为的影响

结论 4：通过建立个人或集体的声誉可以提升整个社会的信任水平。

Ohtsuki 等（2009）将间接互惠（Indirect Reciprocity）解释为基于声誉系统，通过帮助其他人来形成个人的声誉，即我帮助你，然后有人会帮助我。直接互惠和间接互惠都是维护合作进化的重要机制，往往和惩罚相联系。与间接互惠不同的是，直接互惠是如果你背叛了我，那么我会惩罚你；而间接互惠是你背叛了别人，那么我会惩罚你。在间接互惠的情形下，惩罚也是一种恶意报复，只不过这种惩罚是通过声誉系统来完成的。Engelmann 和 Fischbacher（2009）通过博弈实验试图将"单纯"的间接互惠从建立的策略性声誉系统中分离出来，他们发现存在声誉系统时被试得分更高，进而证明了声誉很重要。

声誉形成的信任是长期合作建立起来的信任，在多次的重复博弈中，为了获得长期的未来收益，人们会极力维护声誉，保持诚信合作。Kreps 等（1982）通过重复博弈来证明这一点，博弈参与人采取这样的触发策略：我首先选择信任你，如果你也诚信，我将继续信任你；一旦你不诚信，我将永远不再信任你。在这样的机制下，一个人为了长远的利益而自愿放弃眼前的机会主义行为，保持一种诚信的声誉。

由于声誉惩罚的存在，信任者可以根据被信任者的历史行为来展现自己的信任。如果被信任者担心自己收益的话，会尽量建立一个好的声誉以避免自己被惩罚，这样就促进了可信任的提升。我们通过将三种条件下的信任博弈进行对比，进而清晰地发现不同惩罚机制对信任的影响。表 7-2 显示，相对于 MT 和 BT，在 RT 条件下，无论是信任者还是被信任者都展现了较高的信任和可信任。通过配对的 Wilcoxon 符号秩检验（见表 7-5），发现被试在声誉惩罚局与基准局中的分出额和返还额均存在显著差异。因此我们提出声誉惩罚比物质惩罚更有效，即通过建立个人或集体的声誉可以提升整个社会的信任水平。

表 7-5　不同实验之间的 Wilcoxon 符号秩检验

数据类型		检验结果
OFFER	BT-MT	$z = -0.106$（0.915）
	BT-RT	$z = 2.462$（0.014***）
RETURN	BT-MT	$z = -0.449$（0.653）
	BT-RT	$z = 5.357$（0.000***）

注：*** 在 10% 的水平上显著。

（五）不同惩罚机制下的效率

结论 5：在声誉条件下，社会总体效率最高，基准局条件下次之，在物质惩罚条件下最低。

我们用信任者和被信任者双方产生的总收益占最大剩余的百分比来衡量社会总体效率。在所有的实验条件下双方能够产生最大的剩余为 80 个金币。在 BT 和 RT 条件下，当信任者分出全部的初始禀赋时能够达到最大剩余。如果是在物质惩罚时选择了惩罚的条件下，只有被信任者返还额达到了信任者的期望返还额时才能达到最大剩余。图7-6展现了参与者在不同条件下所达到的效率水平。可以看到，在声誉惩罚时效率最高，在物质惩罚时效率最低。因此从效率的角度来看，物质惩罚的机制由于物质惩罚而造成了社会效率的损耗，因此并不是一个很好的促进可信任的机制，我们应该尽量限制使用。

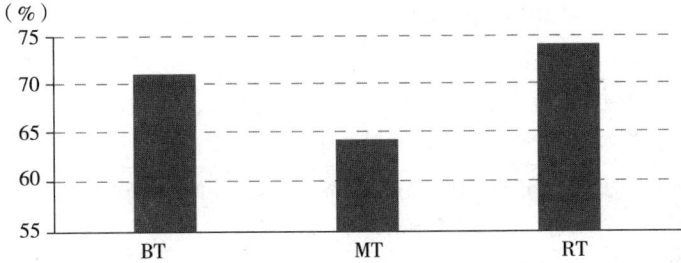

图7-6 不同实验条件下的效率水平

注：效率=（信任者的收益+被信任者的收益）/80。括号内的数据为标准差。

（六）其他影响可信任的因素

结论6：期望影响着可信任。

为了进一步分析不同因素对可信任的影响，我们使用了 OLS 回归检验。本章的回归模型如下：

$$y_{it} = \beta_0 + \beta_1 \times x_{it} + \beta_2 \times expect + \beta_3 \times P_{attitude} + \beta_4 \times Q_{behaviour} + \alpha \qquad (7\text{-}1)$$

式中，y_{it} 代表被信任者 i 在 t 期给信任者的返还额，x_{it} 代表信任者在 t 期给被信任者 i 的分出额，exp 代表被信任者的期望分出额，P 代表测试被试信任态度的问题，Q 代表测试被试信任行为的问题，共计10个。

表7-6显示了回归结果。可以看到，期望和分出额都对返还额有着显著影响，而除 P2 以外的信任态度和信任行为等变量则基本对可信任没有显著影响。在社会心理学领域，信任往往被概念化为"对方行为或者意图的积极期望"（Rousseau 等，1998）。信任和可信任是相互促进的，因为一方的行为会推动另一方进行回应，来自对方的信任和自己的期望会影响一个人的可信任。在以往的研究中，Berg 等（1995）发现分出额和返还额之间没有关联，即人们的可信任行为并不随着信任行为的增加而增加。Song Fei（2007）发现被信任者的返还额对信任者的行为并不敏感，而是受到期望的影响。Pillutla 等（2003）使用策略的方法进行的信任博弈实验发现可信任随着信任的增加而增加。Fehr

等（2004）的研究也发现信任者的投资额对可信任产生积极且显著的影响。本章的研究也进一步证明信任者的分出额对可信任有着显著且积极的影响，并且发现被信任者的期望同时显著影响着可信任。

表7-6　影响因素综合回归结果（稳健标准误）

x_{it}	信任者在 t 期给被信任者的分出额	1.217^{**}（0.147）
exp	被信任者的期望返还额	0.271^{**}（0.093）
P_1	下面两种说法您更赞成哪一种？①一般而言，大部分人都是值得信赖的；②一般而言，在和大多数人打交道时谨慎也不为过	-0.620（1.178）
P_2	下面两种说法您更赞成哪一种？①这个世界上大部分人会客观公正地对待您；②这个世界上大部分人在有机会的时候会利用您	-2.265^*（1.217）
P_3	下面两种说法您更赞成哪一种？①人们大多数还是乐于助人的；②人们只不过是为自己谋利而已	-1.036（1.342）
Q_1	您会相信陌生人的言行吗？（1 表示完全不会，5 表示完全会，请在 1~5 个等级之间做出选择）	0.265（0.700）
Q_2	您觉得自己是一个可信赖的人吗？（1 表示完全不会，5 表示完全会，请在 1~5 个等级之间做出选择）	0.251（0.781）
Q_3	您认为自己是一个诚实的人吗？（1 表示完全不会，5 表示完全会，请在 1~5 个等级之间做出选择）	0.289（0.742）
Q_4	您是否认为：对于大部分人来说，如果被某人信任，他们也会选择信任这个人？（1 表示完全不会，5 表示完全会，请在 1~5 个等级之间做出选择）	0.668（0.797）
Q_5	在图书馆/自习室暂时离开时，您经常会把贵重物品（如电脑等物品）放在桌子上吗？（1 表示完全不会，5 表示完全会，请在 1~5 个等级之间做出选择）	0.255（0.392）
Q_6	您是否会借钱给陌生人？（1 表示完全不会，5 表示完全会，请在 1~5 个等级之间做出选择）	0.714（0.517）
Q_7	朋友/同学找您借钱，您会借吗？（1 表示完全不会，5 表示完全会，请在 1~5 个等级之间做出选择）	0.499（0.725）
常数项		-6.449（4.021）
R^2		0.709
F		20.17
样本量		120

注：括号内为经过异方差调整的稳健标准误。* 在 5% 的水平上显著，** 在 1% 的水平上显著。

六、结论与展望

本章使用博弈实验的方法设计了物质惩罚和声誉惩罚的博弈实验来检验两种不同惩罚机制对信任行为的影响。通过设计三种不同的实验条件——标准信任博弈、基于物质惩罚的信任博弈和基于声誉惩罚的信任博弈，组成两种不同类型的对比实验（基准—物质惩罚局和基准—声誉惩罚局）来研究不同惩罚机制的设计对人们的信任和可信任的影响。为了保证实验样本的可靠性和真实有效性，我们检验 MBA 和本科生这两种不同的群体在面对不同的惩罚机制下所展现的信任和可信任。

实验结果发现，使用物质惩罚并不能达到提升可信任的效果，而声誉惩罚可以较好地促进可信任的提升。由于使用物质惩罚存在隐藏的成本，如果我们仅仅关注物质收益的最大化，隐藏的成本往往就会被我们忽略。因此，在实验中大部分参与者都选择使用惩罚威胁，目的是使被信任者给出更高的返还额。而如果信任者自愿地限制使用物质惩罚，展现出一种善意或者特殊的信任，作为一种互惠，往往会获得被信任者较高的返还额。因此从某种意义上说，是信任带来了可信任。而选择了物质惩罚的威胁，被信任者的返还额往往较低。同时有惩罚选择而不使用，往往也比完全没有惩罚的信任博弈获得的返还额要高。而声誉惩罚能够比实施物质惩罚获得更好的效果，能够较好地提升可信任。声誉惩罚机制虽然没有对人们的收益产生直接的影响，而声誉作为一种特殊的惩罚机制，却在促进信任的提升方面起着重要的作用。此外，由于声誉惩罚没有明显的物质成本，因此社会总体效率是最高的。其实，实施任何一种惩罚机制，都是存在成本的，有些成本可能是有形的，有些可能是无形的，需要决策者在深思熟虑后做出选择。

本章对不同的惩罚机制对信任和可信任的影响进行了分析研究，这些发现丰富了目前惩罚领域的研究，为公共领域和管理领域的政策提供了一定的理论基础，也让人们对信任和可信任有了更深一步的了解。例如，维护信任时，我们应慎用物质惩罚。我们的研究发现由于隐藏成本的存在，物质惩罚作为一种维持信任的机制，往往会给企业带来一定的成本损失。这种成本损失，不仅有经济损失，还有效率损失和心理损失。但是这并不意味着物质惩罚不可用，建立一定的物质惩罚制度还是必须的，但是应该在物质惩罚的机制下尽量少用物质惩罚，而是更多地展现出自己的信任。此外，无论个人、企业还是政府都应当注重企业的声誉管理，以合理的手段维护品牌声誉，提升人们之间的可信任，使得社会总体上达到一个较高的效率水平。

第八章

惩罚和激励对公平的影响

——基于礼物交换博弈实验的研究

一、研究背景与意义

（一）研究背景

在企业进行员工管理的过程中，惩罚和奖励是常用的管理手段。那么，惩罚和奖励在管理过程中是否会产生预期的效果，进而提升企业的经营效用，这是一个值得深入研究的问题。

事实上，学术界对于惩罚和奖励的独立研究由来已久，比如以 Ball、Trevino（1992）为代表的一些学者构建了基于公平理论的组织研究框架，去研究哪些惩罚要素会影响惩罚的效果。而 Fehr（1998）、Falk（2000）等利用博弈实验的方法，从奖励的角度分析了奖励对人们行为的影响。但是，几乎没有同时引用惩罚和奖励的研究文献，因此，本章主要从这个角度进行分析研究。

（二）研究目的

本章继承前几章的研究内容，从惩罚和激励机制入手，对经典的公平博弈进行调整设计，检验惩罚、奖励、惩罚和奖励机制对企业和工人的公平决策行为的影响，以及这种影响带来的绩效上的差异。我们将通过实验的方法，剖析不同机制在礼物交换博弈实验①中对企业方和工人方决策行为产生的影响，进

---

① 礼物交换博弈实验是经典博弈实验之一，由 Akerlof（1982）首先提出。

而分析哪种机制更有利于提升企业管理效率，并且针对研究结果，提出有针对性的管理建议。

（三）研究意义

1. 理论意义

在经济学理论中，"经济人"假设普遍存在，也就是说把人们看作是自私的，并且会最大限度地追求自身利益。但是，在"经济人"假设发展的过程中，对其的争论和冲突始终未止，其中，博弈实验的兴起和不断发展对"经济人"假设提出了大量的质疑，并且，在本章研究的礼物交换博弈中，人们相互给予的行为是传统经济学中"经济人"这个观点所不能解释的。

因此，从1962年弗农·史密斯在《政治经济学杂志》上发表《竞争市场行为的实验研究》（标志着实验经济学的诞生）至今，实验经济学家进行了大量的博弈实验，通过对实验数据的分析，发现人们的行为并不是完全出于自私自利，而是遵循一定的偏好，后来，研究学者经过长期对人们的行为偏好进行总结和探索，使"社会偏好"理论逐渐形成。通过"社会偏好"理论，博弈实验中人们的行为便得到较好的解释。

那么，人们的行为偏好受惩罚机制和奖励机制影响吗？现实中，我们直观地感受到，惩罚和奖励是对人们行为产生影响的有效手段，但是，实际中真的像我们所感受的那样吗？为了研究这个问题，本章把惩罚机制和奖励机制引入标准礼物交换博弈实验当中，充分研究不同机制的作用，以及机制之间的差异影响。因此，本章的研究不仅有助于我们对惩罚机制和奖励机制有效性地理解，而且还有利于我们进一步理解人们的偏好。

2. 现实意义

劳动关系的良好与否，关系到社会的安定，因此极为重要。对于工业发达的国家，劳动关系备受关注，而在我国，劳动关系则处在逐步完善的阶段。

企业中，企业与员工之间的关系是对劳动关系最好的体现，其也是工作中一直出现问题的地方，并且这也是礼物交换博弈实验现实背景的体现。

在工作场景下，企业为其员工提供多少工资与员工为企业付出多大的努力程度始终在企业与员工之间很难使双方都满意，而且企业的哪些做法会使员工付出更多的努力，员工怎么看待企业的行为等，一直在学术界受到广泛的关注。

所以说，企业为员工提供多高水平的工资才能够使员工较为努力地工作，奖惩机制会怎么影响员工的努力程度，这是现实企业中非常关心的问题（关系到企业的发展），也是本章主要研究的方向，因此，此项研究具有一定的现实意义。

二、研究思路与方法

（一）研究思路

本章以惩罚机制和奖励机制对人们礼物交换水平的影响为研究主线，即在经典礼物交换博弈实验的基础上引入惩罚机制和奖励机制，分别去研究这两种不同的机制对礼物交换水平的影响，以及分析哪一种机制能够较好地对人们礼物交换水平产生积极影响。实验的设计需要控制一些影响因素，因此，我们运用策略性方法进行影响因素的控制，以达到研究目的。

首先对礼物交换博弈实验的研究进行了文献综述，梳理了一些影响礼物交换的其他因素。其次研究分析了引入惩罚机制和奖励机制的礼物交换博弈实验的文献研究。礼物交换作为一种亲社会行为，与经济学中"经济人"假设是相违背的，因此，研究对社会偏好理论做了系统性的回顾和说明，其中，互惠是礼物交换博弈中体现出的最为明显的社会偏好。对整个实验的设计进行了详细的描述和说明，即将惩罚机制、奖励机制、惩罚奖励机制引入礼物交换博弈实验。对实验数据进行分析，并得出实验结论。最后进行了研究的总结和展望，进而提出相应的政策建议。

（二）研究方法

本章采用礼物交换博弈实验对人们的行为进行研究，在实验的最后进行了问卷调查，所以，博弈实验法和问卷调查法是本章的主要研究方法。

博弈实验法是近年来研究学者普遍采用的方法，为什么博弈实验得到了广泛运用？其中，它的三大特征说明了这个问题。首先它研究的主体是实实在在的人，它是通过对实验环境的变化去引诱人们做出自己的真实决策。其次是博弈实验的可控性，可控性是指对实验条件的操纵，是对博弈模型进行简化。研究者有意识地引入某些刺激因素，使对参与者的行为特征和结果的测量成为可能。最后是博弈实验的可复制性，可复制性是指同样一个实验是否可以重新进行并去验证某个发现。由于博弈实验设计具有公开性，并且博弈实验往往具有相对固定的程序，所以，类似的实验都能进行重复，而且对于实验的某些细节还能进行变化，进而去探索新的发现。

（三）研究路线

由于研究主要使用博弈实验方法，因此实验的设计与实施，以及实验数据的分析是本书研究的重点。前期的理论知识和文献阅读是实验设计的基础性工作。在实验实施当中，为了检验参与者是否明白了实验过程以及发现实验中的问题，我们会进行预实验，并且在实验的最后会进行一个问卷调查来了解参与者的信息。具体的研究路线如图8-1所示。

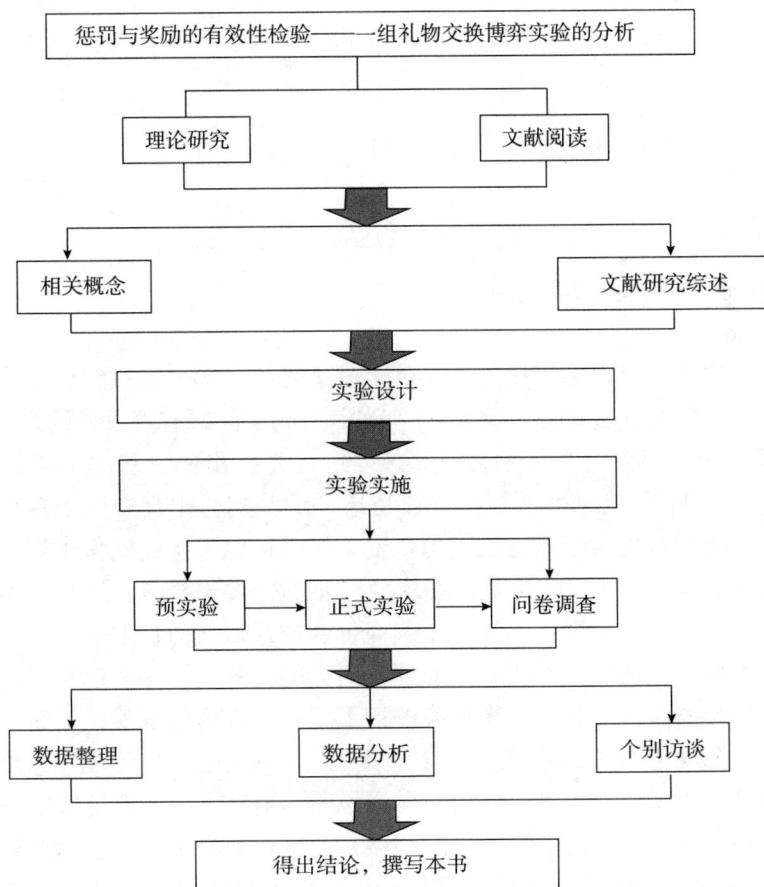

图8-1　研究路线

（四）研究创新点

本章的创新点可以从以下两个方面来说明：

第一，从实验的设计来说，本章的实验设计是在经典博弈实验（礼物交换博弈实验）的基础上进行创新，即在礼物交换博弈实验中引入惩罚机制、奖励机制和惩罚奖励机制。同时，我们把工人生产能力这个信息引入实验设计当中，为问题的研究提供了更多的参考视角。

第二，从实验的结果来说，发现了惩罚机制、奖励机制和惩罚奖励机制对企业和工人行为决策存在影响：①在惩罚权利存在时，企业更愿意提供较高的工资水平，这与我们认为的好员工是奖励出来的截然相反。②相比惩罚机制和奖励机制，在惩罚奖励机制下，企业提供的工资水平对工人的努力程度影响最大，也就是说，双重机制的作用要比单个机制显著。

三、礼物交换博弈文献综述

（一）礼物交换博弈实验

礼物交换博弈是对不完全契约条件下的委托—代理问题进行标准化的一个实验，这个实验对研究劳动经济学中"效率工资"问题有着重要的意义。

此博弈是由阿克洛夫（Akerlof，1982）首先提出的，基本上是一个序贯"囚徒困境"博弈，此博弈的标准过程是这样的：实验中拥有两个角色，即企业和工人，企业首先为工人提供一份工资，工人可以不接受这份工资，这样双方的收益都为零。如果工人接收这份工资，他就需要选择自己愿意付出的努力程度，其中，工人有一个占优策略是选择可能的最低努力程度。

在首次提出礼物交换博弈实验的阿克洛夫的文章中，其通过实验对工人与企业之间的交换为什么称为礼物交换进行了解释。因为他发现，工人一般都会提供超过企业规定的工作标准，而企业也为工人提供超过市场出清的工资水平。对于这种现象，阿克洛夫做出这样的说明：他认为工人提供给企业超过工作标准的部分就是工人提供给企业的礼物，而企业把提供给工人超过市场出清工资水平的部分作为给予工人的礼物，由于这样的礼物给予是一种交易的关系，故称为礼物交换。那么，为什么可以称为礼物，阿克洛夫解释说，因为工人在企业中工作，倾向于对企业中其他的工人和企业产生情感，也就犹如兄弟之间分享礼物作为之间的情感象征，所以，自然地，工人和企业把这份情感以礼物来表示，也就是工人提供超过工作标准的工作水平，企业提供超过市场出清水平的工资。

现实中，关于类似的礼物交换博弈在企业中普遍存在，因此，自阿克洛夫之后，许多经济学家对礼物交换博弈实验的研究越来越多，而且，大量的实验结果与阿克洛夫的发现相似，即企业提供高工资合同和工人提供高努力程度的行为是广泛存在的。大约有40%（在有的情况下会超过50%）的工人，在收到较高的工资时会以较高的努力来回报。但也存在一部分工人，无论收到何种工资水平，都只付出最低的努力水平。其中，企业通常会提供远高于最低水平的工资，Fehr（1993）将企业的这种行为解释为企业通过支付高工资，自己的收益也会得到提高。

后期，经过大量礼物交换博弈实验的分析，经济学者把礼物交换博弈实验中出现的这种普遍现象归因于互惠的存在。根据以上论述的实验结果，可以清楚地看到，对于企业一方，他们一般不会给工人提供最低水平的工资，而作为工人一方，也几乎不会为企业提供最低的努力水平，而企业与工人之间的这种交换行为，则充分体现了互惠的原理。

（二）礼物交换博弈实验研究的综述

现实情形中，礼物交换广泛存在，比如分析社会关系的话题（Arrow，1972；Camerer，1988；Caplow，1982；Lowrey，Otnes和Ruth，2004；Titmuss，1971）、检验政治上的关系（Lazarev和Gregory，2003；Matthews，1959）、研究慈善活动的文章（Andreoni，1989；Falk，2004），然而，礼物交换在工作场景中对于上下级关系的研究得到了最全面的应用和发展，在这个领域中，经济学实验是现在研究的主流，本章也是通过实验经济学实验的方法进行研究。

礼物交换博弈实验主要研究的是通过设计与企业中上下级关系相似的场景，加之一些机制和环境的改变，进而让参与者进行经济决策，最后去分析参与者行为的一个过程。在这一过程中，研究者会根据一定的研究目的，对标准礼物交换博弈实验进行改进并探索。下面，本章将通过对礼物交换博弈实验中的改变分类，进行文献综述。

1. 礼物交换博弈实验中参与者的变化

在做实验经济学的实验时，不可或缺的就是对参与者进行招募，这是一个非常辛苦和漫长的过程。一些学者为了研究是否由于参与者的一些性质变化影响了实验结果，因而他们会招募他们想要研究的参与者群体或相应的参与者数量。

Mark F. Owens（2011）在礼物交换博弈实验中对参与者的年龄阶段进行改变，来研究不同年龄阶段的参与者之间的礼物交换水平是否相同，因此，作者招募了四个年龄阶段的参与者，即八年级学生、高中生、大学生和工作的成年人。实验结果表明，这四种类型的参与者的礼物交换水平都是显著的，其中，八年级学生的礼物交换水平明显比其他三类参与者低，其他三类参与者的礼物交换水平没有显著差异。这个结果表明，年龄的不同对于礼物交换水平存在一定的影响。

而在 R. Lynn Hannan 等（2002）的文章中，研究的参与者为本科生和 MBA 两个群体，通过两个群体的实验结果分析，指出本科生提供的努力水平要比 MBA 低得多，作者把这个差异的出现归因于 MBA 群体把工作经验带入了实验。

然而在 Ananish Chaudhuri 和 Erwann Sbai（2011）的研究中，作者探索了信任和互惠在性别方面的差异，通过在礼物交换博弈实验中的结果分析发现，信任在性别方面不存在差异，但是女性要比男性的互惠水平低。

为了研究不同国家人群在劳动市场背景下行为的差异，Israel Waichman 等（2015）从经济合作与发展组织中选取五个高收入国家的参与者进行礼物交换博弈实验，这五个国家分别为：德国、西班牙、日本、美国和以色列。结果发现，在这五个国家中，努力程度都是在逐步增加的，而对于提供的工资水平拒绝的比例在下降，而且作者还发现，当对一次性实验与重复关系实验之间进行对比时发现，不同国家之间参与者的行为存在显著的差异，尤其是在德国和西班牙这两个国家之间差异最显著。

以上文献主要从参与者的个体性质方面的差异进行研究，下面的研究是从参与者数量方面进行的说明：

一般情况下，礼物交换博弈实验的研究都是"一对一"的，即一个企业对应一个工人，而且普遍存在的研究结果是企业为工人提供的工资与工人提供的努力水平存在正相关关系，在 Sandra Maximiano 等（2007）的文章中，为了研究这个普遍的结果在"一对多"（即一个企业对应多个员工）的情况下是否存在，作者设计了一个企业对应四个工人的"一对多"实验局进行对比研究，发现在这个实验局中，企业为员工提供的工资与工人提供的努力水平之间的正相关关系依旧存在，所以，这个发现说明了工资与努力水平之间的正相关关系在劳动力规模增加方面是稳健的。

同样地，Volker Benndorf 和 Holger A. Rauy（2014）对比了"一对二"（一个企业对应两个工人）和"一对一"（一个企业对应一个工人）的礼物交换博弈实验，在"一对二"实验局中，企业提供给两个工人的工资可以不同。数据分析指出，在"一对二"实验局中，工人的努力水平要比在"一对一"实验局中高，并且，企业会通过提高工资水平来奖励绩效较高的工人，而且，"一对二"实验局的工人认为增加努力程度是值得的。

像以上研究一对多的礼物交换博弈实验的文献还有不少，比如，Johannes Abeler 等（2011）、Steffen Altmann 和 Sebastian Kube（2010）、Daniele Nosenzo（2012）、Aurélie Bonein（2014）等。但在本章的研究中，依然采用的是经典礼物交换博弈实验中"一对一"的形式。

2. 礼物交换博弈实验中工资设定的变化

礼物交换博弈实验中，企业为工人提供工资是实验中重要的一个步骤，其中工资的设定和形式对工人行为的影响也是研究的重点，并且这个方面在劳动市场中的研究使实验经济学家产生了很大的兴趣。

在 Charness（2004）的文章中，作者研究了外部决定工资（即工资的设定不由企业提供，而相当于第三方提供工资）和企业决定工资对工人的影响，结果发现，在外部决定工资的情况下，工人在面对较低工资水平时，提供的努力水平显著地比在企业决定工资的情况下高，而在企业决定工资的情况下，工人的努力水平较低（此种情况下，工人的努力水平接近最低努力水平）。而在同年，Charness 和 Brandts（2004）的另一篇文章中，作者探索了在竞争环境下（即工人多企业少或是工人少企业多的情况），强加了一个最低工资，进而研究了工人的行为，结果发现礼物交换仍然存在。另外，Owens 和 Kagel（2010）也引入最低工资进行研究，他们设计的实验是这样的：实验有两个实验局，第一个实验局是最开始没有引入最低工资，后来进行最低工资的引入，而第二个实验局则是最开始就引入最低工资，后来把最低工资去掉，通过对第一个实验局前几期没有引入最低工资的数据与第二个实验局中前几期引入最低工资的数据进行对比发现，在存在最低工资的实验局中，平均工资是显著较高的，并且平均努力水平有较小幅度的提升。

同样地，Falk 等（2006）研究了在实验中施加一个竞争性的最低工资对工人行为的影响，其中作者通过策略的方法引出工人的保留工资（工人对自身工作的工资水平的心理价位），他们发现，当提供的工资高于保留工资时，这个工资就会被接受，反之则不被接受，而且他们还发现，临时引入最低工资会导致参与者保留工资的增加，当这个最低工资被移除后，保留工资也会持续上升。

而 Charness 等（2012）则研究了授予工人工资的决定权对工人绩效的影响，也就是说，在实验中，工人可以自己决定自己的工资，作者发现，授权显著地增加了工人的努力水平，并且绩效也随之增加，最终导致企业和工人的收益也增加了。像这种的授权在工作场所是普遍存在的，例如，工人能够要求工资的增加，并传达给公司，或者通过工会提出工资提案等，如果实际工资没有达到工人的要求，那么礼物交换水平就可能会受到影响。而 Jörg Franke 等（2016）的文章中，也授予了工人工资的决定权，但是与 Charness 等（2012）不同，这篇文章中授予的权利是指在企业提供的两个工资中，让工人自己选择一个工资，结果却发现，拥有工资选择权利的工人的努力水平有一定程度的下降。

在工资变化的实验中，Saima Mahmood 和 Asad Zaman（2010）研究非金钱实物作为报酬和与非金钱实物相同价值的金钱作为报酬对工人行为的影响。作者发现，非金钱礼物的刺激要比等价金钱的刺激显著，而且在非金钱礼物实验局中，工人的努力水平较高。同样地，对非金钱实物与金钱作为报酬进行对比研究的文章还有 Sebastian Kube 等（2011）。

综上所述，对于礼物交换博弈实验中工资变化的研究还有许多，比如 Jeffrey（2002）、Johannes Abeler 等（2010），而在本章中，工资的变化不是研究重点，所以本章继续采用经典礼物交换博弈实验中工资的设定方式，即由企业给工人设定工资。

3. 礼物交换博弈实验中环境的变化

本部分对礼物交换博弈实验中环境的变化进行讨论，这里的环境变化包括实验的外部环境变化，比如是否可以用实验中的电脑进行上网，也包括实验的内部环境变化，比如实验中信息是否可以传递、惩罚是否引入等。

对于实验中环境的变化，是现在研究较为创新的形式，也是本书创新的地方。在现实的工作场所中，环境的变化可能对人的影响很大，可能带来积极的效果，也可能带来消极的作用，所以，礼物交换博弈实验中引入环境变化来研究对人们行为的影响是当今研究的新方向。

首先是礼物交换博弈中外部环境变化的研究。Alexander K. Koch 和 Julia Nafziger（2016）从日常工作中发现工人上班期间经常阅读新闻、浏览社交网站，所以，作者就研究了在实验中限制工人的上网闲逛权限是否会影响工人的行为选择。实验分为三个实验局，分别为能够上网闲逛的实验局、不能上网闲逛的实验局、企业选择工人是否能上网闲逛的实验局，结果发现，在能够上网闲逛的实验局中，工人在企业提供较低工资水平时，努力水平要比在不能上网闲逛实验局中相应工资水平下要高，并且，在企业授予工人上网闲逛的权利情况下，工人的努力水平有所增加，对于这种现象，作者解释为高度互惠的工人把企业给予的权利作为了礼物，所以他们就以较高的努力水平来回报。而这正是对 Akerlof（1982）文章的结果进行了证实，并且也体现了礼物交换博弈的本质。还有一些文章也对外部环境的变化进行了研究，比如 Houser 等（2016）研究了上网这种诱惑是否使工人的生产力变低，Corgnet 等（2015）也研究了企业是否给工人提供上网的权限对工人的努力水平产生影响等。

以上简单说明了外部环境对礼物交换的影响，而在礼物交换博弈实验中，更为重要的则是内部环境变化对于礼物交换水平的影响，其中信息传递研究比较普遍。

在 David J. Cooper 和 John P. Lightle（2013）的文章中，很好地说明了信息的影响。他们利用信息实验局和反馈实验局进行实验，其中信息实验局就是在标准的礼物交换博弈实验中，使员工可以在选择努力程度的同时发送信息给企业，这个信息可以是任何工人想说的，结果发现，工人的努力程度受到了这个信息的影响，而且企业提供的工资水平迅速增加。而在反馈实验中，企业被直接告知关于工资水平与努力程度之间的关系，结果工人工资水平也得到了增加，但是增加的程度没有在信息实验局中多。

而在 Kean Siang（2011）的研究中，工人在提供努力程度之前，会得到市场中企业提供的平均工资水平，通过平均工资水平这个信息，来检验是否会影响企业和工人的决策行为，分析发现平均工资水平这个信息刺激了工人提供较高的努力程度，而企业提供的工资水平则接近于平均工资水平。

还有文献为了给企业提供关于工人的信息，通过一定的方法对工人进行测试，进而反映工人某方面的能力，比如，Florian Englmaiera、Sebastian Strasserb 和 Joachim Winterb（2013）在进行礼物交换博弈实验之前，通过一定的测试，检测出工人的生产能力和是否可信赖，进而去研究不同类型的工人对企业的影响。数据分析发现，企业给予具有较高生产能力并且可信赖的工人显著较高的工资，而可信赖的工人使企业的利润较高，进而发现可信赖工人的产出水平要比那些不可信赖工人的高。其中，这篇文章的生产能力检测方法是本章实验借鉴的地方，引入生产能力检测是为了研究这个生产能力信息是否会影响到企业对工人工资水平的决策，进而去说明其中的潜在原因，这种信息引入的方法在国内的研究中几乎不存在，所以也是本章创新点之一。

4. 引入惩罚和奖励机制的礼物交换博弈实验

本章另外一个创新之处是在礼物交换博弈实验中引入惩罚机制和奖励机

制。通过文献检索发现，国外对于在礼物交换博弈实验中引入惩罚和奖励的研究较少，而国内对这方面的研究更是不存在，所以，为了弥补这方面的研究空缺，本章便进行了这方面的创新实验。以下是国外引入惩罚机制或奖励机制的实验综述。

Ernst Fehr 和 Simon Gachter（2001）为了研究具有激励性的合同是否对自愿合作有挤出效应，设计了两个实验局，第一个实验局引用 Fehr 等（1993）的经典礼物交换博弈实验，而第二个实验局为激励实验局，这个实验局与第一个实验局的不同之处在于，企业拥有惩罚那些工人实际的努力程度比企业期望的努力程度低的工人的机会，通过对比这两个实验局，作者发现激励性合同对自愿合作有一个强大的挤出效应。这篇文章的实验是通过引入惩罚来产生一个激励性的合同，进而去研究挤出效应，和本章的研究主题有一定的差异。

而 Ernst Fehr 等（1997）同时引入了惩罚和奖励机制，这种引入惩罚和奖励机制的方法也是本章主要借鉴的地方。Ernst Fehr 等（1997）通过惩罚和奖励机制的引入来研究互惠机会的存在与否对企业和工人的决策产生什么影响。实验发现，当市场上企业和工人都有机会做出互惠的反应时，稳健而有力的互惠决策将会产生，并且互惠使效率得到了提升。

本章的研究便借鉴了 Ernst Fehr 等（1997）惩罚和奖励机制的实施方法，即企业可以给工人选择惩罚系数或者奖励系数而对工人产生相应的惩罚和奖励，进而去影响工人的收益。但本章与 Ernst Fehr 等（1997）的研究是存在差异的，本章主要研究的问题是惩罚和奖励的有效性，并且实验中还引入了信息的传递机制来研究信息对于企业行为的影响。可以说本章的实验是在 Ernst Fehr 等（1997）的基础上进行创新和改进，实验的具体步骤已在第三章中进行了详细介绍。

Elwyn Davies 和 Marcel Fafchamps（2017）为了研究人们实施惩罚的程度，对比了在加纳和英国进行的礼物交换博弈实验，结果发现在英国，参与者的行为符合前人的实验结果，即高努力水平受到了奖励，低努力水平受到了惩罚。然而在加纳，却没有发现利用这种刺激的证据。因此，在加纳，企业没有去惩罚那些自私的工人，这样便导致了工人的低努力水平和企业的低收益。

而 David J. Cooper、John P. Lightle（2011）和 Philip Johnson 等（2001）的研究也都有惩罚和奖励的存在，但都是从侧面去说明，而没有直接引入惩罚和奖励这些激励机制。那么，惩罚和奖励这些激励机制真的能刺激工人的努力程度吗？这个问题在国内很少有人直接去研究，而在现实的企业环境下，人们总觉得这些激励机制有时是不起作用的，所以，为了研究这个问题，本章便对礼物交换博弈实验进行创新，进而去探索惩罚和奖励在其中的作用。

（三）礼物交换博弈实验中的互惠原理

经济学家普遍认为金钱刺激不是唯一一个能够影响经济结果的因素，而其他因素也会扮演重要角色，现今，互惠①这个因素得到了经济学家广泛的关注，并且，它对人们的经济行为同样起着决定性影响，而在礼物交换博弈实验中，互惠得到了很好的体现。

其中，Akerlof（1982）关于礼物交换的开创性论文，引起了经济学家对互惠动机的关注，所以，许多经济学家利用礼物交换博弈实验，得到的大量实验结果对互惠动机进行了印证，比如 Fehr 和 Kirchsteiger（1996）、Charness 和 Santa Barbara（1999）、Kube 和 Puppe（2011）等。而在 Akerlof（1982）的文章中，他认为工人的努力程度和企业对工人的慷慨待遇是互惠的礼物，并且大量的实验也发现工人的努力程度与工资水平之间呈正相关关系，即互惠这种关系。因此，在礼物交换博弈实验中，互惠动机是广泛存在的。

那么，互惠的本质是什么，在《埃达》这本散文集中，一句中世纪诗句 "A man ought to be friend to his friend and repay gift with gift. People should meet smiles with smiles and lies with treachery" 准确地描绘了互惠的本质。这句引述包含了积极互惠②和消极互惠③，最重要的是，互惠不同于自私行为和纯粹以结果为目的的行为。

而实验经济学家在实验中对积极互惠和消极互惠也有所发现。比如在最后通牒博弈实验中，消极互惠是一个稳健的结果，如 Guth 等（1982）发现人们拒绝低工资是为了惩罚那些不善良的提供者。在 Fehr 等（1993）的文章中，作者分析了互惠在劳动力市场的影响，他们在企业提供的工资水平与工人提供的努力水平之间得到了一个显著的正相关关系。本章中，也将在第四部分利用实验数据去解释互惠并进行说明。

所以，根据以上对互惠的解释，互惠动机可以被定义为对善良或不善良行为的感知，一个行为被认为越善良或越不善良，那么，这个行为就越会受到奖励或者惩罚。因此，这便提出了一个重要问题：人们是怎样评估一个行为善良还是不善良的？这主要表现在以下两个方面：①这个行为所导致的结果；②行使行为的主体的动机（主体行为的目的是什么）。Rabin（1998）解释道，"人们对于他

---

① 互惠是指人们会奖励善良的行为而惩罚不善良的行为。

② 积极互惠是指奖励那些善良的行为。

③ 消极互惠是指惩罚那些不善良的行为。

们自己意向的决定不仅根据其他人的行为，而且还根据其他人的动机"。例如，Bewley（1995）对工人的调查问卷分析发现：工人认为对他们工资的削减是一种侮辱，进而对他们的工作士气产生了消极影响。但在礼物交换博弈实验中，互惠导致的典型结果为企业提供的工资水平与工人提供的努力程度之间存在显著的正相关关系，如 Fehr 等（1993）、Abeler 等（2010）、Altmann 等（2014）、Falk 等（2000）、Gachter 等（2015）、Cooper 和 Lightle（2013）等。

所以，本章运用改进的礼物交换博弈实验，结果对互惠有一定的深刻理解，也为实验经济学中互惠理论提供了进一步的验证。

以上文献综述从四个方面进行了阐释，并且对礼物交换博弈实验中互惠的原理进行了说明。从综述中可以看出，对于礼物交换博弈实验的研究，实验中环境的变化是较为前沿的方向，并且惩罚机制和奖励机制的引入是国内外研究较为缺乏的部分，因此，本章在标准礼物交换博弈实验的基础上，将惩罚机制和奖励机制直接引入，来研究其对企业和工人的行为决策影响。

四、实验设计与假设

（一）实验具体流程说明

由于在每个实验局中，都会有两个实验角色，即企业和工人，一个企业和一个工人将会进行随机配对。所以，在实验前，实验参与者将随机被分配为一个角色，并且在实验全过程中，实验参与者的角色不变。分配后，实验参与者进入相应实验室。进入实验室后，实验参与者首先会在签到处获取实验的个人编码 ID，这个编码 ID 在整个实验中不会变化，需要牢记，然后实验参与者随机入座。实验工作人员发放实验指导，待实验参与者阅读完实验指导后，实验工作人员将对实验中的注意事项进行讲解，并给予实验参与者一定时间就实验指导中的疑问提问，当所有的实验参与者对实验指导和实验流程全部明白后，将进行具体实验。

在实验指导中，禁止实验参与者在实验过程中与其他实验参与者进行任何形式的交流。并且，实验还采取完全匿名的形式，即个人信息和决策将会严格保密。需要进一步说明的是，一个实验参与者与其配对的另一个实验参与者只能进行一轮实验，在下一轮实验中，实验参与者将被重新配对。

具体实验共有四个部分，第一部分为预实验。所谓预实验就是在正式实验之前对实验参与者进行正式实验的预演，类似政府提出一项新政策在一个地方试运行。这一步主要是为了让实验参与者对实验具体过程和实验中个人收益的计算更加清楚，进而也可检查实验中的错误并进行纠正，使正式实验顺利进行。预实验仅进行一轮，其中，预实验的收益不计入个人的最终收益。

第二部分为正式实验。在这个部分，实验参与者将与其配对的实验参与者进行一个礼物交换博弈实验，实验参与者需要在实验中完成相应的决策。具体实验任务如下：

假设实验参与者参与的是基准实验局（Baseline Treatment，BT），在该实验局中，实验参与者与另外一个参与者组成一个小组，两人在实验中随机扮演企业和工人的角色。实验开始，首先，扮演工人的实验参与者将进行生产能力的测试，此测试在整个实验中只进行一次，测试采用 Florian Englmaiera 等（2013）的方法，即选出字母组合的正确四位数编码，通过此测试计算出工人的生产能力和所有工人的平均生产能力。这个信息随之将会传递给企业方，然后企业根据这个信息为工人提供一个工资水平 W，工资水平 W 的选择范围为 0~100 的任意整数，工人在得到企业提供的工资水平 W 之后，将对这个工资水平为企业选择一个努力程度 e 作为返还，努力程度 e 的选择范围在（0.1，0.2，…，0.9，1），其中，这个努力程度存在成本 C，即会使工人的收益相应减少（努力程度 e 的选择范围和与之相对应的成本 C 在表 8-1 中显示）。另外，企业在为工人选择工资水平之前，需要决定一个期望工人的努力程度 E（Desired Effort）$\in \{0.1, 0.2, …, 1\}$，工人在得到企业提供的工资水平之前，需要决定一个期望企业提供的工资水平 W′（Desired Wage）$\in \{0, 1, 2, …, 100\}$，期望努力程度 E 和期望工资水平 W′将不会告知工人和企业。在标准的礼物交换博弈实验中，企业的收益 $\Pi c = (100-W) e$，而工人的收益为 $\Pi w = W - C$。因此，期望努力水平 E 和期望工资水平 W′都不会影响参与者的最终收益。

假设实验参与者参与的是惩罚实验局（Punishment Treatment，PT）。在这个实验局中，实验几乎与基准实验局相同，唯一不同的地方是工人在做出努力程度 e 的决策后，企业随后会根据这个努力程度 e 和企业期望的努力程度 E，为工人选择一个惩罚系数 $p \in \{0, 0.1, 0.2, …, 1\}$，其中，这个惩罚系数 p 存在成本 K，即会使企业的收益相应减少（惩罚系数 p 的选择范围和与其对应的成本 K 在表 8-2 中显示）。也就是说，在有惩罚的实验局中，企业有权利对工人进行惩罚。此实验局中，企业同样与基准实验局一样，需要为工人选择一个工资水平 W 和他/她期望工人提供的努力程度 E，工人也与在基准局中一样，需要为企业选择一个努力程度 e 和期望企业提供的工资水平 W′。那么，此实验局中，企业的收益为 $\Pi_c=(100-W)e-K$，工人的收益为 $\Pi_w=(W-C)p$。

假设实验参与者参与的是奖励实验局（Reward Treatment，RT），在这个实验局中，实验过程也与基准实验局相似，其中，唯一不同之处是工人在做出努力程度 e 的决策后，企业会随之根据工人的努力程度 e 和企业自身期望工人的努力程度 E，为工人选择一个奖励系数 $q \in \{1, 1.1, \cdots, 1.9, 2\}$，奖励系数同样也存在成本 K'，这个成本会使企业的收益相应减少（奖励系数 q 的选择范围和与其对应的成本 K' 在表8-3中显示）。也就是说，在有奖励的实验局中，企业有权利对工人进行奖励。此实验局中，企业同样需要为工人选择一个工资水平 W 和他/她期望工人的努力程度 E，工人同样需要为企业选择一个努力程度 e 和期望企业提供的工资水平 W'，那么，此实验局企业的收益为 $\Pi_c=(100-W)e-K'$，工人的收益为 $\Pi_w=(W-C)q$。

假设实验参与者参与的是惩罚奖励实验局（Punishment Reward Treatment，PRT），此实验局相当于惩罚实验局与奖励实验局的结合，即企业同时拥有惩罚和奖励工人的权利，也就是说，企业在得到工人提供的努力程度 e 之后，需要为工人选择一个惩罚系数 p 或者奖励系数 q，惩罚系数和奖励系数只能选择一个，而且惩罚系数和奖励系数都存在成本，这与惩罚实验局和奖励实验局中的相同，分别为 K、K'。并且，企业和工人的其他决策与基准实验局相同。那么，在这个实验局中，企业的收益为 $\Pi_c=(100-W)e-K$（企业为工人选择惩罚的情况）或 $\Pi_c=(100-W)e-K'$（企业为工人选择奖励的情况），工人的收益为 $\Pi_w=(W-C)p$（企业为工人选择惩罚的情况）或 $\Pi_w=(W-C)q$（企业为工人选择奖励的情况）。

第三部分为实验调查问卷，问卷的设计参照陈叶烽等（2010）和孙娟等（2014）的问卷，对实验参与者的年龄、性别、有无此类实验经验等基本信息内容进行调查，同时，问卷还参考了郭永香等（2011）关于大学生惩罚和奖励敏感性问卷的问题，从而通过探索性因素分析去研究参与者的决策是否与之有关联。

第四部分为实验参与者的现金收益获取。实验参与者在完成相应的实验局实验和调查问卷后，就可到实验签到处领取装有现金收益的信封，信封中的现金是根据实验参与者在实验中的收益换算而得出的，实验参与者确认自己的现金无误后即可离开实验室。以上就为全部实验的过程，表8-4展示了不同实验局的实验基本信息。

表 8-1　努力程度及其对应成本

e	0.1	0.2	0.3	0.4	0.5	0.6	0.7	0.8	0.9	1
C	0	1	2	4	6	8	10	12	15	18

表 8-2　惩罚系数及其对应成本

p	0	0.1	0.2	0.3	0.4	0.5	0.6	0.7	0.8	0.9	1
K	10	9	8	7	6	5	4	3	2	1	0

表 8-3　奖励系数及其对应成本

q	1	1.1	1.2	1.3	1.4	1.5	1.6	1.7	1.8	1.9	2
K′	0	1	2	3	4	5	6	7	8	9	10

表 8-4　不同实验局的实验基本信息

场次	实验时间（2017 年）	实验地点	人数	轮数	对象	实验局
1	12 月 1 日	人文楼东配 541、535	10	10	本科生	基准局（BT）
2	12 月 1 日	人文楼东配 531、529	10	10	本科生	惩罚局（PT）
3	12 月 1 日	人文楼东配 539、537	10	10	本科生	奖励局（RT）
4	12 月 1 日	人文楼东配 533、527	10	10	本科生	惩罚奖励局（PRT）
5	12 月 4 日	人文楼东配 541、535	10	10	本科生	基准局（BT）
6	12 月 4 日	人文楼东配 531、529	10	10	本科生	惩罚局（PT）
7	12 月 4 日	人文楼东配 539、537	10	10	本科生	奖励局（RT）
8	12 月 4 日	人文楼东配 533、527	10	10	本科生	惩罚奖励局（PRT）
9	12 月 8 日	知行楼 310、312	10	10	本科生	基准局（BT）
10	12 月 8 日	知行楼 304、308	10	10	本科生	惩罚局（PT）
11	12 月 8 日	知行楼 314、318	10	10	本科生	奖励局（RT）
12	12 月 8 日	知行楼 320、322	10	10	本科生	惩罚奖励局（PRT）

（二）实验研究及参与者说明

1. 实验研究说明

研究共进行了四个实验局实验，分别为 BT、PT、RT 和 PRT。在 BT 中，实验是在 Fehr 等（1993）经典礼物博弈实验的基础上，把生产能力的信息引入实验，这样做是为了研究对于不同生产能力的工人，企业的决策是否会有不同。在 PT 中，实验是在 BT 的基础上，通过惩罚机制的引入进而研究惩罚对工人决策的影响，以及企业怎样利用手中的惩罚权利。在 RT 中，实验是在 BT 的基础上，通过奖励机制的引入进而研究奖励对工人决策的影响，以及企业怎样行使手中的奖励权利。在 PRT 中，实验是结合 PT 和 RT，使企业同时具有惩罚和奖励的权利，这样做是为了研究当企业同时具有这两种权利时，企业的决策行为与工人的决策行为是否产生变化。

以上是从四个实验局的单独研究所要探索的问题，同时还能通过实验局之间的对比来研究本书所要探讨的问题。其中，通过 BT 与 PT 之间的对比，可以对惩罚是否有效进行说明；通过 BT 与 PT 之间的对比，可以对奖励是否有效用进行证实；通过 BT 与 PRT 之间的对比，可以得到惩罚和奖励同时存在的效用。而且，还可以通过将 PT 与 RT 之间进行对比，去研究惩罚与奖励谁的效用更大，同时也可通过 PT 与 PRT、RT 与 PRT 之间的对比，去研究拥有一种权利与拥有两种权利之间的效用是否存在差异。

以上是本书所要研究问题的简要说明，详细数据分析及研究结果已在第四章中展示。其中，实验还有一些控制和细节问题需要进一步阐释。

首先，需要控制需求效应（Demand Effect）①，需求效应说明了在实验中"匿名性"的重要性。这种"匿名性"不仅要求决策过程中完全匿名，同时也要保证最后的实验收益发放是匿名的，因此，在实验中，禁止实验参与者在实验中进行交流，并且在实验的最后，收益的领取是以信封的形式发放的。

其次，需要控制框架效应（Frame Effect）②。框架效应是由 Kahneman 和 Tversky（1983）最早提出的，他们发现对实验参与者的相同内容采取不同的提问方式会产生不同的效果。由于在实验中，实验说明的撰写是整个实验经济学研究过程中非常重要的一环，所以框架效应就要求在实验说明中尽量采用中性的词语和写法。

再次，进行的实验局实验都为一次性（One-shot）实验，即企业和工人只进行一次实验，在第二轮中，双方将会面对新的与之对应的参与者。这样做的目的是避免声誉效应（Reputation Effect）和学习效应（Learning Effect）对实

① 需求效应（Demand Effect）：实验中的实验参与者可能会揣摩实验者的意图或者实验本身的目的，并按照他们所认为的实验者希望的决策方式改变自己的选择，也就是说，被试往往出于自身的需要可能在实验决策中取悦实验参与者，这样会导致他们的决策行为不是纯粹出于金钱的激励，从而发生决策行为的扭曲。

② 框架效应（Frame Effect）：对同一内容的不同描述可能导致人们的选择发生变化。

验结果产生的影响。

最后，还需要说明的是总收益和期望值问题。对于实验参与者的总收益，是对每轮收益进行加总来得到的，但是，Jara 和 Jorge（1988）的研究认为，这种形式会产生财富效应（Income Effect）①，其中，财富效应与 Kahneman 等提出的前景理论密切相关，背后的原因在于人们损失厌恶的心理，但此实验认为，收益的累加更具激励效果，这样使实验参与者的真实行为能够通过激励较好地反映，所以，本章实验采用收益累加的形式来计算实验参与者的总收益。

而对于企业和工人各自提供的期望值，在实验中将不会让对方知道，但在有些实验研究中，期望值信息是可以让对方获得的（Fehr 和 Gachter，2001）。在本章中，出于期望值可能对企业和工人的决策产生引导作用，进而对实验结果产生影响的原因，因此，实验设定不允许企业和工人知道对方做了什么的期望值。

综上，通过对变量的控制，使要研究的问题更加清晰地分离出来。

2. 实验参与者说明

在实验经济学的实验中，大部分都采用学生来作为实验参与者，这也导致了实验结果被一些学者质疑。这种质疑主要来自两方面的原因：第一，学生也许并不是全体人口样本中具有代表性的群体；第二，选择学生作为实验参与者，存在一定的选择效应（Selection Effect），因为一些人口群体的行为可能与学生的行为有所不同。

在本章的研究中，实验参与者也为学生，之所以选择学生的原因主要在于诺贝尔经济学奖获得者弗农·史密斯（1967）指出的实验参与者三大实验设计原则，只要符合这三大原则，得出的实验结果都是可信的。这三大原则为：一是采用"随机化"方法，实验参与者的选取、角色的分配都是随机的；二是对实验目的的保密，对实验小心讲解，不出现暗示性术语；三是使用"诱导价值理论"（Induced Value Theory）②，诱导实验参与者发挥其角色的特性，使其个人先天的特性尽可能与实验无关（董志勇，2008）。同时，Charness 和 Fehr（2015）在 *Science* 中发表的文章指出，也有许多实验采用了非学生的实验参与者，比如工人、专业的金融交易员、士兵、审判人员等，最后得出的结

---

① 财富效应（Income Effect）：一个人一旦拥有某项物品，则对该物品的评价比未拥有前大幅增加。

② 诱导价值理论（Induced Value Theory）：其核心是把受实验者放置在同真实市场交易相似的环境，为被试提供真实的物质激励，并通过合适的实验机制设计，考察被试在物质激励下的经济行为。

果却与学生被试的结果相似。所以，以学生作为实验参与者是可行的。

（三）实验假设

结合本章研究主题和实验设计细节，课题组提出五个基本的假设。

假设 1：企业提供给工人的工资水平与工人提供的努力程度之间存在正相关关系。

本书的主要研究兴趣在于企业和工人的决策行为以及他们的收益比较，根据传统经济学"经济人"假设，人是自私自利，并且追求自身利益最大化的，所以，对于企业而言，提供较低的工资水平是较为理性的，而对于工人来说，提供较低的努力程度是作为理性人的较优选择。但是，在前人的礼物交换博弈实验研究中，有不少研究发现，当企业给工人提供较高的工资水平时，工人会以较高的努力程度作为回应（Fehr 等，1993；Abeler 等，2010，Falk 等，2008），这样的结果使"经济人"的假设受到质疑，并且，这一结果可从互惠的角度进行解释（Guth 等，1982），即人们都会给予提供给他们帮助或者资源的人以相应的回报（积极互惠），同时也会去惩罚那些不友善的行为（消极互惠），因此，通过本章的实验数据，可以探索这种努力程度与工资水平之间的关系。所以，提出了假设 1。

假设 2：生产能力信息会对企业的决策行为产生影响，并且，企业提供给较高生产能力的工人以较高的工资水平，给较低生产能力的工人以较低的工资水平。

本章的创新之一就是引入工人生产能力信息，这样做是为了研究信息因素对企业的决策行为是否产生影响。通过研读 David J. Cooper 和 John P. Lightle（2013）、Kean Siang（2011）等存在信息引入的文章后发现，不同信息的引入确实对人们的决策行为产生了一定的影响，并且，在现实生活中，信息是重要的资源，谁获得的有价值的信息越多，谁就会越有主动权，那么，在企业中，信息的重要性就不言而喻了。比如本章中引入的生产能力这个信息，在一般情况下，企业会招聘生产能力较高的工人，并且为他们提供较高的工资水平。因此，提出了假设 2。

假设 3：对比基础局，在惩罚局、奖励局、惩罚奖励局中，生产能力对工资水平存在较大的影响。

生产能力这个信息对各个实验局的影响程度有什么区别？这也是本章探讨

的问题之一。

相比不存在机制激励的企业，在存在奖励机制的企业中，企业会较为公正地考量工人的生产能力，进而给工人提供合理的工资水平，这样就使工人的生产能力对企业提供的工资水平有较大的影响，而在存在惩罚机制的企业中，同样地，这种影响也会存在，并且都比在无机制企业中的影响大。所以，提出了假设3。

假设4：对比基础局，在惩罚局、奖励局和惩罚奖励局中，工人的努力水平将会得到相应的提高。

本章另外一个主要研究的问题为惩罚和奖励对人们决策行为的影响，那么，惩罚和奖励对于人们的行为是否能够产生效果，惩罚和奖励谁的效果比较明显，这是本章需要解决的问题。

一般情况下，企业对于工人的激励多为奖励的形式，而对于惩罚，企业都是慎重使用，因为惩罚会使工人的士气大落，产生较大的负面影响，然而，工人也会为了避免惩罚，提高自身的努力程度，并且这个原因的驱使力要比惩罚的负面影响更大，所以奖励和惩罚都会对工人的行为产生影响。因此，提出了假设4。

假设5：对比于单独存在惩罚或奖励的权利，当同时存在惩罚和奖励的权利时，企业愿意提供较高的工资水平。

那么，惩罚与奖励谁的作用更大？还是同时存在惩罚和奖励时的作用更大？一般而言，双重权利的激励作用会更加突出，单个权利的作用次之，这个结果通过张帅（2015）和张宝山（2016）在公共物品博弈实验和信任博弈实验中的结果得到了验证，因此，提出了假设5。

五、实验结果分析

实验是在北京第二外国语学院人文楼进行的，实验时间为2017年12月1~8日，共招募120名学生参加了此次实验，所有的实验参与者原来都没有参与过类似的实验。其中，实验共有四个实验局（基础局、惩罚局、奖励局、惩罚奖励局），每个实验局有30个实验者参与，并且每个实验局进行十轮。

实验中，采用决策表的形式，每个实验局大约需要持续90~120分钟。实验后，通过计算得出，每个人的平均收益约为25.6元。实验结束后通过对实验参与者进行回访，得知实验参与者对实验过程都清楚明白，并且在实验中认真地进行自身的决策，因此，实验的数据真实、可靠。

以下是对实验数据的分析，主要从描述性统计和回归分析两个方面进行说明。

（一）描述性统计

结论1：在不同的奖励和惩罚背景下，参与者的决策行为显著不同。

特别是对于企业方来说，惩罚局（PT）实验提供的工资水平最高，标准局（BT）实验提供的工资水平最低；对于工人方来说，惩罚奖励局（PRT）实验提供的努力程度最高，标准局（BT）实验提供的努力程度最低。并且，在每个实验局中，企业提供的工资水平和工人提供的努力程度一般都在50%，这一结果与 Fher（1993）、Kean Siang（2011）等文章的结果相似。并且与"经济人"假设相悖（统计结果在表8-5中显示）。进而验证了假设4。

表8-5给出了四种类型的礼物交换实验下企业提供工资和工人努力程度的均值和标准差。对照四种实验的均值，可以清晰地看到，加入惩罚和奖励机制的礼物交换博弈无论是企业提供的工资水平还是工人的努力程度都高于没有惩罚和奖励机制的情况。下面将进行实验局之间的对比分析。

表8-5 各实验局企业提供的工资水平与工人努力程度的均值统计

	BT	PT	RT	PRT
工资水平	47.81 （13.833）	52.33 （14.420）	47.91 （16.577）	48.61 （12.725）
努力程度	0.525 （0.3362）	0.624 （0.2266）	0.551 （0.3264）	0.685 （0.2348）
有效的 N	150	150	150	150

注：括号内为标准误。

结论2：在拥有惩罚权利时，企业更愿意提供较高的工资水平。

表8-5中，加入惩罚和奖励机制的礼物交换博弈企业提供的工资水平高于没有惩罚和奖励机制的情况，并且在惩罚局中，企业提供的工资均值最高为52.33，为了进一步进行验证，做了各实验局之间企业提供的工资水平的曼—惠特尼 U 检验（Mann-Whitney U test），如表8-6所示。

从表8-6中可以看出，BT与PT、PT与RT、PT与PRT之间的结果是显著的，也就是说，惩罚局企业提供的工资与其他三个实验局有显著的不同，而在BT与RT、BT与PRT、RT与PRT之间结果不显著，也即不存在差异。因此，该结论否定了假设5，在假设5中，假设在同时拥有惩罚和奖励的权利时，企业愿意提供较高的工资水平，而实际上，企业在拥有惩罚权利时，提供的工资水平较高。

表8-6　各实验局之间企业提供的工资水平的 Mann–Whitney U test

	BT 与 PT	BT 与 RT	BT 与 PRT	PT 与 RT	PT 与 PRT	RT 与 PRT
Mann–Whitney U	9652.5	10915.5	11016.0	9397.0	9785.5	10689.5
Wilcoxon W	20977.5	22240.5	22341.0	20722.0	21110.5	22014.5
Z	−2.155	−0.449	−0.315	−2.491	−1.972	−0.752
渐进显著性（双侧）	0.031*	0.653	0.753	0.013*	0.049*	0.452

注：*表示在5%水平上显著。

这一结论可以从功利主义（Utilitarianism）[①]角度进行解释。功利主义的出发点是效用——人们从他所处的环境中获得的幸福或满意程度，从这一点来说，企业应该选择使总效用（Total Utility）最大化的方法。那么，为什么惩罚的效用会比奖励的效用更优呢？这是由于边际效用递减规律所致，因为人们在失去一单位收益所产生的效用要比增加一单位收益所产生的效用大，因此，工人避免受到惩罚的意愿要比获得奖励的意愿强烈。所以，正因为惩罚的效果更明显，因此，企业才会更愿意去下更高的赌注，进而促使工人去努力工作。

结论3：企业通过惩罚或奖励的方式，可以对工人的努力程度产生一定的影响；当同时存在惩罚奖励权利时，对工人努力程度的影响最大。

从表8-5我们还发现，加入惩罚和奖励机制的礼物交换博弈中，工人提供的努力程度高于没有惩罚和奖励机制的情况，并且在惩罚奖励局中工人提供的努力程度均值最高为0.685，为了进一步进行验证，同样做了各实验局之间工人提供的努力程度的曼—惠特尼U检验（Mann–Whitney U test），如表8-7所示。从表8-7中可以看出，惩罚奖励局中工人提供的努力程度显著区别于其他

---

①　功利主义（Utilitarianism）：一种政治哲学，根据这种政治哲学，政府应该选择使社会上所有人总效用最大化的政策。

三个实验局，且检验结果 p<0.05。

表 8-7　各实验局之间工人提供的努力程度的 Mann-Whitney U test

	BT 与 PT	BT 与 RT	BT 与 PRT	PT 与 RT	PT 与 PRT	RT 与 PRT
Mann-Whitney U	9428.000	10747.500	8302.000	9971.000	9521.000	8732.000
Wilcoxon W	20753.000	22072.500	19627.000	21296.000	20846.000	20057.000
Z	−2.442	−0.676	−3.952	−1.714	−2.322	−3.375
渐进显著性（双侧）	0.015*	0.499	0.000**	0.087	0.020*	0.001**

注：* 表示在5%水平上显著，** 表示在1%水平上显著。

这个结论可以从人的本质来解释，因为人是自私自利的，所以，为了避免惩罚就会相应地努力提升自己，并且人是贪婪的，为了获得奖励，也会增强自身的努力，所以在企业拥有惩罚奖励权时，存在对工人的双重激励，所以致使在这种情况下，对工人的努力程度作用最大。

结论 4：工人的努力程度与企业提供的工资水平显著正相关。

工人在获得了企业提供的工资后，选择其努力程度。许多先前关于礼物交换博弈实验的文献已经得出结论（如 Fehr 等，1993；Abeler 等，2010；Altmann 等，2014；Falk 等，2000；Gachter 等，2015；Cooper 和 Lightle，2013），企业提供的高工资水平将带来工人的高努力程度，这种行为可以解释为互惠①。为了更为清晰地描述这一变化趋势，在四种不同实验局中，采用分段的工资范围统计，考察各个实验局在不同工资范围内工人努力程度均值的变化（见表 8-8）。进而，对工人努力程度与工资水平之间的 Spearman 秩相关性检验（见表 8-9）可以看到，在各个实验局中，努力程度与工资水平之间显著正相关，其中，在基础局，相关程度是在 5% 水平上显著，而惩罚局、奖励局和惩罚奖励局是在 1% 水平上显著。所以，结论 4 验证了假设 1。

---

① 互惠是指人们会奖励善良的行为而惩罚不善良的行为。

表8-8　各实验局工人努力程度均值的描述性统计

工资范围	BT	PT	RT	PRT
	均值	均值	均值	均值
0~19	0.325 (0.2062)	0.100 (0.0000)	0.300 (0.2121)	0.300 (0.0000)
20~39	0.423 (0.3798)	0.373 (0.2963)	0.434 (0.3552)	0.500 (0.2417)
40~59	0.525 (0.3253)	0.610 (0.1873)	0.563 (0.3117)	0.711 (0.2147)
60~79	0.610 (0.3166)	0.726 (0.1773)	0.657 (0.657)	0.752 (0.2017)
80~100	0.867 (0.2309)	0.789 (0.2147)	0.612 (0.612)	1.000 (0.0000)
总计	0.525 (0.3362)	0.624 (0.2266)	0.551 (0.3264)	0.685 (0.2348)

注：括号内为标准误。

表8-9　各实验局 Spearman 秩相关性检验

Spearman 的 rho	工资水平与 努力程度		BT	PT	RT	PRT
		相关系数	0.194*	0.461**	0.248**	0.403**
		Sig.（双侧）	0.018	0.000	0.002	0.000
		N	150	150	150	150

注：* 表示在置信度（双侧）为 0.05 时，相关性是显著的，** 表示在置信度（双侧）为 0.01 时，相关性是显著的。

为了更加直观地表现企业提供的工资水平与工人的努力程度均值之间的走势，下面以柱状图的形式进行表示（见图8-2），图中显示了95%的置信区间。

结论 5：在不同的奖励和惩罚背景下，各实验局企业的收益和各实验局工人的收益存在差异。

特别是对于企业方来说，惩罚奖励局（RPT）实验的收益最高，为31.366，通过对惩罚奖励局的企业收益与其他三个实验局进行曼—惠特尼 U 检验（Mann-Whitney U test）发现，结果都在 p<0.01 水平上显著，这就说明，在惩罚奖励局中，企业的收益明显区别于其他三个实验局。对于工人方来说，奖励局（RT）实验的收益最高，为49.479，进而也对奖励局中工人的收益与其他三个

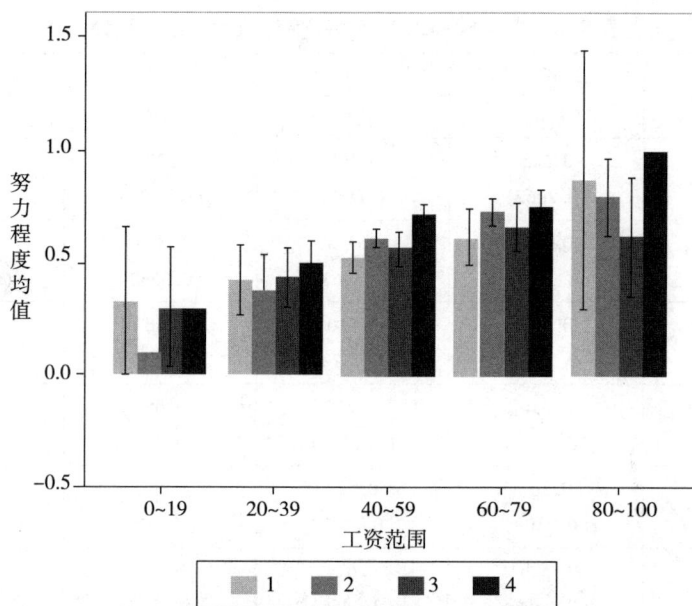

图 8-2　工人努力程度均值与企业提供工资水平之间的柱状图

注：误差条为 95% CI，1 为基础局，2 为惩罚局，3 为奖励局，4 为惩罚奖励局。

实验局进行曼—惠特尼 U 检验（Mann-Whitney U test），发现结果在 $p < 0.05$ 水平上都显著，检验结果说明，工人在奖励局中获得的收益区别于其他三个实验局。表 8-10 展示了企业的收益均值和工人的收益均值统计。

表 8-10　各实验局企业的收益均值与工人的收益均值统计

	基础局	惩罚局	奖励局	惩罚奖励局
企业的收益	26.266	24.944	24.904	31.366
	(18.1833)	(12.6799)	(16.7929)	(13.4169)
工人的收益	40.333	31.489	49.479	36.620
	(13.8848)	(16.3667)	(22.2722)	(20.0537)
有效的 N	150	150	150	150

注：括号内为标准误。

（二）回归分析

结论 6：相比于单个的惩罚或奖励机制，在存在惩罚和奖励双重机制下，企

业提供的工资水平对工人的努力程度影响最大。

在结论4中我们通过 Spearman 秩相关性检验发现，工人提供的努力程度与企业提供的工资水平之间显著正相关，进一步地，将工人提供的努力程度作为因变量，企业提供的工资水平作为自变量，利用 Stata 软件进行 Tobit 回归，结果在表 8-11 展示。从回归结果可以看出，工资水平对努力程度的影响在各个实验局都是显著的，其中，在惩罚奖励局（PRT）中，回归系数最大，约为 0.16，并在 1%水平上显著。

表 8-11　工资水平对努力程度的 Tobit 回归

因变量：努力程度	BT	PT	RT	PRT
常数项	3.355341 ** （0.7109653）	4.344332 ** （0.4024283）	3.909806 ** （0.621502）	3.874638 ** （0.516407）
工资水平	0.1236208 ** （0.0429348）	0.1547906 ** （0.0297923）	0.1051723 ** （0.0370621）	0.1638986 ** （0.0268709）
No of observations	150	150	150	150
LR chi2 （1）	8.07	24.82	7.84	33.23
Log-likelihood	−390.19487	−322.65774	−385.8637	−323.7585

注：所有估计都是 Tobit 回归的结果，在删失是 0，右删失是 100. ＊在 5%的水平上显著，＊＊在 1%的水平上显著。

结论 7：企业提供的工资水平与工人生产能力之间存在正相关关系。

本书引入了工人生产能力的概念，实验中对工人的生产能力进行测试，并将该信息传递给企业方。工人生产能力的引进使企业方在提供工资水平时，有了参考的标准，因此，从理论上讲，工人生产能力应该与企业提供的工资水平存在相关关系。图 8-3 展示了企业提供的工资水平与工人生产能力之间的拟合线和 95%的置信区间。从中可以看出，企业提供的工资水平与工人生产能力之间存在正相关关系。为了进一步验证这个关系，对每一个实验局中企业提供的工资水平与工人生产能力之间进行了 OLS 回归（见表 8-12），OLS 回归对每个实验局的方程回归都显著通过，并且在每个实验局中，工人生产能力变量的系数也都在 1%水平上显著。所以，验证了假设 2。

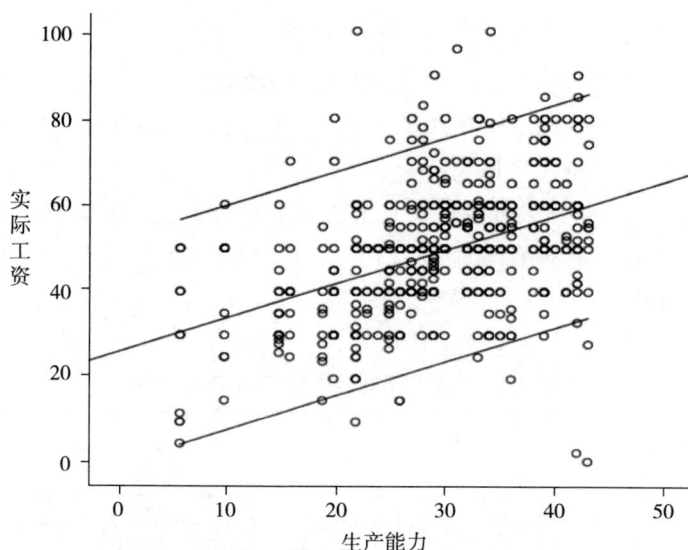

图 8-3　工人生产能力与企业提供的工资水平之间的散点图

表 8-12　各实验局企业提供的工资水平与工人生产能力之间的 OLS 回归

	BT	PT	RT	PRT
方程常数	23.245 ***	30.023 ***	22.054 ***	7.735
	(6.588)	(4.071)	(3.133)	(4.929)
生产能力	0.733 ***	0.769 ***	0.891 ***	1.549 ***
	(0.194)	(0.135)	(0.101)	(0.184)

注：括号内为标准误，*** 表示在 1% 水平上显著。

结论 8：加入机制设计后，工人生产能力对企业提供的工资水平影响较大，并且，惩罚奖励双重机制的影响要大于单个惩罚机制或单个奖励机制。

通过表 8-12 中展示的回归结果我们发现，在惩罚奖励局中，回归系数最大，为 1.549（p<0.01），其次为奖励局的 0.891（p<0.01）、惩罚局的 0.769（p<0.01），最小为基础局的 0.733（p<0.01）。也就是说，在惩罚奖励局中，生产能力对企业提供的工资影响最大，在基础局中的影响最小。这一结论与假设 3 一致。

结论 8 从现实企业的管理中可以体现。也就是说，当企业拥有惩罚或奖励手段时，企业要对这些手段负责，所以企业便会公正地评价一个工人的生产能力，进而提供合理的工资水平，并且，惩罚和奖励机制的存在，会使工人为了避免惩罚或获得奖励，相应地会比较关注自身的生产能力。而当企业拥有较多的管控和衡量手段时，企业会对工人负更大的责任，工人也会更加关注自身的生产能力，这样就致使生产能力与工资水平更加紧密。

　　理论上讲，工人的努力程度会对企业和工人的收益产生正向影响。图8-4和图8-5分别展示了企业收益与工人努力程度、工人收益与工人努力程度之间的拟合线和95%的置信区间。

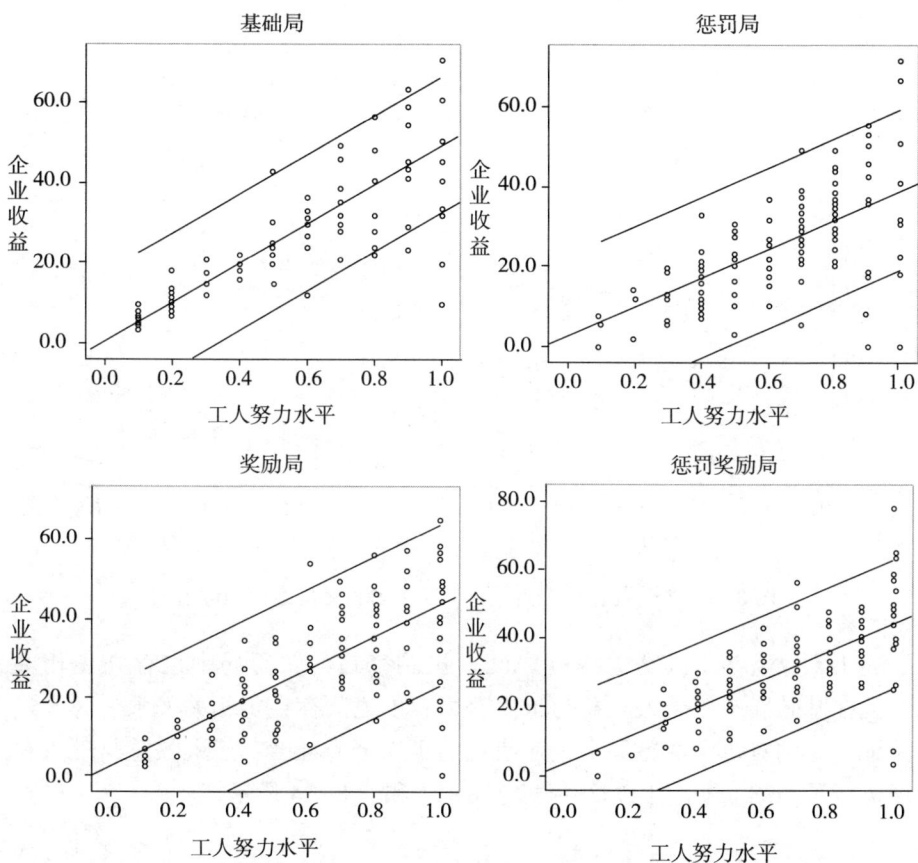

图8-4　各个实验局企业收益与工人努力程度之间的散点图

　　结论9：从企业收益的角度来说，在惩罚奖励双重机制条件下，工人的努力程度对企业收益的作用较强；从工人收益的角度来说，越努力越幸福，并且，在惩罚奖励双重机制下，工人的努力程度对工人收益的影响要优于单重的惩罚机制和单重的奖励机制。

　　从图8-4和图8-5中可以看出，企业收益与努力程度之间存在正相关关

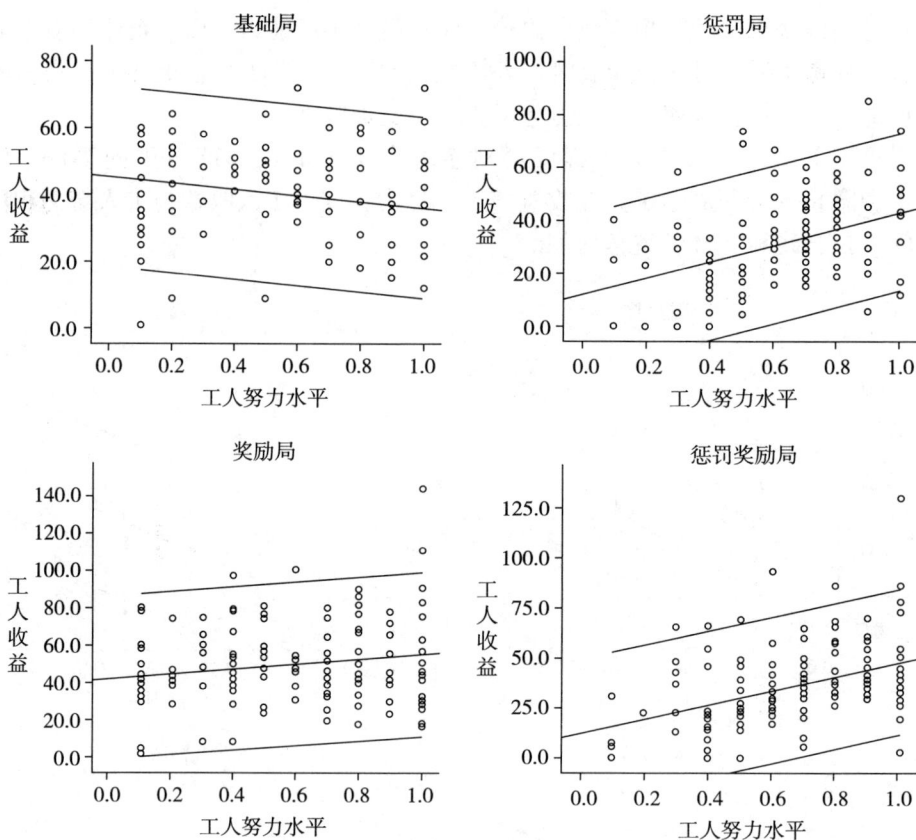

图8-5 各个实验局工人收益与工人努力程度之间的散点图

系，而工人收益与工人努力程度之间在机制存在的实验局中也存在正相关关系，但在基础局中，工人收益与工人努力程度之间存在负相关关系。为了进一步验证，分别对每个实验局中企业收益与工人努力程度、工人收益与工人努力程度进行了 OLS 回归，回归结果如表 8-13 和表 8-14 所示。

表8-13 各实验局企业收益与工人努力程度之间的 OLS 回归

	BT	PT	RT	PRT
（常数）	1. 114 （1. 288）	2. 580 （2. 343）	2. 370 （1. 644）	3. 263 （2. 364）
工人努力程度	47. 878 *** （2. 067）	35. 840 *** （3. 531）	40. 871 *** （2. 569）	41. 046 *** （3. 268）

注：括号内为标准误，*** 表示在1%水平上显著。

表 8-14　各实验局工人收益与工人努力程度之间的 OLS 回归

	BT	PT	RT	PRT
（常数）	45. 210 ***	12. 105 ***	42. 486 ***	12. 124 ***
	（2. 061）	（3. 556）	（3. 528）	（4. 612）
工人努力程度	−9. 283	31. 065 ***	12. 684 **	35. 778 ***
	（3. 308）	（5. 359）	（5. 511）	（6. 375）

注：括号内为标准误，** 表示在 5%水平上显著，*** 表示在 1%水平上显著。

从表 8-13 的回归结果中可以看出，在每个实验局中，企业收益与工人努力程度之间都存在正相关关系，并且在 1%水平上都显著。其中，对比三个存在机制的实验局发现，在惩罚奖励局中，工人努力程度与企业收益的回归系数最大，为 41. 046，奖励局次之，为 40. 871，而在惩罚局中系数最小，为 35. 840。这就说明了双重机制的作用要比单重机制强。

从表 8-14 中同样可以发现，在机制存在的实验局中，工人的收益与工人努力程度之间存在显著的正相关关系，而在基础局中，关系不显著。并且在惩罚奖励局中，这种正相关关系作用最强，因为其回归系数最大，为 35. 778 （$p < 0.01$）。

六、结论与展望

本章通过设计四种不同的实验条件——标准礼物交换博弈、有惩罚机制的礼物交换博弈、有奖励机制的礼物交换博弈和有惩罚奖励机制的礼物交换博弈，组成了不同类型的对比实验，来研究不同机制条件下对企业和工人行为决策的影响。在此对本书的研究结论做一个简单的总结，并在此基础上提出政策建议和需要进一步改进与研究的方向。

（一）研究发现

研究结论主要有以下几点：

首先，从企业的角度来说，企业在拥有惩罚权利时，更愿意提供较高的工资；相比于单个的惩罚或奖励机制，在存在惩罚和奖励双重机制下，企业提供的工资水平对工人的努力程度影响最大；加入机制设计后，工人生产能力对企业提供的工资水平影响较大，并且，惩罚奖励双重机制的影响要大于单个惩罚机制或单个奖励机制。

其次，从工人的角度来说，同时存在惩罚奖励权利时，工人提供的努力程度较高。

最后，从企业和工人收益的角度来看，在不同机制条件下，企业和工人的收益也不同；在惩罚和奖励双重机制情况下，工人的努力程度对企业的收益影响较大；在惩罚和奖励双重机制情况下，工人的努力程度对工人的收益影响最大。

（二）政策及建议

本章对惩罚和奖励机制对人们的决策行为进行了研究，发现惩罚或奖励对企业和工人决策行为产生了影响，并且为企业管理领域的政策与人们的决策选择提供了一定的理论基础。

从企业提供给工人的工资水平来说，企业在可能的情况下，应该尽量给工人提供较慷慨的工资水平。这个政策建议可以从效率工资理论进行解释说明。首先，工资高的工人因其条件允许，饮食的营养更加丰富，进而使他们更健康、更有生产力。其次，高工资使工人有保持他们现有工作的渴望，从而给予了工人付出最大努力的激励。如果企业提供的工资在供求均衡的水平，那么，工人就没有理由去努力工作，因为即使他们被解雇了，也能很快找到一份支付同样工资的工作，因此，企业把工资提高到均衡水平以上，就可以达到激励工人不要逃避责任的目的。

从机制设计的方面来说，企业应建立健全奖惩机制，这样企业才会变得更加有责任感。我们都知道，惩罚和奖励机制是企业表扬先进、鞭策后进的方法，其目的是提高工人的工作效率。所以，公正透明的惩罚和奖励机制，对于企业的深化建设具有重要意义。

合理的奖惩制度首先能够使工人找到自身的位置，进而在工作中明白应该从哪个方向努力。其次有利于企业工人的自我管理，为企业工人的自我管理提供标准，从而使其在工作中对自身有一个明确的衡量，进而产生自我管理的动力。最后明确的惩罚和奖励机制可以强化工人的公平感知，提高工人对企业的认同。

从机制的使用方面来说，企业应该将惩罚和奖励配合使用。在企业中，如何权衡奖惩是一门管理艺术。事实上，在实践中管理者很难处理好两者之间的关系，有的管理者只善于奖励，有的则只善于惩罚。但是，在管理实践中，如果只重视惩罚，对工人的所有过失都进行严惩，那么，久而久之，公司就失去了人的情感，这样便使企业成为了一个冷冰冰的"工厂"，工人将不能快乐地工作，进而打消了他们的积极性。而如果对工人只奖励不惩罚，那么，久而久之，工人就会对奖励产生疲劳，致使奖励不再起作用。

从中国古代管理者驾驭臣子时使用"恩威并济"的艺术，再到西方管理者"胡萝卜加大棒"的政策，惩罚和奖励的配合一直是管理者构建高效团队的必要环节，所以，惩罚与奖励的结合同样也是一种艺术的体现。

从求职者寻找工作方面来说，求职者要选择奖惩机制建立比较健全的企业，因为这样的企业对工人的评价会更加公正。比如就像企业会花大量的钱做广告一样，来向潜在的客户发出它们高质量产品的信号。所以，企业的奖惩机制越健全，企业就越能公正地去评价一个工人，这样获得公正评价的工人就会有动力去积极工作。

（三）研究局限及展望

本章主要通过博弈实验的方法考察了惩罚与奖励机制对企业和工人的决策行为影响，但是，由于实验过程的复杂以及实验精力有限，本章还存在一些问题值得进一步去探索研究。

首先是实验成本的问题，由于实验需要支付现金给参与者，所以实验会产生较高的成本，进而导致实验无法大规模展开。今后的研究可以与其他研究此方面的大学进行合作，尽可能获得更多的样本，以便得到更加可靠和稳健的结论。

其次，在本章的研究中，实验把企业和工人都当作同一类型的人进行研究，没有将参与者进行进一步的分类，比如，利他的参与者、自私的参与者、不公平厌恶者等，所以，今后的研究可以对实验参与者进一步进行分类，再分析机制对其的影响，这样结果会更加具有针对性。

最后，实验仍然采用的是人工进行，所以消耗了大量的人力和物力，并且，手工进行实验也消耗了大量的实验时间，可能会使实验参与者产生疲惫感，进而影响实验参与者的决策，使数据产生些许偏差。因此，课题小组需加强对 Z-tree 实验程序的学习，争取实现计算机环境下的实验，消除人工进行实验的缺陷。

参考文献

［1］陈欣，赵国祥，叶浩生．公共物品困境中惩罚的形式与作用［J］．心理科学进展，2014，22（1）：160-170．

［2］陈思静，马剑虹．第三方惩罚与社会规范激活——社会责任感与情绪的作用［J］．心理科学，2011（3）：670-675．

［3］崔巍，陈琨．社会信任对经济增长的影响——基于经济收敛模型的视角［J］．经济与管理研究，2016，37（8）：14-22．

［4］陈叶烽，叶航，汪丁丁．信任水平的测度及其对合作的影响——来自一组实验微观数据的证据［J］．管理世界，2010（4）：54-64．

［5］陈叶烽，叶航，汪丁丁．超越经济人的社会偏好理论：一个基于实验经济学的综述［J］．南开经济研究，2012（1）：63-100．

［6］陈叶烽．学生被试仍是实验室实验研究的上佳选择［N］．中国社会科学报，2011-10-27．

［7］陈莉．惩罚和社会价值取向对公共物品两难中人际信任和合作行为的影响［D］．兰州：西北师范大学，2008．

［8］董志勇．行为经济学中的社会公平态度与价值取向研究——以新加坡、中国上海和兰州为例［J］．中国工业经济，2006（10）：75-81．

［9］董志勇，黄必红．行为经济学中的公平和互惠［J］．经济理论与经济管理，2003（11）：61-65．

［10］董志勇．实验经济学［M］．北京：北京大学出版社，2008．

［11］董志勇，黄必红．行为经济学中的公平和互惠［J］．经济理论与经济管理，2003（11）：61-65．

［12］弗农·史密斯．实验经济学论文集［M］．北京：首都经济贸易大学出版社，2008．

［13］弗里德曼．自由选择：个人声明［M］．北京：商务印书馆，1982．

［14］符加林，崔浩，黄晓红．农村社区公共物品的农户自愿供给——基于声誉理论的分析［J］．经济经纬，2007（4）：96-100．

［15］范良聪，刘璐，梁捷．第三方的惩罚需求：一个实验研究［J］．经

济研究，2013（5）：98-111.

[16] 高鸿桢．用博弈实验探索人的行为——关于实验博弈论研究（之三）[J]．中国经济问题，2009（2）：19-25.

[17] 高鸿桢，王家辉．实验博弈论研究的若干进展 [J]．厦门大学学报，2006（3）：82-86.

[18] 郭庆科，许树芳．公共物品投资博弈中自我构念与反馈方式对合作的影响 [J]．山东理工大学学报（社会科学版），2015（2）：88-93.

[19] 郭永香，宋广文，赵平平等．大学生惩罚和奖励敏感性问卷（SPSRQ）的修订 [J]．济南职业学院学报，2011（1）：91-94.

[20] 皇甫刚，朱莉琪，戴航等．影响博弈结果的方法效应研究 [J]．心理与行为研究，2007（4）：305-308.

[21] 黄达强．合作与惩罚——来自基因的证据 [J]．中国社会科学报，2013-7-8.

[22] 黄达强．第三方惩罚显著提升人类合作水平 [N]．中国社会科学报，2015-2-2.

[23] 刘帅．竞争因素对公平偏好的影响研究——基于中国情境的实验分析 [D]．北京：北京第二外国语学院，2015.

[24] 李欧，徐富明，邓颖等．最后通牒博弈的个体差异和种族文化差异 [J]．心理科学，2016（3）：693-699.

[25] 刘慧茜．基于公平视角下渠道促销分担激励机制的研究 [D]．成都：西南财经大学，2012.

[26] 卢梭．论人类不平等的起源和基础 [M]．北京：商务印书馆，1962.

[27] 连洪泉，周业安，左聪颖，陈叶烽，宋紫峰．惩罚机制真能解决搭便车难题吗？——基于动态公共品实验的证据 [J]．管理世界，2013（4）：69-81.

[28] 李涛，黄纯纯，何兴强等．什么影响了居民的社会信任水平？——来自广东省的经验证据 [J]．经济研究，2008（1）：137-152.

[29] 李晓梅．社会信任与文化价值观对于国家创新绩效的作用研究——基于65个样本国家的实证研究 [J]．科学学与科学技术管理，2013（8）：93-101.

[30] 雷光勇，邱保印，王文忠．社会信任、审计师选择与企业投资效率 [J]．审计研究，2014（4）：72-80.

[31] 李建标，李朝阳．信任是一种冒险行为吗？——实验经济学的检验 [J]．预测，2013（5）：39-43.

[32] 李建标，李朝阳．信任的信念基础——实验经济学的检验 [J]．管理科学，2013（2）：62-71.

[33] 李彬，史宇鹏，刘彦兵. 外部风险与社会信任：来自信任博弈实验的证据 [J]. 世界经济，2015（4）：146-168.

[34] 李玮钰. 效率工资问题研究 [D]. 济南：山东大学，2012.

[35] 刘晓丽. 博弈实验对博弈论的方法论意义 [J]. 学术探索，2013（3）：24-28.

[36] 鞠炜. 非权变惩罚与组织认同的关系研究：沟通开放性的调节作用 [D]. 南京：南京邮电大学，2015.

[37] 马博. 合作的进化与惩罚的消亡——基于有成本惩罚的直接互惠模型的研究 [D]. 昆明：云南财经大学，2016.

[38] 尼克·威尔金森. 行为经济学 [M]. 北京：中国人民大学出版社，2012.

[39] 卿志琼. 认知偏差与理性选择——基于"最后通牒博弈"实验的认知博弈 [J]. 南开经济研究，2005（1）：15-22.

[40] 孙兰兰，翟士运，王竹泉. 供应商关系、社会信任与商业信用融资效应 [J]. 软科学，2017（2）：71-74.

[41] 宋紫峰，周业安. 收入不平等、惩罚和公共品自愿供给的实验经济学研究 [J]. 世界经济，2011（10）：35-54.

[42] 孙娟，费方域，刘明. 信任的差异与歧视行为——一个经济学实验研究 [J]. 世界经济文汇，2014（2）：110-120.

[43] 史燕伟，徐富明，罗教讲等. 行为经济学中的信任：形成机制及影响因素 [J]. 心理科学进展，2015（7）：1236-1244.

[44] 宋昕，蔡泳，徐刚，王旸. 非参数检验方法概述 [J]. 上海口腔医学，2004（6）：561-563.

[45] 斯诺里·斯图鲁松. 埃达 [M]. 南京：译林出版社，2000.

[46] 汪思绮，郭文敏，虞爽等. 性别歧视、能力和信任——基于可选择的信任博弈实验 [J]. 南方经济，2015（11）：86-109.

[47] 韦倩. 纳入公平偏好的经济学研究：理论与实证 [J]. 经济研究，2010（9）：137-148.

[48] 吴蕾. 静态博弈决策是否存在真正的公平？ [D]. 成都：四川师范大学，2011.

[49] 魏光兴. 公平偏好的博弈实验及理论模型研究综述 [J]. 数量经济技术经济研究，2006（8）：152-161.

[50] 吴媛红. 有惩罚与无惩罚时利益分配者公平感知神经机制的差异——基于最后通牒博弈和独裁者博弈范式的 ERP 研究 [D]. 杭州：浙江大学，2012.

［51］王赟，吴斌，李纾等．公平的神经基础［J］．科技导报，2015，33（9）：83-92.

［52］王伏虎．SPSS在社会经济分析中的应用［M］．北京：中国科学技术出版社，2009.

［53］夏纪军．中国的信任结构及其决定——基于一组实验的分析［J］．财经研究，2005（6）：39-51.

［54］谢国强．公平偏好对市场行为的影响——基于中国情境的研究［D］．北京：北京第二外国语学院，2014.

［55］谢娉．第二方惩罚和第三方惩罚产生机制的差异比较——基于情绪和规则的研究［D］．杭州：浙江大学，2013.

［56］谢娉，马剑虹．基于社会学习的第三方惩罚行为研究［C］//中国心理学会成立90周年纪念大会暨第十四届全国心理学学术会议论文集，2011.

［57］谢识予．经济博弈论［M］．上海：复旦大学出版社，2007.

［58］徐志刚，张森，邓衡山等．社会信任：组织产生、存续和发展的必要条件？——来自中国农民专业合作经济组织发展的经验［J］．中国软科学，2011（1）：47-58.

［59］杨小军．"经济人"假设的伦理思考［D］．湘潭：湘潭大学，2003.

［60］亚里士多德．尼各马科伦理学［M］．北京：中国人民大学出版社，2003.

［61］约翰·罗尔斯．正义论［M］．北京：中国社会科学出版社，1988.

［62］约翰·罗尔斯．作为公平的正义［M］．上海：上海三联书店出版社，2002.

［63］约翰·贝次·克拉克．财富的分配［M］．北京：商务印书馆，1981.

［64］亚当·斯密．道德情操论［M］．北京：商务印书馆，1997.

［65］亚当·斯密．国民财富的性质和原因的研究［M］．北京：商务印书馆，1974.

［66］杨春学．经济人与社会秩序［M］．上海：上海三联书店，1998.

［67］杨明，孟天广，方然．变迁社会中的社会信任：存量与变化——1990—2010年［J］．北京大学学报（哲学社会科学版），2011（6）：100-109.

［68］叶航，汪丁丁，罗卫东．作为内生偏好的利他行为及其经济学意义［J］．经济研究，2005（8）：84-94.

［69］叶航，郑昊力．信任的偏好与信念及其神经基础［J］．社会科学战线，2016（6）：31-45.

［70］于同奎．间接互惠、有成本惩罚和社会合作的演化［D］．北京：北

京师范大学，2011.

［71］张书维.社会公平感、机构信任度与公共合作意向［J］.心理学报，2017，49（6）：794-813.

［72］周辅成.西方伦理学名著选辑［M］.北京：商务印书馆，1987.

［73］张海天.最后通谍博弈解释［J］.洛阳师范学院学报，2007（1）：126-129.

［74］张捍东.经济人假设与社会主义市场经济体制兼容性研究［D］.济南：山东大学，2009.

［75］曾中秋.经济人假设述评及其超越［D］.西安：西北大学，2003.

［76］赵苑达.西方主要公平与正义理论研究［M］.北京：经济管理出版社，2010.

［77］张维迎，柯荣住.信任及其解释：来自中国的跨省调查分析［J］.经济研究，2002（10）：59-70.

［78］张宝山.惩罚机制对信任的影响———一组实验分析［D］.北京：北京第二外国语学院，2016.

［79］张帅.惩罚是否有效？——基于实验的分析［D］.北京：北京第二外国语学院，2015.

［80］Abbink K.，Darziv R.，Gilula Z.，Goren H.，Irlenbusch B.，Keren A.，Rockenbach B.，Sadrieh A.，Selten R.，Zamir S. The Fisherman's Problem：Exploring the Tension between Cooperative and Non-cooperative Concepts in a Simple Game［J］. Journal of Economic Psychology , 2003（24）：425-445.

［81］Abeler et al. Gift Exchange and Workers' Fairness Concerns：When Equality is Unfair［C］.IZA Discussion Papers，2010.

［82］Agay N.，Kron S.，Carmel Z.，et al. Ultimatum Bargaining Behavior of People Affected by Schizophrenia［J］.Psychiatry Res，2008（157）：1-3.

［83］Agell Jonas，Lundborg Per. Theories of Pay and Unemployment：Survey Evidence from Swedish Manufacturing Firms［C］.IUI Working Paper，1993.

［84］Akerlof G. Labor Contracts as a Partial Gift Exchange［J］.Quarterly Journal of Economics，1982，97（4）：543-569.

［85］Akerlof George A. The Case against Conservative Macroeconomics：An Inaugural Lecture［J］.Economica，1979（46）：219-237.

［86］Alan S. Blinder，Don H. Choi. A Sherd of Evidence on Theories of Wage Stickiness［J］.The Quarterly Journal of Economics，1990，105（3）：1003-1015.

［87］ Altmann Falk Grunewald. Contractual Incompleteness, Unemployment, and Labour Market Segmentation ［J］. Review of Economic Studies, 2014 (81): 30–56.

［88］ Ananish Chaudhuri, Erwann Sbai. Gender Differences in Pevsonnel Management: Some Experimental Evidence ［J］. Journal of Behavioral and Experimental Economics, 2015 (58): 20–32.

［89］ Anderson C. , Putterman I. Do Non–strategic Sanctions Obey the Law of Demand? The Demand for Punishment in the Voluntary Contribution Mechanism ［J］. Games and Economic Behavior, 2006, 51 (1): 1–24.

［90］ Arjan Non. Gift–exchange, Incentives, and Heterogeneous Workers ［J］. Games and Economic Behavior, 2012 (75): 319–336.

［91］ Armin Falk, David Huffman, W. Bentley Macleod. Institutions and Contract Enforcement ［C］. Discussion Paper, 2011.

［92］ Arrow Kenneth, Social Responsibility and Economic Efficiency ［J］. Public Policy, 1973 (21): 303–317.

［93］ Arrow. Gifts and Exchanges ［J］. Philosophy & Public Affairs, 1972, 1 (4): 343–362.

［94］ Aurélie Bonein. Social Comparison and Peer effects with Heterogeneous Ability ［R］. Working Paper, 2014.

［95］ Mavtinowich K. Differental Contribution of Lndividual BDNF splice Variants to Brain and Behavial Functions. ［J］. Neuropsychophavma – cology, 2013 (38): 67–68.

［96］ Benedikt Herrmann, Christian, ThöniSimon Gächter. Antisocial Punishment Across Societies ［J］. Science, 2008, 319 (5868): 1362–1367.

［97］ Benenson J. F. , Pascoe J. , Radmore N. Children's Altruistic Behavior in the Dictator Game ［J］. Evolution & Human Behavior, 2007, 28 (3): 168–175.

［98］ Berg J. , Dickhaut J. , McCabe K. Trust, Reciprocity and Social History ［J］. Games and Economic Behavior , 1995: 122–142.

［99］ Bicchieri C. , Chavez A. Behaving as Expected: Public Information and Fairness Norms ［J］. Journal of Behavioral Decision Making, 2010, 23 (2): 161–178.

［100］ Bicchieri Cristina, Chavez, et al. Norm Manipulation, Norm Evasion: Experimental Evidence ［J］. Economics and Philosophy, 2012, 29 (2).

［101］Boehm C. Hierarchy in the Forest：The Evolution of Egalitarian Behavior ［M］. Harvard University Press，1999.

［102］Bolton G. E.，Ockenfels A. ERC：A Theory of Equity，Reciprocity，and Competition ［J］. American Economic Review，2000，90（1）：166–193.

［103］Bräuer J.，Call J.，Tomasello M. Are Apes Inequity Averse? New Data on the Token–exchange Paradigm ［J］. American Journal of Primatology，2009，71（2）：175–181.

［104］Bräuer J.，Call J.，Tomasello M. Are Apes Really Inequity Averse? ［J］. Proceedings：Biological Sciences，2006，273（1605）：3123–3128

［105］Brosnan S. F.，De Waal F. B. Monkeys Reject Unequal Pay ［J］. Nature，2003，425（6955）：297–299.

［106］Brosnan S. F.，Schiff H. C.，de Waal F B. Tolerance for Inequity May Increase with Social Closeness in Chimpanzees ［J］. Proc Biol Sci，2005，272（1560）：253–258.

［107］Buchan N. R.，Croson R. T. A.，Johnson E. J. When Do Fair Beliefs Influence Bargaining Behavior? Experimental Bargaining in Japan and the United States ［J］. Journal of Consumer Research，2004，31（1）：181–190.

［108］Caleb A. Cox. Inequity Aversion and Advantage Seeking with Asymmetric Competition ［J］. Journal of Economic Behavior & Organization，2012（86）：121–136.

［109］Camerer C. Behavioral Game Theory：Experiments in Strategic Interaction ［M］. Princeton，NJ：Cambridge University Press，2003.

［110］Carpenter，Matthews. What Norms Trigger Punishment ［J］. Experimental Economics，2009，12（3）：272–288.

［111］Carpenter Jeffrey. P，Matthews Peter. H. Norm Enforcement：Anger，Indignation or Reciprocity? ［J］. IZA DiscussionPaper Series，2005：1583.

［112］Carpenter J. Punishing Free–Riders：How Group Size Affects Mutual Monitoring and the Provision of Public Goods ［J］. Games and Economic Behavior，2007，60（1）：31–51.

［113］Carpenter J. The Demand for Punishment ［J］. Journal of Economic Behavior & Organization，2007，62（4）：522–542.

［114］Casari Marco，Luigi L. Group Cooperation under Alternative Punishment Institution an Experiment ［J］. Journal of Economic Behavior and Organization，2009（71）：273–281.

[115] Castelli I. , Massaro D. , Bicchieri C. , et al. Fairness Norms and Theory of Mind in an Ultimatum Game: Judgments, Offers, and Decisions in School-Aged Children [J]. PLoS ONE, 2014, 9 (8).

[116] Charness, Santa Barbara. Altruism, Equity, and Reciprocity in A Gift-Exchange Experiment: An Encompassing Approach [C]. Departmental Working Papers, 1999.

[117] Charness Brandts. Do Labour Market Conditions Affect Gift Exchange? Some Experimental Evidence [J]. The Economic Journal, 2004, 114 (497): 684-708.

[118] Charness. Attribution and Reciprocity in an Experimental Labor Market [J]. Journal of Labor Economics, 2004, 22 (3): 665-688.

[119] Chaudhui A. Sustaining Cooperation in Laboratory Public Goods Experiments : A Selective Survey of the Literature [J]. Experiment Economics, 2011, 14 (1): 47-83.

[120] Chen K. , Tang F. F. Cultural Differences between Tibetans and Ethnic Han Chinese in Ultimatum Bargaining Experiments [J]. European Journal of Political Economy, 2009, 25 (1): 78-84.

[121] Christoph Hauert, Arne Traulsen, Hannelore De Silvanée, Brandt Martin A. Nowak Karl Sigmund. Public Goods With Punishment and Abstaining in Finite and Infinite Populations [J]. Biological Theory, 2008, 3 (2): 114.

[122] Cinyabuguma M. , Page T. , Putterman L. Can Second Order Punishment Deter Perverse Punishment [D]. Providence: Brown University, 2005.

[123] Cobo-Reyes R. , Jiménez N. , Charness G. An Investment Game with Third-party Intervention [J]. Journal of Economic Behavior & Organization, 2008, 68 (1): 18-28.

[124] Colin Camerer. Gifts as Economic Signals and Social Symbols [J]. The American Journal of Sociology, 1988 (94): 180-214.

[125] Corgnet et al. The Role of the Decision-Making Regime on Cooperation in a Workgroup Social Dilemma: An Examination of Cyberloafing [J]. Games, 2015 (6): 588-603.

[126] D. Masclet, M. C. Villeval. Punishment, Inequality and Welfare: A Public Good Experiment [J]. Social Choice & Welfare, 2008, 31 (3): 475-502.

[127] Damon W. Early Conceptions of Positive Justice as Related to the Development of Logical Operations [J]. Child Development, 1975, 46 (2): 301-312.

［128］ Dan Ariely, Anat Bracha, Stephan Meier. Doing Good or Doing Well? Image Motivation and Monetary Incentives in Behaving Prosocially ［J］. IZA Discussion Paper No. 2968, FRB of Boston Working Paper No. 07-9, 2009.

［129］ Daniele Nosenzo. Pay Secrecy and Effort Provision ［C］. CeDEx Discussion Paper Series, 2012.

［130］ Daniela Griecoa, Marco Faillob, Luca Zarric. Enforcing Cooperation in Public Goods Games: Is One Punisher Enough ［J］. Joural of Economic Psychology, 2017, 3 (61): 55-73.

［131］ David J. Cooper, John P. Lightle. The Gift of Advice: Communication in a Bilateral Gift Exchange Game ［C］. Experimental Economics, 2013, 16 (4) 443-477.

［132］ David Masclet, Marie-Claire Villeval. Punishment, Inequality, and Welfare: A Public Good Experiment ［J］. Social Choice and Welfare, 2008, 31 (3): 475-502.

［133］ Dawes R. M. , R. Thaler. Cooperation ［J］. Journal of Economic Perspectives, 1988 (2): 187-197.

［134］ Dela Rama. Corporate Governance and Corruption: Ethical Dilemmas of Asian Business Groups ［J］. Journal of Business Ethics, 2012, 109 (4): 501-519.

［135］ Egas M. , Riedl A. The Economics of Altruistic Punishment and the Maintenance of Cooperation ［J］. Proceedings of the Royal Society B Biological Sciences, 2008, 275 (1637): 871.

［136］ Eleonora Bottino, Teresa García-Muñoz, Cintia Goddio. What is a fair wage? Reference Points, Entitlements and Gift Exchange ［J］. Journal of Behavioral and Experimental Economics, 2016 (63): 125-135.

［137］ Elwyn Davies, Marcel Fafchamps. When No Bad Deed Goes Punished: Relational Contracting in Ghana versus the UK ［J］. The National Bureau of Economic Rsearch, 2017.

［138］ Ernst Fehr, Georg Kirchsteiger, Arno Riedl. Does Fairness Prevent Market Clearing? An Experimental Investigation ［J］. The Quarterly Journal of Economics, 1993, 2 (108): 437-459.

［139］ Ernst Fehr, Simon Gachter, Georg Kirchsteiger. Reciprocity as a Contract Enforcement Device: Experimental Evidence ［J］. The Econometric Society, 1997, 64 (4): 833-860.

［140］ Ernst Fehr, Simon Gachter. Do Incentive Contracts Crowd Out Voluntary

Cooperation？［J］. SSRN Electronic Journal，2001.

［141］Ertan A. , Page T. , Putterman L. Who to Punish? Individual Decisions and Majority Rule Inmitigating the Free Rider Problem ［J］. European Economic Review，2009，53（5）：495-511.

［142］Falk et al. Fairness Perceptions and Reservation Wages—The Behavioral Effects of Minimum Wage Laws ［J］. The Quarterly Journal of Economics，2006，121（4）：1347-1381.

［143］Falk Armin，Fischbacher Urs. A Theory of Reciprocity ［R］. Working Paper，2000.

［144］Falk. Charitable Giving as A Gift Exchange Evidence from A Field Experiment ［R］. Cesifo Working Paper，2004.

［145］Fehr E. , Schmidt K. M. A Theory of Fairness，Competition，and Cooperation ［J］. Quarterly Journal of Economics，1999：817-868.

［146］Fehr E. , Bernhard H. , Rockenbach B. Egalitarianism in Young Children ［J］. Nature，2008，454（7208）：1079-1083.

［147］Fehr E. , Fischbacher U. Human Altruism-Proximate Patterns and Evolutionary Origins ［J］. Analyse & Kritik，2005，27（1）：6-47.

［148］Fehr E. , Fischbacher U. Social Norms and Human Cooperation ［J］. Trends in Cognitive Sciences，2004，8（4）：185-190.

［149］Fehr E. , Schmidt K. M. A Theory of Fairness，Competition，and Cooperation ［M］. University of Munich，Department of Economics，1999.

［150］Fehr E. , S. Gächter. Cooperation and Punishment in Public Goods Experiments ［J］. American Economic Review，2000（90）：980-994.

［151］Fehr et al. Cooperation and Punishment in Public Goods Experiments ［J］. The American Economic Review，2000，90（4）：980-994.

［152］Fehr E. , Schmidt K. A Theory of Fairness，Competition，and Cooperation ［J］. Quarterly Journal of Economics，1999（114）：817-868.

［153］Fehr E. , Fischbacher U. Third Party Punishment and Social Norms ［J］. Evolution and Human Behavior，2004（25）：63-87.

［154］Fehr E. , Gachter S. Cooperation and Punishment in Public Goods Experiments ［J］. American Economic Review，2000（90）：980-994.

［155］Fehr Hart，Zehnder. Contracts as Reference Points—Experimental Evidence ［J］. American Economic Review，2011，101（2）：493-525.

［156］Fehr Kirchsteiger. Gift Exchange and Reciprocity in Competitive Experimental Markets [J]. European Economic Review, 1998 (42): 1-34.

[157] Fehr E. , Gachter S. , Kirchsteiger G. Reciprocity as a Contract Enforcement Device: Experimental Evidence [J]. Econometrica, 1997 (7): 833-860.

[158] Fehr E. , Gachter S. Altruistic Punishment in Humans [J]. Nature, 2002 (415): 137-140.

[159] Fischbacher U. , Fong C. M. , Fehr E. Fairness, Errors and the Power of Competition [J]. Journal of Economic Behavior & Organization, 2009, 72 (1): 527-545.

[160] Florian Englmaiera, Sebastian Strasserb, Joachim Winterb. Worker Characteristics and Wage Differentials: Evidence from a Gift-exchange Experiment [J]. Journal of Economic Behavior & Organization, 2014 (97): 185-203.

[161] Forsythe R. , Horowitz J. L. , Savin N. E. , et al. Fairness in Simple Bargaining Experiments [J]. Games and Economic Behavior, 1994, 6 (3): 347-369.

[162] Francesca Giardini, Mario Paolucci, Daniel Villatoro. Punishment and Gossip: Sustaining Cooperation in a Public Goods Game [J]. Advances in Social Simulation, 2014.

[163] Gachter et al. From the Lab to the Real World : Laboratory Experiments Provide Precise Quantitative Predictions of Peer [J]. Rsearch Gate, 2015.

[164] Gachter S. , Reuner E. , Sefton M. The Long Run Benefits of Punishment [J]. Science, 2008 (322): 1510.

[165] García Julián, Traulsen Arne. Leaving the Loners Alone: Evolution of Cooperation in the Presence of Antisocial Punishment [J]. Journal of Theoretical Biology, 2012 (5): 11.

[166] Gary Charness, Ramón Cobo-Reyes, Natalia Jiménez. The Hidden Advantage of Delegation: Pareto-improvements in a Gift-exchange Game [J]. American Economic Review, 2012, 106 (5): 2358-2379.

[167] Gilbert Roberts. When Punishment Pays [J]. PLoS ONE, 2013, 8 (3): e57378.

[168] Grosskopf B. Reinforcement and Directional Learning in the Ultimatum Game with Responder Competition [J]. Experimental Economics, 2003, 6 (2): 141-158.

[169] Grusec J. E. , Davidov M. , Lundell L. Prosocial and Helping Behavior

［M］//Blackwell Handbook of Childhood Social Development: Blackwell Handbooks of Developmental Psychology, 2002: 457-474.

［170］Gurerk O. , Irlenbusch B. , Rockenbach B. The Competitive Advantage of Sanctioning Institutions ［J］. Science, 2009: 108-111.

［171］Güroglu B. , Will G. J. , Crone E. A. Neural Correlates of Advantageous and Disadvantageous Inequity in Sharing Decisions ［J］. PLoS ONE, 2014, 9 (9).

［172］Güth W. , Huck S. , Müller W. The Relevance of Equal Splits in Ultimatum Games ［J］. Games and Economic Behavior, 2001, 37 (1): 161-169.

［173］Güth W. , Marchand N. , Rulliere J. L. On the Reliability of Reciprocal Fairness: An Experimental Study ［M］. Humboldt-Univ. , Wirtschaftswiss. Fak, 1997.

［174］Güth W. , Kocher M. G. More than Thirty Years of Ultimatum Bargaining Experiments: Motives, Variations, and a Survey of the Recent Literature ［J］. Journal of Economic Behavior & Organization, 2014, 108: 396-409.

［175］Guth Schmittberger Schwarze. An Experimental Analysis of Ultimatum Bargaining ［J］. Journal of Economic Behavior & Organization, 1982, 3 (4): 367-388.

［176］Harbaugh W. T. , Krause K. Children's Altruism in Public Good and Dictator Experiments ［J］. Economic Inquiry, 2000, 38 (1): 95-109.

［177］Harbaugh William T. , Krause, et al. Bargaining by Children ［J］. University of Oregon Economics Department Working Papers, 2003, 12 (35): 547-569.

［178］Henrich J. , Joseph Boyd, et al. "Economic Man" in Cross-cultural Perspective: Behavioral Experiments in 15 Small-scale Societies ［J］. Working Papers, 2005, 28 (6): 795.

［179］Henrich J. Does Culture Matter in Economic Behavior? Ultimatum Game Bargaining among the Machiguenga of the Peruvian Amazon ［J］. The American Economic Review, 2000, 90 (4): 973-979.

［180］Hoffman M. L. Empathy and Moral Development: Implications for Caring and Justice ［M］. Cambridge Univ. Press, 2000.

［181］Hoffmann R. , Tee J. Y. Adolescent-adult Interactions and Culture in the Ultimatum Game ［J］. Journal of Economic Psychology, 2003, 27 (1): 98-116.

［182］Houser et al. Temptation and Commitment in the Laboratory ［R］. Working Paper, 2016.

［183］Hu J．，Cao Y．，Blue P. R．，et al. Low Social Status Decreases the Neural Salience of Unfairness［J］. Frontiers in Behavioral Neuroscience，2014（8）：402.

［184］Israel Waichman，Ch'ng Kean Siang，Till Requate. Reciprocity in Labor Market Relationships：Evidence from an Experiment across High-income OECD Countries［J］. Games，2015（6）：473-494.

［185］James Andreoni. Giving with Impure Altruism：Applications to Charity and Ricardian Equivalence［J］. The Journal of Political Economy，1989，97（6）：1447-1458.

［186］Jara Jorge. Detection of Income Effect in Mode Choice：Theory and Application［J］. Transportation Research Part B：Methodological，1988，23（6）：393-400.

［187］Jensen K．，Call J．，Tomasello M. Chimpanzees are Rational Maximizers in an Ultimatum Game［J］. Science，2007，318（5847）：107-109.

［188］Johannes Abeler，Steffen Altmann，Sebastian J. Goerg. Equity and Efficiency in Multi-Worker Firms：Insights from Experimental Economics［C］. IZA Discussion Paper，2011.

［189］Jonas Agell. On the Benefits From Rigid Labour Markets：Norms Market Failures and Social Insurance［J］. The Economic Journal，1999（109）：143-164.

［190］Jörg Franke，Ruslan Gurtoviy，Vanessa Mertins. Workers' Participation in Wage Setting：A Gift-exchange Experiment［J］. Journal of Economic Psychology，2016（56）：151-162.

［191］Kahneman Tversky. Choices，Values，and Frames［J］. American Psychologist，1983.

［192］Kahneman Daniel，Amos Tversky. Prospect Theory：An Analysis of Decision Under Risk［J］. Econometrica，1979（47）：263-291.

［193］Kahneman D．，Miller D. Norm Theory：Comparing Reality to Its Alternatives［J］. Psychological Review，1986，93（2）：136-153.

［194］Kaiser I．，Jensen K．，Call J．，et al. Theft in an Ultimatum Game：Chimpanzees and Bonobos are Insensitive to Unfairness［J］. Biology Letters，2012，8（6）：942-945.

［195］Kamei K．，Putterman L．，Tyran J. R. State or Nature？Formal vs Informal Sanctioning in the Voluntary Provision of Public Goods［R］. Department of Economics. Brown University，2009.

［196］ Kari B. Schroeder, Richard McElreath, Daniel Nettle. Variants at Serotonin Transporter and 2A Receptor Genes Predict Cooperative Behavior Differentially According to Presence of Punishment ［J］. PNAS, 2013, 3 (5): 3955-3960.

［197］ Kean Siang, CH'NG. Role of Relative Information and Reciprocity in a Gift Exchange Game: An Experimental Study ［J］. Economic Analysis & Policy, 2011, 41 (1): 99-108.

［198］ Kogut T. Knowing What I Should, Doing What I Want: From Selfishness to Inequity Aversion in Young Children's Sharing Behavior ［J］. Journal of Economic Psychology, 2012, 33 (1): 226-236.

［199］ Kube Puppe. The Currency of Reciprocity—Gift-exchange in the Workplace ［R］. Working Paper, 2011.

［200］ Laurent D. , Masclet D. , Noussair C. N. Punishment, Counterpunishment and Sanction Enforcement in a Social Dilemma Experiment ［J］. Economic Theory, 2007, 33 (1), 145-167.

［201］ Lazarev Gregory. Commissars and Cars: A Case Study in the Political Economy of Dictatorship ［J］. Journal of Comparative Economics, 2003 (31): 1-19.

［202］ Ledyard, John O. Public Goods: A Survey of Experimental Research ［M］//John H. Kagel, Alvin E. Roth, eds. Handbook of Experimental Economics. Princeton: Princeton University Press, 1995: 111-194.

［203］ Lowrey Otnes Ruth. Social Influences on Dyadic Giving over Time: A Taxonomy from the Giver's Perspective ［J］. Journal of Consumer Research, 2004, 30 (4): 547-558.

［204］ M. Cinyabuguma, T. Page, L. Putterman. Can Second-order Punishment Deter Perverse Punishment ［J］. Experimental Economics, 2006, 9 (3): 265-279.

［205］ Marina Dodlova, Maria Yudkevich. Gift Exchange in the Workplace ［J］. Human Resource Management Review, 2009 (19): 23-38.

［206］ Mark F. Owens. Do Other-regarding Preferences Change with Age? Evidence from a Gift Exchange Experiment ［J］. The Journal of Socio-Economics, 2011 (40): 868-878.

［207］ Marlowe F. Dictators and Ultimatums in an Egalitarian Society of Hunter-gatherers, the Hadza of Tanzania ［J］. Framed Field Experiments, 2004, 262 (2): 95-103.

［208］ Masclet D. , Villeval M. C. Punishment, Inequality, and Welfare: A Public Good Experiment ［J］. Social Choice and Welfare, 2008, 31 (3): 475-502.

［209］ Massen J. J. M. ， Berg L. M. ， Spruijt B. M. ， et al. Generous Leaders and Selfish Underdogs：Pro－Sociality in Despotic Macaques ［J］. PLoS ONE, 2010, 5 (3)：e9734.

［210］ Matthews. The Folkways of the United States Senate：Conformity to Group Norms and Legislative Effectiveness ［J］. American Political Science Association, 1959：1064-1089.

［211］ Matthias Cinyabuguma, Talbot Page, Louis Putterman. Can Second－order Punishmen Deter Perverse Punishment ［J］. Economic Science Association, February, 2006.

［212］ Mcgrew W. C. ， Feistner A. T. C. Two Nonhuman Primate Models for the Evolution of Human Food Sharing：Chimpanzees and Callitrichids ［M］. The Adapted Mind. Evolutionary Psychology and the Generation of Culture, 1995.

［213］ Mitani J. C. ， Watts D. P. Why Do Chimpanzees Hunt and Share Meat? ［J］. Animal Behaviour, 2001, 61 (5)：915-924.

［214］ Mitani J. C. ， Merriwether D. A. ， Zhang C. Male Affiliation, Cooperation and Kinship in WildChimpanzees ［J］. Animal Behaviour, 2000, 59 (4)：885-893.

［215］ Murnighan J. K. ， Saxon M. S. Ultimatum Bargaining by Children and Adults ［J］. Journal of Economic Psychology, 1998, 19 (4)：415-445.

［216］ Nakiforakis N. Punishment and Counter－punishment in Public Good Games：Can We Really Govern Ourselves? ［J］. Journal of Public Economics, 2008 (92)：91-112.

［217］ Nelissen R. The Price You Pay：Cost－dependent Reputation Effects of Altruistic Punishment ［J］. Evolution & Human Behavior, 2008, 29 (4)：242-248.

［218］ Nikiforakis N. ， Norman H. A Comparative Statics Analysis of Punishment in Public Good Experiment ［J］. Experimental Economics, 2008 (11)：358-369.

［219］ Ohannes Abeler, Sebastian Kube, Steffen Altmann. Gift Exchange and Workers' Fairness Concerns：When Equality is Unfair ［J］. Journal of the European Economic Association, 2010, 8 (6)：1299-1324.

［220］ Okun, Arthur. Prices and Quantities：A Macroeconomic Analysis ［M］. Washington D. C. ：The Brookings Institution, 1981.

［221］ Olson K. R. ， Spelke E. S. Foundations of Cooperation in Young Children ［J］. Cognition, 2008, 108 (1)：222-231.

［222］ Oosterbeek H. ， Sloof R. ， Kuilen G. V. D. Cultural Differences in Ultimatum Game Experiments：Evidence from a Meta－Analysis ［J］. Experimental Economics, 2001, 7 (2): 171-188.

[223] Ostrom E. , Walker J. , Gardner R. Covenants with and without a Sword: Self-governance is Possible [J]. American Political Science Review, 1992, 86 (2): 404-417.

[224] Ostrom. Experiments Combining Communication with Punishment Options Demonstrate How Individuals can Overcome Social Dilemmas [J]. Behavioral & Brain Sciences, 2012, 35 (1): 33-34.

[225] Owens Kagel. Minimum Wage Restrictions and Employee Effort in Incomplete Labor Markets: An Experimental Investigation [J]. Journal of Economic Behavior & Organization, 2009.

[226] P. Hauser, Oliver A. , Nowak Martin G. , Rand David. Punishment does not Promote Cooperation Under Exploration Dynamics when Anti-social Punishment is Possible [J]. Journal of Theoretical Biology, 2014 (360): 163-171.

[227] Paul A. Samuelson. The Pure Theory of Public Expenditure [J]. The Review of Economics and Statistics, 1954 (36): 387-389.

[228] Philip Johnson, David K. Levine, Wolfgang Pesendorfer. Evolution and Information in a Gift-Giving Game [J]. Journal of Economic Theory, 2001 (100): 1-21.

[229] Philipp L. , Silvia A. , Daniela G. R. , Matthias S. , Third – party Punishment Increases Cooperation in Children through (misaligned) Expectations and Conditional Cooperation [J]. Proceedings of the National Academy of Sciences, 2014, 111 (19): 6916-6921.

[230] Prasnikar V. , Roth A. E. Considerations of Fairness and Strategy: Experimental Data from Sequential Games [J]. Quarterly Journal of Economics, 1992, 107 (3): 865-888.

[231] Proctor D. , Williamson R. A. , de Waal F. B. , et al. Chimpanzees Play the Ultimatum Game [J]. Proceedings of the National Academy of Sciences of the United States of America, 2013, 110 (6): 2070-2075.

[232] R. Lynn Hannan, John H. Kagel, Donald V. Moser. Partial Gift Exchange in an Experimental Labor Market: Impact of Subject Population Differences, Productivity Differences and Effort Requests on Behavior [J]. Journal of Labor Economics, 2002 (20): 923-951.

[233] Rabin M. Incorporating Fairness into Game Theory and Economics [J]. The American Economic Review, 1993: 1281-1302.

［234］ Rabin Matthew. Psychology and Economics ［J］. Journal of Economic Literature, 1997, 36 (1): 11-46.

［235］ Rand D. G. , Tarnita C. E. , Ohtsuki H. , et al. Evolution of Fairness in the One-shot Anonymous Ultimatum Game ［J］. Proceedings of the National Academy of Sciences of the United States of America, 2013, 110 (7): 2581-2586.

［236］ Rawls J. A Theory of Justice—Cambridge ［M］. MA: Harvard University Press, 1971.

［237］ Rawls J. Justice as Fairness. Cambridge ［M］. MA: Belknap, Harvard University Press, 2001.

［238］ Roland Bénabou, Jean Tirole. Incentives and Prosocial Behavior ［J］. American Economic Review, American Economic Association, 2006, 96 (5): 1652-1678.

［239］ Roth A. E. , Prasnikar V. , Masahiro Okuno-Fujiwara, et al. Bargaining and Market Behavior in Jerusalem, Ljubljana, Pittsburgh, and Tokyo: An Experimental Study ［J］. The American Economic Review, 1991, 81 (5): 1068-1095.

［240］ Roth A. , Prasnikar V. , Okuno-Fujiwara M. , Zamir, S. Bargaining and Market Behavior in Jerusalem, Ljubljana, Pittsburg, and Tokyo: An Experimental Study ［J］. American Economy Review, 1991, 81 (5): 1068-1095.

［241］ Sandra Maximiano, Randolph Sloof, Joep Sonnemans. Gift Exchange in a Multi-Worker Firm ［J］. The Economic Journal, 2007 (117): 1025-1050.

［242］ Sanfey A. G. , Rilling J. K. , Aronson J. A. , et al. The Neural Basis of Economic Decision—Making in the Ultimatum Game ［J］. Science, 2003, 300 (5626): 1755-1758.

［243］ Schroeder Kari B. , Mcelreath Richard, Nettle Daniel. Variants at Serotonin Transporter and 2A Receptor Genes Predict Cooperative Behavior Differentially According to Presence of Punishment ［J］. Proceedings of the National Academy of Sciences of the United States, 2013, 110 (10): 3955 (6).

［244］ Scott Jeffrey. The Benefits of Tangible Non-Monetary Incentives ［R］. Working Paper, 2004.

［245］ Sebastian Kube, Michel André Maréchal, Clemens Puppe. The Currency of Reciprocity-Gift-Exchange in the Workplace ［R］. Working Paper, 2011.

［246］ Sefton M. , Shupp R. , Walker J. The Effect of Reward and Sanctions in the Provision of Public Goods ［J］. Economic Inquiry, 2007 (45): 671-690.

［247］ Sharma T. , Antonova L. Cognitive Function in Schizophrenia. Deficits,

Functional Consequences, and Future Treatment [J]. Psychiatric Clinics of North America, 2003, 26 (1): 25-40.

[248] Shinada M., Yamagishi T., Yu O. False Friends are Worse than Bitter Enemies: "Altruistic" Punishment of In-Group Members [J]. Evolution & Human Behavior, 2004, 25 (6): 379-393.

[249] Silk J. B., Brosnan S. F., Vonk J., et al. Chimpanzees are Indifferent to the Welfare of Unrelated Group Members [J]. Nature (London), 2005, 437 (7063): 1357-1359.

[250] Simon Gatchter, Lingbo Huang, Martin Sefton. Combining "Real Effort" with Induced Effort Costs: The Ball-catching Task [J]. Experimental Economics, 2016, 19 (4): 687-712.

[251] Skatova Anya, Ferguson Eamonn. Individual Differences in Behavioural Inhibition Explain Free Riding in Public Good Games When Punishment is Expected but not Implemented [J]. Behavioral and Brain Functions, 2013, 9 (1): 3.

[252] Solow Robert M. On Theories of Unemployment [J]. American Economic Review, 1980 (70): 1-11.

[253] Stefan Pfattheicher, Johannes Keller, Goran Knezevic. Sadism, the Intuitive System, and Antisocial Punishment in the Public Goods Game [J]. Personality & Social Psychology Bulletin, 2017, 43 (3): 337-346.

[254] Steffen Altmann, Sebastian Kube. Gift Exchange and Workers' Fairness Concerns: When Equality is Unfair [J]. Journal of the European Economic Association, 2010, 8 (6): 1299-1324

[255] Steinbeis N., Bernhardt B. C., Singer T. Impulse Control and Underlying Functions of the Left DLPFC Mediate Age-Related and Age-Independent Individual Differences in Strategic Social Behavior [J]. Neuron, 2004, 43 (4): 859-861.

[256] Swee-Hoon Chuah, Hoffmann R., Jones M., et al. An Economic Anatomy of Culture: Attitudes and Behaviour in Inter-and Intra-national Ultimatum Game Experiments [J]. Journal of Economic Psychology, 2009, 30 (5): 732-744.

[257] Talbot Page, Louis Putterman, Matthias M., Cinyabuguma. On Perverse and Second-Order Punishment in Public Goods Experiments with Decentralized Sanctioning [J]. Brown Universit Department of Economics, December, 2004, DOI: 10. 2139/ssrn. 724228.

[258] Terence C. Burnham. Public Goods with High-powered Punishment:

High Cooperation and Low Efficiency [J]. Journal of Bioeconomics, 2015, 17 (2): 173-187.

[259] Thaler R. H. Toward a Positive Theory of Consumer Choice [J]. Journal of Economic Behavior and Organization, 1980, 1 (1): 39-60.

[260] Theodore Caplow. Christmas Gifts and Kin Networks [J]. American Sociological Review, 1982 (47): 383-392.

[261] Tianwei Zhou, Shuai Ding, Wenjuan Fan, Hao Wangab. An Improved Public Goods Game Model with Reputation Effect on the Spatial Lattices [J]. Chaos, Solitons & Fractals on Science Direct, 2016 (93): 130-135.

[262] Titmuss. The Gift Relationship: From Human Blood to Social Policy [J]. Medical Care, 1973, 11 (3) 261-263.

[263] Vernon Smith. Experimental Research on Competitive Market Behavior [J]. Journal of Political Economy, 1962, 70 (2): 111-137.

[264] Vieira J. B., Almeida P. R., Ferreirasantos F., et al. Distinct Neural Activation Patterns Underlie Economic Decisions in High and Low Psychopathy Scorers [J]. Soc Cogn Affect Neurosci, 2014, 9 (8): 1099-1107.

[265] Volker Benndorf, Holger A. Rauy. Fairness and Learning in Multi-Employee Gift-Exchange Games: An Experimental Analysis [J]. Behavioral & Experimental Economics Journal, 2014.

[266] Von Rueden Gurven. When the Strong Punish: Why Net Costs of Punishment are often Negligible [J]. Behavioral & Brain Sciences, 2012, 35 (1): 43-44.

[267] Warneken F., Tomasello M. Altruistic Helping in Human Infants and Young Chimpanzees [J]. Science (New York, N.Y.), 2006, 311 (5765): 1301-1303.

[268] Weiland S., Hewig J., Hecht H. et al. Neural Correlates of Fair Behavior in Interpersonal Bargaining [J]. Social Neuroscience, 2012, 7 (5): 537-551.

[269] Williamson O. E. Transanction-costecnomies. The Gorvennance of Contractual Relations [J]. Journal of Law and Economies, 1979, 22 (2): 233-261.

[270] Wittig M., Jensen K., Tomasello M. Five-year-olds Understand Fair as Equal in a Mini-ultimatum Game [J]. Journal of Experimental Child Psychology, 2013, 116 (2): 324-337.

[271] Yan Zhou, Peiran Jiao, Qilin Zhang. Second-party and Third-party Punishment in a Public Goods Experiment [J]. Applied Economics Letters, 2017, 24 (1): 54-57.

［272］ Yu R. , Calder A. J. , Mobbs D. Overlapping and Distinct Representations of Advantageous and Disadvantageous Inequality ［J］. Human Brain Mapping, 2014, 35 (7): 3290-3301.

后 记

人们为什么会追求公平？公平的机制会受到哪些因素的影响？用什么方法可以测量人们的公平偏好？出于对公平问题的好奇与关切，我在 2012 年启动了公平问题研究的课题。

转眼间八年的时间过去了，包括我的家人、我的领导、我的同事、我的研究生，甚至包括一些我的本科生都参与到了这个项目中来。前前后后，团队收集了上千篇各类文献，动用了数百名工作人员，做了数十项实验与调研。有太多的参与者为之付出与贡献，才使这本书最终得以呈现。

在这里首先感谢国家社会科学基金对该项目的资助，还要感谢我的工作单位北京第二外国语学院对该项目的各种支持。特别要感谢我的父母、我的爱人冯先生和我的两个可爱的孩子叮叮与咚咚，感谢他们无私的支持；感谢我的同事邹统钎教授、王成慧教授、郑承军教授、尹美群教授、李凡教授、高凌江教授、范军副教授、郭斌副教授等，他们对本书出版贡献了很多有益的思想并提供了多方面的帮助；特别感谢我的同事，项目组成员陈倩副教授帮助我做了很多数据处理的指导工作；我的研究生谢国强、刘帅、张帅、张宝山、刘剑锋、谢俊杰、李铮、郑宇彤、孙美霞、俞雅玲等，他们历届的研究生论文都围绕着社会公平这一主题展开，书中很多章节都来自他们的论文成果，如今他们很多人都已经走上社会，成为栋梁之才，希望本书的出版，能够激励他们在未来工作中，更进一步，再上层楼；我的本科生张思宇、运明娇、莫默、林可欣、王钦、张齐、王佳、刘洋男、卫艺乐、李海玉、王雪、付瑶、黄欣悦和陈友姝等在他们本科学习阶段，就参与了我的课题研究工作，书中的很多实验都来得到了他们的参与和支持，在此也向他们表示感谢。另外还要特别感谢经济管理出版社的王光艳女士，她认真负责的对全书做了多次校订，使本书最终得以完美呈现。

这本书仅仅是我对公平这个大问题的一些小思考，希望能给我们的读者朋友们带来一些启发。

骆欣庆

2020 年春

于北京